MON AMI BEN

Julia Romp

MON AMI BEN

Jean-Claude Gawsewitch Éditeur

Titre original : A friend like Ben

First published by Harper Collins, UK

130, rue de Rivoli
75001 Paris
www.jcgawsewitch.com
ISBN : 978-2-35013-267-9

Ben

Pour George qui m'a ouvert les yeux au monde des autistes,
qui m'a fait comprendre les merveilles qu'il recèle,
et en mémoire de Colin mon père adoré qui m'a appris
le rire que j'essaie de transmettre à mon fils.

Prologue

Au premier coup d'œil, Ben n'était pas franchement resplendissant. Il n'avait rien de l'adorable petit chaton aux reflets roux ou de l'adulte svelte à la robe écaille et blanc. De fait, sa fourrure noire et blanche était maculée de sang séché, son postérieur rouge était complètement dénudé et sa queue maigrichonne ressemblait plutôt à une touffe de cheveux filasse. Heureusement, je n'ai pas deviné tout de suite qu'il hébergeait aussi des centaines de puces et de mites d'oreille.

Mais, si rebutant d'aspect qu'il ait été, quand cette pauvre bête décharnée s'est mise à hanter mon jardin, j'ai pris l'habitude de lui laisser à manger, parce que j'avais toujours eu un faible pour les animaux. Même notre petit Fluffy, un lapin domestique, habite un appentis que j'ai décoré de grandes fleurs peintes, un véritable palace pour lapins. J'ai donc aménagé un lit pour ce chat dans un grand carton que j'avais laissé dans l'appentis – en espérant qu'il viendrait y dormir. Mais le pauvre semblait chaque jour un peu plus malade que la veille et je me suis promis de l'amener chez le vétérinaire dès qu'il se sentirait en confiance et se laisserait approcher.

« Pourvu qu'il soit venu dormir ici ! », me disais-je chaque matin en traversant le jardin avec George, mon fils de dix ans, pour vérifier si la nourriture avait été mangée ou la couverture dérangée.

Tous deux, nous scrutions le fond de l'appentis obscur et voyions les yeux du chat qui nous observaient. Ils étaient d'un vert acidulé très clair, comme les premières feuilles d'un citronnier au printemps, et chaque fois que mon regard croisait le sien, je me figeais quelques instants. Mais il s'asseyait tantôt sur une étagère tantôt à côté d'un pot de fleurs et ne s'aventurait jamais jusqu'à son carton.

« Bouh ! », lui criait George pour l'inviter à jouer à cache-cache avec lui quand nous allions le voir, et ça me faisait vraiment plaisir parce que George jouait rarement avec qui que ce soit.

Son autisme faisait de l'univers de George un endroit par moments très solitaire et les autres enfants le trouvaient souvent presque aussi incompréhensible que lui-même les trouvait énigmatiques. Ils redoutaient ses accès de fureur, les glapissements ou les hurlements qu'il poussait et eux effrayaient tout autant George avec leur tapage et leurs courses effrénées dans les couloirs et les escaliers de l'école. C'est pourquoi je fus ravie de voir George s'intéresser au chat même si le chat ne lui rendait guère son intérêt. Quand George ou moi nous approchions un peu trop, le chat sifflait et crachait, hérissait le poil et retroussait les babines. Il ne voulait manifestement rien avoir à faire avec aucun de nous deux.

Mais le temps et les bons repas ont un effet prodigieux sur les animaux – exactement comme sur les gens. Un beau jour, le pauvre orphelin s'est senti assez en sûreté pour dormir dans son carton, et quelques semaines plus tard, j'ai réussi à refermer la porte de l'appentis avec un manche à balai.

Quand j'ai emmené le chat chez le vétérinaire, je lui ai expliqué que je n'étais pas sa propriétaire en titre et je le lui ai confié en me disant que ma mission s'arrêtait là. J'avais placardé des affichettes dans le secteur avec une photo de lui ; si quelqu'un se présentait, je le mettrais en contact avec le vétérinaire. Mais son propriétaire s'abstint de me téléphoner et quelques semaines plus tard, je reçus l'appel que je redoutais secrètement.

« Vous donneriez un foyer à ce chat ? » me demanda le vétérinaire, une question qui me laissa sans voix – ce qui est, comme le savent mes proches, tout à fait inhabituel chez moi. Ma mère avait l'habitude de dire que l'expression « jamais à cours de répliques » avait été inventée pour moi et elle avait bien raison. Mais le jour où le véto m'a demandé de reprendre le chat, je ne savais plus quoi dire. D'abord parce que j'adore les animaux. Mais je m'étais juré de ne jamais avoir de chat parce que ma mère en hébergeait une telle quantité quand j'étais petite que je finissais par me sentir un peu à l'étroit à la maison. De plus, même si George avait paru intéressé par le petit vagabond, nous n'avions pas eu beaucoup de succès avec les animaux parce qu'il se liait très difficilement d'amitié avec qui que ce soit. Nous avions dû nous séparer de Polly la perruche parce que son raffut empêchait George de dormir, et il avait assez vite perdu tout intérêt pour Fluffy le lapin. Ce n'était pas sa faute, simplement mon fils n'avait pas les mêmes réactions que les enfants de son âge et je ne voulais pas reprendre d'animaux parce que m'occuper de George était déjà un travail à plein-temps.

Mais, sentant mon hésitation, le vétérinaire suggéra que nous pourrions peut-être lui rendre une petite visite.

— Il a l'air triste, me dit-il, il aimerait sans doute voir un visage ami…

Comment refuser ? Le cœur l'emporta sur la raison et j'emmenai George chez le vétérinaire où nous découvrîmes la petite boule de poils noirs et blancs enroulée sur elle-même dans une cage. Puis il se leva et je vis un grand carré de peau rasée à la hauteur de l'estomac avec une cicatrice bien nette. Il portait une collerette de plastique autour du cou afin de l'empêcher de s'arracher les fils. Il était plus laid encore qu'avant, mais cela ne semblait nullement rebuter George qui s'agenouilla aussitôt devant la cage.

— Benny Boo ! cria-t-il, d'une voix haut perchée, que je n'avais jamais entendue, frémissant d'excitation, l'air ravi de l'aubaine.

— Tu te sens mieux, maintenant, Ben, tu vas bien ? lui demanda George. Il parlait d'une voix chantante que je ne reconnus pas et le chat répondit à ses salutations par des miaulements.

— Je crois qu'il t'aime bien, fit, sourire aux lèvres, l'assistante vétérinaire qui nous avait fait entrer dans la pièce.

George se tut aussitôt. Il détestait parler à quiconque, par-dessus tout aux étrangers et il ne pouvait regarder les gens dans les yeux quand ils s'adressaient à lui. Il regardait un peu au-dessus d'eux, au loin – tout plutôt que de les fixer. Mais dès que la jeune femme vaqua à d'autres tâches et que George comprit qu'elle avait détourné le regard, il se pencha de nouveau vers la cage.

— Benny Boo ! dit-il de sa petite voix stridente, est-ce que tu as mal au ventre ?

Il pressa son visage contre les barreaux de la cage et j'esquissai un mouvement, certaine que le chat allait le menacer, le griffer à travers ces barreaux, exactement comme il l'avait fait quand nous étions allés le voir dans l'appentis. Mais j'ai stoppé net en voyant le chat décocher un regard grave à George et marcher à petits pas vers lui avant de frotter langoureusement son corps contre les barreaux. Qu'étaient devenus les sifflements et les crachotements que nous avions entendus la première fois ? Je n'en revenais pas. Quand j'entendis le chat pousser une sorte de feulement rauque et visiblement réjoui, je me dis que c'était une hallucination auditive. Il ondulait sous les petits mots doux de George.

— Ben, Ben ! psalmodia-t-il, tu vas bien maintenant ? Tu vas bien ?

Le chat renifla l'air et George se pencha un peu plus. Quand sa tête fut au niveau de celle du chat, ce dernier le fixa droit dans les yeux et j'étais sûre que George allait détourner le regard. Mais au lieu de regarder par-dessus la tête du chat ou de fixer le sol, il regarda son nouvel ami droit dans les yeux. Tous deux se regardèrent intensément quelques secondes pendant que George continuait à murmurer doucement. Je retins mon souffle et les fixai tous les deux, sous le choc : George parlait au chat et souriait comme si c'était habituel chez lui et, de son côté, le chat le couvait littéralement du regard. Un peu comme un vieillard qui en a beaucoup vu et qui sait d'instinct à qui il peut se fier.

Dès lors, je compris ce qu'il me restait à faire : comme on dit, l'espoir a la vie dure… Je ne savais pas pourquoi George aimait ce chat, ce n'était peut-être qu'un engouement fugace, peut-être savait-il que cette pauvre bête avec son air d'orphelin pitoyable aurait bien du mal à se faire une place dans ce monde, un peu comme lui. Mais j'avais discerné une lueur singulière dans le regard de George, une lueur que j'espérais voir depuis longtemps : l'étincelle de l'amour. Et ce chat semblait en éprouver tout autant pour lui. Je n'en demandais pas plus. Tout ce que j'espérais à l'époque, c'est que le chat devienne un bon compagnon pour George. Ce que je ne pouvais prévoir alors, c'est que ce chat allait changer notre vie pour toujours et bien plus radicalement que je n'aurais pu le prévoir.

Première partie

La vie avant Ben

Chapitre 1

Londres est une cité globale mais quand on y a été élevé et qu'on y a grandi, on finit quand même par la trouver très petite. À l'écart des parcs et des palais royaux, des gratte-ciel et des musées, des bus rouges qui klaxonnent au coin de la rue ou des foules compactes au milieu desquelles les piétons doivent jouer des coudes pour avancer, il y a les quartiers où les voisins se connaissent tous et dont les rues qu'on arpentait enfant n'ont guère changé vingt ans plus tard.

C'est dans un quartier de ce genre que je suis née : un des « districts » de l'ouest de Londres, du nom de Hounslow, où les familles installées là depuis des générations se mêlent à celles qui sont arrivées plus récemment et où tous les habitants se connaissent au moins de vue, où les voisins échangent volontiers quelques mots d'un jardin à l'autre.

Londres, croyez-moi, ce ne sont pas seulement les hôtels particuliers et les gratte-ciel que l'on peut admirer sur les cartes postales. Dès qu'on s'éloigne un tant soit peu du centre-ville, ceux-là deviennent des oiseaux rares. Ils sont remplacés par des rangées de maisons mitoyennes qui s'étendent à perte de vue et disputent l'espace disponible aux tours résidentielles, et si certaines zones évoluent peu à peu, beaucoup d'autres semblent condamnées à ne jamais changer.

Hounslow, où j'ai grandi, n'était pas le coin le plus huppé, mais ce n'était pas non plus le pire. Nous occupions avec une autre famille une maison mitoyenne au cœur d'une cité pavillonnaire édifiée dans les années trente. Mes grands-parents, Doris et George, habitaient la maison voisine. Je suis née en 1973, la décennie des pantalons pattes d'éph, des Bee Gees et du skate, comme dans un film d'Austin Powers mais en vrai, et même si beaucoup de gens pourraient en dire autant, je peux affirmer que mon enfance a été vraiment heureuse.

Nous étions six à la maison : ma mère, Carol, qui veillait sur tout le monde. Mon père, Colin, qui gagnait sa vie en faisant le taxi à Londres. Ma sœur aînée Victoria. Et nos petits frères, Colin et Andrew. On avait tous des surnoms, évidemment. Victoria, on l'appelait Tor, Colin, c'était Boy, Andrew, Nob (bizarre, je sais, aucune idée d'où c'est venu) et moi on m'appelait Ju. On ne se posait même pas la question de savoir pourquoi on ne portait pas nos vrais noms, parce qu'on ne se posait aucune question, en général. La vie familiale était aussi confortable qu'une vieille paire de pantoufles.

À l'époque, la vie ne ressemblait pas à celle des gamins d'aujourd'hui. Pendant le week-end et les vacances scolaires, on quittait la maison à neuf heures du matin et on ne rentrait que pour grignoter un morceau à midi ou pour coller un pansement sur un genou écorché. Tor, Boy, Nob et moi on jouait dans les parcs du coin avec nos copains et il y avait toujours une grande personne pour garder un œil sur nous. Ce qui pouvait nous arriver de pire c'était de nous disputer la bouteille d'eau, et le bruit qu'on préférait c'était celui de la camionnette du glacier ambulant. Les jours de fête mon père nous entassait dans son taxi londonien et il nous emmenait en ville. Il remontait le Mall jusqu'à Buckingham Palace pour nous montrer la relève de la garde ou bien il descendait les quais jusqu'à la Tour de Londres. Les jours plus ordinaires, nous rendions visite à Papy ou Mamie ou parfois à Maman, sur le petit bout de terrain, derrière des baraquements de l'armée, où elle cultivait le potager familial.

« Vous voulez une tasse de thé ? » demandait Maman après nous avoir fait retourner la terre pendant un temps qui nous semblait interminable avant de sortir le thermos qui ne la quittait jamais et de remplir quelques gobelets. Si les petits Américains apprennent à adorer les milk-shakes dès leur plus jeune âge, les petits Anglais éprouvent un besoin viscéral de boire du thé dès qu'ils ont quitté le berceau. Pour mes parents, le thé était la solution infaillible à toutes les difficultés de la vie, et c'est encore à une tasse de thé, comme au potager familial dont j'avais rêvé de réparer la cabane à outils pour m'y installer, que j'eus droit quand je quittai l'école à seize ans et que nous nous demandions tous ce que j'allais devenir. Je n'ai jamais réussi à l'école parce que je rêvassais tout le temps et mes profs me répétaient que je n'irais jamais bien loin. Juste avant de laisser tomber le lycée, j'ai découvert le monde du travail chez un fleuriste où j'étais vendeuse et un monde tout nouveau s'est ouvert à moi : j'ai aimé ce travail, pour une fois je me sentais bonne à quelque chose et j'étais payée quinze livres par jour. C'est là que j'ai décidé d'arrêter définitivement les études.

C'est exactement ce que j'ai fait après en avoir discuté avec Papa et Maman autour d'une tasse de thé. Et quelques années après, ils m'en ont versé une autre quand je leur ai appris que le pasteur local me demandait en mariage. Je l'avais rencontré chez le fleuriste où je travaillais. J'avais presque tous les jours au bout du fil Alan, l'entrepreneur local de pompes funèbres qui, lui-même, était en contact quotidien avec Harry, le pasteur. Les obsèques, tout comme les mariages représentent un marché juteux pour les fleuristes, mais quand je composais les couronnes, je me disais surtout que j'aidais des familles en deuil à faire leurs adieux. Puis, à la fin d'une journée bien remplie, j'allais retrouver Alan et Harry qui n'étaient pas beaucoup plus vieux que moi et nous sortions ensemble.

— Vous êtes la fleuriste et vous le type des pompes funèbres… et vous le pasteur ? nous demandaient les gens, interloqués que trois personnes si occupées par les adieux aux défunts puissent s'amuser. Il nous arrivait même de nous montrer ensemble dans des boîtes de nuit du coin et nous rigolions franchement en voyant les expressions stupéfaites des clients qui nous reconnaissaient. À mesure que j'appris à le connaître, je me mis à apprécier Harry de plus en plus. Il était gentil et attentionné et ne jugeait jamais aucun de ceux qui poussaient la porte du club de jeunes qu'il animait et où j'étais animatrice bénévole. Il prenait tout son temps pour ceux qui avaient besoin de lui – jour et nuit – et je trouvais ça bien.

Le problème, cela dit, c'est que je n'étais absolument pas prête quand il m'a demandée en mariage à mon père. Je pensais que Harry était juste venu boire un thé mais à peine l'avait-il avalé qu'il posa la question fatidique à mon père. J'étais jeune, j'avais à peine vingt ans à l'époque et je n'en croyais pas mes oreilles. J'avais toujours rêvé qu'un jour ma vie ressemble à celle de mes parents, mais le moment n'était pas encore venu. J'ai fondu en larmes de surprise quand Harry a parlé à Papa parce que je ne voulais pas quitter l'ambiance de la maison où je me sentais si bien. La plupart de mes copines vivaient encore chez leurs parents et c'était exactement la vie que je voulais.

— Prenons une tasse, Ju, fit mon père après le départ de Harry.

Le pasteur avait bien compris quand je m'étais mise à pleurer que je n'étais peut-être pas encore mûre pour le mariage, et je n'étais pas la seule à avoir été surprise par sa proposition. Papa avait éclaté de rire quand Harry lui avait parlé et je crois qu'il était aussi choqué que moi de découvrir que quelqu'un pouvait avoir envie de m'épouser, moi qui n'étais encore qu'une gamine écervelée.

Mais en buvant la tasse de thé bien chaud, je me suis demandé si j'avais commis une terrible erreur de repousser un homme aussi bon que Harry.

Je n'ai pas pris le temps d'y penser sérieusement parce qu'à l'époque je ne m'attardais pas trop sur les problèmes qui se présentaient. Je me disais qu'ils finiraient par se régler tout seuls comme je le désirais. Qu'un autre type bien se présenterait chez moi et demanderait à m'épouser. Je n'ai jamais remis en question l'évidence que le moment venu un prince charmant m'emmènerait avec lui. J'avais tellement peu les pieds sur terre que ma notion d'une mauvaise journée (je travaillais alors chez un fleuriste très snob de Mayfair) était d'arriver au boulot pour découvrir qu'ils venaient de livrer des fleurs à Michael Jackson dans un hôtel tout proche. C'était mon idole et l'avoir manqué me brisait le cœur ! Je ne réalisais vraiment pas à quel point ma vie était facile…

Puis est venu le jour où Papa et Maman ont dû préparer une autre théière quand je leur ai appris que je venais de tomber inopinément enceinte. J'avais vingt-deux ans et je sortais depuis un moment avec un garçon du coin, un certain Howard. Comme on m'avait dit que j'avais des ovaires polykystiques et que j'aurais sans doute des problèmes pour avoir des enfants, j'ai traité ma contraception avec une certaine insouciance et voilà qu'il me fallait annoncer à mes parents que j'étais enceinte !

— On va se faire un bon thé ! décréta mon père en m'invitant à m'asseoir. Mon visage ruisselait de larmes et mes parents arboraient une mine consternée. Ils nous avaient inculqué des règles strictes et je savais bien qu'ils étaient déçus.

— Que vas-tu faire, Julia ? me demanda ma mère.

— Je ne sais pas ! fis-je en arrosant mon thé de larmes.

En fait ma décision était prise. Je savais que j'allais avoir ce bébé, même si Howard était choqué, comme on peut l'imaginer, par ce marmot qui lui tombait dessus sans prévenir. Ce n'était peut-être pas ainsi que j'avais planifié ma vie mais cet enfant était le mien et je serais une bonne mère. Howard tenta d'assumer la situation et j'emménageai même chez lui pour voir si nous pouvions nous en sortir ensemble. Mais six semaines plus tard, je téléphonai à mes parents et demandai à mon père de venir me chercher parce que je ne m'entendais plus avec Howard. J'avais l'impression de trahir tout le monde en m'engouffrant dans le taxi et en éclatant une fois encore en sanglots.

Quand nous sommes arrivés à la maison, j'ai grimpé l'escalier jusqu'à ma chambre et en ouvrant la porte, j'ai découvert qu'on avait redécoré la chambre pour moi. Il y avait des plinthes blanches au bas des murs et un papier peint à frise de roses au sommet. J'avais autrefois dormi dans cette chambre avec ma sœur Tor et maintenant il y avait un berceau dedans. Je me suis mise à sangloter de plus belle.

— Allons, Ju, m'a dit mon père en me serrant dans ses bras. Sèche tes larmes et descendons. Maman prépare un bon thé.

Je suppose que la plupart des mères qui attendent leur premier enfant ont une image idyllique de ce qui les attend, mais la mienne était non pas rose mais rouge vif ! Plus mon ventre s'arrondissait, plus j'imaginais la petite fille que j'allais avoir en ravissante blondinette aux yeux bleus et aux cheveux bouclés, tout mon portrait bébé. Je ne pouvais détacher mes yeux des landaus que je croisais ici ou là et je contemplais les barboteuses en me demandant laquelle je choisirais. J'adorais l'odeur des nourrissons, leur sourire, leurs fossettes, tout me ravissait.

Mais voilà : quand il est né, George ne ressemblait absolument pas à ce que j'avais imaginé. Contracté et rouge, il a pleuré dès la seconde où il est apparu dans le monde, et il pleurait encore quand les infirmières l'ont emmené pour l'examiner parce qu'il avait avalé du méconium. Sa tête avait été déformée quand son petit corps était sorti de l'utérus. J'étais assez inquiète : j'étais convaincue que les bébés naissent souriants et embaument le talc.

Quand elles ont rapporté George quelques minutes plus tard, les infirmières nous ont suggéré de lui donner un biberon d'eau et Maman a pris le bébé parce que je tremblais tellement que j'avais peur de le laisser échapper si je le prenais. Mais George, renversé dans les bras de ma mère, continuait de pleurer et en les regardant tous les deux, j'ai réalisé qu'elle avait du mal à lui faire accepter le biberon. Je me suis demandé comment j'allais y arriver si ma mère n'y parvenait pas. C'était pourtant une experte après quatre enfants…

— Il apprendra, fit-elle avec un sourire en regardant George enveloppé dans sa couverture, le visage rouge et marbré d'avoir tant pleuré. Ces choses prennent du temps, mais ça s'arrangera. Ne t'en fais pas, Ju.

Je l'ignorais à l'époque, mais des phrases de ce genre, j'allais en entendre bien souvent dans les semaines, les mois et les années qui suivirent. Maman tâchait de me rassurer, mais son explication n'était que la première d'une longue, d'une interminable série d'explications et de conseils aussi rassurants que faux au sujet de George.

— Ses hanches sont un peu raides, et ça le fait peut-être souffrir, suggéra une infirmière alors qu'il sanglotait sans trêve les jours qui suivirent sa naissance.

— L'accouchement a été assez difficile, il a besoin de temps pour récupérer, m'expliqua une autre.

Je serais riche aujourd'hui, si j'avais reçu une livre chaque fois que j'ai entendu les mots « ça prendra du temps ». À l'époque, je croyais ce qu'on me disait et j'étais sûre que George se calmerait quand on s'installerait à la maison. J'avais lu tous les livres à l'intention des futures mamans et je savais que certains bébés ont besoin d'un peu de temps pour accepter leur sort de nouveau-né. Il allait sûrement se sentir beaucoup mieux dans l'atmosphère d'amour et de chaleur de la maison, tout le contraire de ce service hospitalier.

Et une fois à la maison, à Hounslow, j'ai donné des bains chauds à George, je l'ai installé dans son landau, je lui ai fait faire des tours de jardin, je l'appuyais contre mon épaule, l'allongeais sur le dos, le berçais dans son petit fauteuil à bascule, mais rien ne l'apaisait.

Croyez-moi, j'ai aimé George dès le moment où je l'ai vu et je voulais faire de mon mieux pour qu'il soit bien. C'était mon bébé, une toute petite créature sans défense que j'avais créée et dont j'allais être responsable pour toujours. Une part de moi que j'aimais et à qui j'offrirais toute la protection possible. Mais les jours, les semaines passant, la pensée s'insinua en moi qu'il ne voulait peut-être pas des soins et de l'amour que je voulais lui donner. Cela peut paraître stupide de dire cela d'un nourrisson, mais George criait encore plus fort quand je m'approchais de lui et je ne comprenais pas cette réaction parce que pour moi, tout ce que désiraient les bébés c'était qu'on les dorlote.

Quand la sage-femme est venue, elle m'a conseillé d'emmener George chez le pédiatre qui m'a renvoyée vers un hôpital local, où l'on m'a dit que George souffrait peut-être de constipation et on lui a prescrit un médicament. Mais il n'a pas arrêté de pleurer pour autant. La sage-femme m'a ensuite suggéré de lui faire des massages, mais George s'est raidi à l'instant où j'ai posé les mains sur lui, comme si leur contact lui brûlait la peau. Par la suite, il soulevait la tête quand je l'effleurais et sursautait quand je le touchais. Même chose quand j'essayais de le calmer en le berçant ou en le serrant contre ma poitrine. Il ne voulait pas de contact, d'aucune sorte, et pleurait nuit et jour.

Je me disais chaque jour que les choses allaient s'arranger mais rien ne s'arrangeait. J'ai suspendu un mobile au-dessus de son lit en me disant qu'il en aimerait les couleurs vives, mais George évitait de le regarder. Le plus dur c'était ses insomnies, il devait dormir au plus une demi-heure par jour. Il ne fermait jamais l'œil.

Je compris que la sage-femme ne me croyait qu'à moitié quand je lui dis que George ne dormait jamais.

— Tous les bébés dorment, dit-elle, c'est un besoin vital.

Pourtant, George ne dormait pas.

— Il finira par céder, me répétait ma mère. Il a bien mangé, il a chaud et il a une couche propre. Il va s'endormir.

Mais les pleurs de George résonnaient dans la maison toute la nuit et la maisonnée en perdait le sommeil. Notre maison avait quatre chambres : Tor avait la sienne, Nob une autre et tous deux se levaient tôt pour aller travailler. George et moi, on occupait la troisième et Papa et Maman la dernière avec mon neveu Lewis âgé de trois ans et demi. Mon frère Boy et sa petite amie Sandra avaient eu Lewis encore adolescents. Ils étaient trop jeunes pour le prendre en charge quand il était né prématuré à vingt-deux semaines pesant un kilo deux cents. Lewis fut baptisé dès ses premières heures à l'hôpital parce que les médecins ne donnaient pas cher de sa peau mais il a survécu. Quand il est arrivé à la maison neuf mois plus tard, Papa et Maman s'en sont occupés. Il avait de tels problèmes pulmonaires qu'il était sous oxygène en permanence, raison pour laquelle il dormait dans leur chambre : ils se levaient toutes les heures pour vérifier que tout allait bien. Mais les cris de George empêchaient tout le monde de dormir, et c'est une chose d'essayer de calmer un bébé agité, mais c'en est une autre de s'inquiéter pour le reste de la famille. J'ai donc pris l'habitude de rester avec George dans ma chambre pendant la journée, me disant que mes proches auraient un peu la paix avec deux murs entre eux et les criaillements de mon fils.

— Ne t'en fais pas, Ju, me disait Papa, qui ouvrait la porte de la chambre et me voyait avec un bébé cramoisi et raide comme un piquet dans les bras, ça va s'arranger, ça lui passera.

Les jours où Maman sentait que j'étais sur le point de craquer, elle attachait Lewis d'un côté de la banquette arrière de la voiture, George de l'autre, et on partait en balade en espérant que le ronron du moteur l'endormirait. Hounslow n'est qu'à quelques kilomètres de Richmond Park, un immense espace vert où Charles Ier avait installé sa cour pour se protéger de la peste. C'est un site magnifique et nous y sommes souvent allés pour un pique-nique ou une promenade – j'y ai donc une foule de souvenirs heureux. Mais tous ces souvenirs étaient oubliés quand nous traversions ces jours-là le parc avec George qui braillait de toutes ses forces derrière.

— Il va changer, ma chérie, tu verras, m'assurait Maman. Certains bébés ont besoin d'un peu de temps pour s'adapter. Les choses finissent toujours par s'arranger.

Mais en observant les hardes de daims traverser au galop le parc, surplombé par les gratte-ciel au loin, je commençais à douter sérieusement que les choses s'arrangent un jour.

Chapitre 2

Même quand vous n'avez que cent livres par semaine pour vivre, vous pouvez vous payer un pot de peinture. J'en ai donc acheté un dès que j'ai emménagé dans mon nouvel appartement avec George, pour éclairer un peu l'endroit. J'étais partie de chez mes parents parce que les familles ressemblent aux ballons : elles peuvent se dilater jusqu'à un certain point, mais il arrive un moment où un excès de pression risque de les faire éclater. Je savais que tous ceux que j'aimais étaient stressés par George, même s'ils ne l'auraient avoué pour rien au monde. Quand il a eu six mois, j'ai donc décidé de remplir une demande de logement à la mairie, parce que notre maison était vraiment pleine à ras bord.

De plus, Maman n'avait pas que Lewis dont elle devait s'occuper : mon père avait développé une polyarthrite rhumatoïde quand j'étais adolescente, mais je n'avais pas compris jusqu'alors la gravité de sa maladie parce que mes parents ne faisaient jamais allusion à leurs problèmes devant nous. Vautrée dans le canapé à regarder *Superman*, je m'imaginais que la vie était parfaite. Mais en vieillissant, j'ai réalisé à quel point Papa souffrait. À l'époque où je suis tombée enceinte, il avait arrêté de travailler à plein-temps, mais on lui faisait de temps à autre d'énormes piqûres de stéroïdes qui stoppaient la douleur assez longtemps pour qu'il puisse s'engouffrer dans un taxi et aller gagner un peu d'argent. Mais quand j'ai ramené George à la maison, il n'en était même plus capable. À cette époque, les mains de Papa s'étaient recourbées sur elles-mêmes comme des griffes, son dos s'était voûté et il devait utiliser une canne pour marcher.

C'est pourquoi j'ai compris qu'il me fallait emménager dans mon propre logement, même si je détestais l'idée d'être une mère célibataire vivant de l'aide sociale. En janvier 1997, on m'a remis les clés d'une maisonnette de trois pièces dans un lotissement situé à trois ou quatre kilomètres de chez mes parents. Je suis arrivée avec un berceau, un lit, le frigo et la cuisinière achetés par mes parents et un canapé recouvert de serge bleue. J'étais heureuse de découvrir une maison immaculée. Le vieux monsieur dénommé Bob qui y avait vécu et y était mort l'avait bien entretenue. Les voisins ont bien dû me dire une centaine de fois que si je n'entretenais pas soigneusement ses boiseries, son fantôme reviendrait me hanter. Mais même la propreté de Bob ne dissimulait pas le fait que le sol était une simple dalle de ciment, et j'aurais pu faire pousser des champignons dans les pièces aux couleurs sombres.

Je savais ce que Papa et Maman pensaient en m'installant dans ma nouvelle demeure : si tristes qu'ils soient de me voir partir, j'étais une adulte et j'avais fait certains choix qu'il me fallait à présent assumer. Je savais qu'ils avaient raison mais quand la voiture démarra, ça ne m'empêchait pas de vouloir courir les implorer de me reprendre avec eux à la maison. Je n'arrivais pas à croire à la réalité de ce que j'étais en train de vivre. J'étais aux antipodes de tous les rêves que j'avais échafaudés.

Si ma maison était sombre, je pouvais au moins lui redonner des couleurs. Bob l'avait laissée dans un état impeccable mais je ne partageais pas son goût immodéré pour les papiers peints à fleurs. Avec l'aide de ma famille, j'ai repeint le salon en jaune, les couloirs en vert clair et ma chambre en rose. Je n'ai pas osé toucher au papier peint qui recouvrait les murs de la pièce du fond. Il foisonnait d'énormes fleurs psychédéliques bleues et il m'aurait fallu passer une centaine de couches pour arriver à le blanchir. La perspective d'être enfermée plusieurs jours à peindre dans ce réduit était au-dessus de mes forces.

Le coup de neuf dans mon nouveau foyer me remonta sérieusement le moral, tout comme le fait qu'Howard et sa mère habitent à proximité. Même si Howard et moi n'étions plus ensemble, je voulais que George connaisse son père et je l'emmenais régulièrement voir Howard et sa mère Zena. Je rendais aussi visite à Maman et Papa chaque jour parce que leur compagnie me réconfortait. Mais j'avais beau voir des gens et essayer de tirer le meilleur parti de la situation, la vie avec George ne s'arrangeait pas, et en repensant à cette période, je réalise que c'est pendant ces premiers mois en tête à tête avec lui que j'ai commencé à prendre l'habitude de dissimuler mes inquiétudes. Difficile de geindre et d'éclater systématiquement en sanglots quand les gens vous demandent « Comment ça va ? » même si vous n'avez envie que d'une chose : pleurer… J'aurais pu leur dire que ma vie ressemblait à un cauchemar, que j'étais seule avec un bébé qui sanglotait jour et nuit et qui, souvent, me faisait penser à un étranger dont je ne comprenais pas les besoins plutôt qu'à mon enfant. Mais ça n'aurait rien arrangé, alors je ne disais rien.

Et puis, j'étais convaincue que c'était parce que je m'y prenais comme un manche que George n'était pas heureux. Je me rendais bien compte que les autres femmes s'en sortaient mieux que moi. Voir leurs bébés leur sourire ou gazouiller ne faisait que retourner le couteau dans la plaie : George allait-il finir par leur ressembler ? Mais il refusait obstinément d'agiter son hochet ou de se laisser câliner et quand je demandais au pédiatre comment je devais m'y prendre, la réponse était toujours la même :

— C'est votre premier enfant, me disait-il. Ne vous faites pas tant de souci, Julia. Vous êtes une excellente mère. Détendez-vous un peu et le bébé se détendra aussi.

Après avoir entendu une centaine de fois que je me faisais du souci pour rien, j'ai fait taire la voix intérieure qui me soufflait qu'il y avait quelque chose d'anormal dans tout ça. Étonnant à quel point on peut se raconter des histoires, parfois... Chaque soir quand j'essayais de coucher George en sachant qu'il lui faudrait des heures pour s'endormir, je me disais que les choses s'arrangeraient le jour suivant. Chaque matin quand il se réveillait et se mettait à pleurer, j'essayais de me convaincre que ce n'était qu'un mauvais moment à passer et que demain tout serait différent.

Parfois, après des jours entiers à entendre George pleurer, je me sentais si près du point de rupture que je le laissais pleurer seul dans une chambre du premier. Je refermais la porte et je descendais juste pour ne pas l'entendre, accablée de culpabilité à l'idée que je ne donnais pas à George le bonheur que j'avais connu enfant. Je savais que ce n'était pas la même chose pour lui dont le papa était absent, même s'il vivait au coin de la rue, et ses pleurs me martelaient sans fin que je ne lui suffisais pas. Ensuite je remontais à l'étage, je regardais George dans son berceau, si menu, si joli avec ses joues rondes et rebondies et sa petite touffe blonde sur le crâne et je me disais qu'il fallait vraiment que je sois la pire des mères pour le laisser pleurer tout seul. Peu à peu j'ai coupé les ponts avec le monde extérieur et je me suis enfermée dans ma maisonnette avec George. Et elle a commencé à ressembler à une prison. Il faut dire que le lotissement où nous habitions n'était pas très réjouissant. Il y a du bon et du mauvais partout, des collines d'Hollywood aux bidonvilles de Calcutta, mais disons simplement que les mauvais côtés l'emportaient nettement sur ceux que j'avais pu connaître auparavant. J'entendais les cris des couples avinés qui se disputaient le soir et aussi les coups qu'ils échangeaient. Parfois des hommes frappaient à ma porte, c'étaient des clients égarés d'une voisine qui louait ses services à l'heure. Enfin, si ce lotissement au sol de ciment brut gris ressemblait à une prison, certains de ses occupants le savaient d'expérience...

C'est aussi là que j'ai découvert pour la première fois à quel point la drogue peut détruire des vies. Je n'avais jamais fumé ne serait-ce qu'une cigarette, et je croisais maintenant des êtres aux yeux à la fois vides et désespérés. Presque tous les jours quelqu'un frappait à la porte pour me proposer de la crème antirides ou des vêtements d'enfant, tout ce que ces pauvres junkies pouvaient voler au supermarché du coin pour se payer leur dose.

Je finis par détester ce harcèlement continuel si bien que six mois après avoir emménagé, j'ai sauté sur l'occasion qui se présentait d'échanger ma petite maison contre un appartement au deuxième étage d'un autre pâté de maisons. Peu m'importait que le plafond soit couvert de taches de nicotine et que la porte d'entrée ne ferme pas. J'apercevais le ciel bleu par mes fenêtres et je me suis rapidement fait une amie, une voisine du nom de Jane qui est venue se présenter le lendemain du jour où Papa, qui avait pris une dose de stéroïdes lui permettant de travailler toute la journée, était venu remplacer la porte d'entrée avec l'aide de Nob.

— Ne répondez pas quand on sonne la nuit, me dit Jane en avalant son thé. Ne vous mêlez pas des affaires des autres et tout se passera très bien.

Jane était grande et mince et je ne l'ai jamais vue autrement que très maquillée et montée sur des talons aiguilles. Elle ressemblait à ces femmes qui hantent les boutiques chics de Mayfair et me semblait assez décalée dans la rue principale de Hounslow. Elle avait visiblement décidé de garder un œil sur moi, ainsi que son fiancé, Martin, qui se montrait tout aussi gentil. Parfois il frappait à la porte pour m'offrir une tranche de museau de porc qu'ils venaient de cuisiner que j'acceptais le cœur lourd : comment leur avouer que j'étais végétarienne ? Jane et Martin étaient gentils et généreux, de bons voisins qui m'avaient pris sous leur aile et faisaient de leur mieux pour me venir en aide. J'ai vite réalisé qu'ils avaient aussi un net penchant pour le cidre, mais ça m'était égal, de quel droit les aurais-je d'ailleurs jugés ? Mère célibataire occupant un logement municipal sans un sou sur son compte en banque, je n'avais vraiment pas de quoi les regarder de haut…

George était assis à côté de Lewis devant la télé chez Papa et Maman.

— Regarde-les tous les deux, Ju, dit-elle avec un sourire.

Lewis et George regardaient une émission pour enfants, toujours la même, parce qu'ils adoraient ses héroïnes, trois poupées de chiffon, Tilly, Tom et Tiny.

— C'est un gentil petit, n'est-ce pas ma chérie ? fit ma mère en regardant George suivre Lewis qui levait le camp, l'émission venant de prendre fin.

Nous étions en 1998, George avait deux ans et il commençait seulement à marcher comme il aurait dû le faire quelques mois après son premier anniversaire. Pendant un an, il suivit Lewis comme son ombre et Papa et Maman m'encourageaient sans cesse à être plus tendre avec lui. Je ne réagissais pas vraiment quand ils le faisaient. Je savais que tout le monde était très gentil, mais je commençais à être sûre et certaine que mes problèmes avec George n'étaient pas seulement mon fait parce que, malgré tous les efforts que je faisais pour le rendre heureux, j'avais toujours l'impression de vivre avec un étranger. Il pouvait passer de la béatitude à la fureur noire en un clin d'œil et tous les membres de ma famille avaient beau faire comme si les règles communes s'appliquaient à George, je savais qu'il n'en était rien.

Prenons l'exemple du sommeil. Le soir, George restait éveillé dans son berceau pendant des heures, mais dès le moment où il a compris comment en sortir, il se levait toutes les cinq minutes et hurlait sans interruption quand j'essayais de le recoucher. Je n'avais pas peur de ses accès de colère, pas plus que d'imposer mon autorité. Mais je voyais clairement dans les yeux de George qu'il ne comprenait tout simplement pas ce que j'essayais de lui apprendre. Je n'avais donc pas d'autre alternative que de le laisser se balader dans l'appartement jusqu'à ce qu'il finisse par s'écrouler enfin, exténué. Nous avons dû courir quelques marathons, rien qu'en tournant en rond dans notre minuscule appartement et même quand je le recouchais dans son berceau, il restait bien souvent éveillé, baragouinant des mots et des phrases à l'infini.

— Buzz l'éclair, Buzz l'éclair, Buzz l'éclair, répétait-il sans trêve, parce que ces deux mots appartenaient à son lexique de base avec « Papa », « Maman » et « Batman ».

— Ce n'est tout simplement pas possible, me dit le pédiatre que j'allai consulter, à bout de force. Tout le monde a besoin de dormir, surtout les enfants…

— Mais George ne dort pas !

Le médecin me regarda avec un petit sourire.

— Je crois que vous avez dû vous endormir vous-même, Julia, si bien que vous n'avez pas compris que George aussi avait dormi.

Je savais que je ne m'étais pas endormie, mais j'avais appris à ne pas protester, et si j'emmenais toujours George chez le médecin quand je m'inquiétais à son sujet, parce que je voulais être sûre de ne pas passer à côté d'un problème de santé évident, quand il me disait que George allait bien, je ne posais pas de questions. On m'avait appris que les docteurs avaient toujours raison et tout le monde me répétait que j'étais responsable de son comportement.

C'est pourquoi, désireuse de tout faire pour améliorer notre existence, je m'étais inscrite à l'examen de taxi londonien. Il me fallait travailler pour assurer l'existence de mon fils et j'avais donc passé chaque moment de liberté à le préparer au cours des dix-huit derniers mois, encouragée par Papa.

— Conduire un taxi serà un métier idéal pour toi, Ju, me disait-il. Tu peux préparer l'examen à la maison et aller travailler quand tu veux, exactement comme moi.

Mais comme beaucoup de choses dans la vie, apprendre tout ce qu'il fallait savoir pour passer cet examen était plus facile à dire qu'à faire. Conduire un taxi pour gagner sa vie peut sembler simple, mais pour peu que vous chargiez des passagers dans le centre de Londres, cela signifie aussi que vous devez mémoriser toutes les rues dans un rayon de dix kilomètres autour de la gare de Charing Cross, près de Trafalgar Square, et il y en a… vingt-cinq mille ! La préparation de l'examen de chauffeur de taxi londonien est si difficile qu'on a d'ailleurs prouvé qu'elle faisait croître la masse cérébrale ! Elle ne consiste d'ailleurs pas seulement à apprendre les rues une par une. On doit aussi connaître les « trajets », des itinéraires qui vous conduisent d'un point A à un point B, avec des listes de rues si longues qu'elles remplissent des livres entiers. Je n'étais pas sûre que ma cervelle puisse assimiler tout cela et mon autre gros problème, c'est que je détestais conduire dans le centre de Londres !

— Plus vite, Ju, plus vite ! me criait mon père quand je l'emmenais en ville dans sa vieille Mustang gris métallisé.

Mais à peine avais-je enfoncé l'accélérateur et senti la vieille voiture imposante bondir que je ralentissais aussitôt, tétanisée. Comme j'étais trop lente pour le centre de Londres, j'ai décidé de préparer l'examen de taxi de banlieue, lequel me permettrait de charger des passagers dans les environs de Hounslow. Mais cela imposait tout de même de mémoriser des milliers de rues. Après que mon inscription à l'examen a été validée, je me suis donc mise au travail aussitôt, à la maison, avec George. Je l'installais dans une chaise à bascule et je m'asseyais par terre, des cartes routières étalées tout autour de moi et je les étudiais l'une après l'autre, m'efforçant de mémoriser rues et itinéraires, pendant qu'il hurlait à pleins poumons.

— Cimetière de New Brentford à la gare ferroviaire de Hounslow, psalmodiais-je : à gauche dans Sutton Lane, remonter Wellington Road, à gauche dans Staines Road, à droite dans Hibernia Road, à gauche dans Hanworth Road, à droite dans Heath Road, à droite dans Whitton Road, à gauche dans Station Road. Vous êtes arrivés à destination !

Celui-ci était simple, remarquez. Pour certains itinéraires, il fallait se rappeler jusqu'à cinquante rues. Pourtant, étrangement, le simple fait de se concentrer sur autre chose me rendait les problèmes de George plus faciles à supporter. Je vérifiais que sa couche était sèche, qu'il avait chaud et qu'il n'avait pas faim, ce qui ne l'empêchait pas de continuer à brailler. Mais en regardant sa petite bouille écarlate, je me disais que mon salaire de taxi nous offrirait une vie meilleure. Une fois mon brevet en poche, une fois que j'aurai commencé à travailler, je gagnerai assez d'argent pour nous payer ce dont nous avions besoin. D'ailleurs, George ne me laissait pas le choix : en grandissant il devenait de plus en plus bizarre. Si nous avions un visiteur imprévu à la maison, il se roulait en boule et se balançait. Quand nous sortions, il se cognait la tête si fort contre les montants de la poussette que je dus les recouvrir de couvertures, qu'il remontait sur son visage pour se cacher. Je m'étais même mise à faire les courses au supermarché le soir parce qu'il y avait moins de gens qui l'irritaient.

Vous ignorez quelles sont vos limites jusqu'au moment où les circonstances vous mettent au défi. Tout ce que je savais, c'est que pour que George soit à peu près heureux, la vie quotidienne devait être organisée dans le moindre détail d'une manière bien spécifique, alors je lui donnais ce dont il avait besoin comme n'importe quelle mère l'aurait fait.

Ses émotions ressemblaient au contenu d'une marmite en ébullition qu'il ne contrôlait pas et je devais le protéger sinon il se blessait lui-même, se mordait le bras au sang, s'arrachait les cheveux jusqu'à ce qu'on voie la peau de son crâne. Même à l'époque où George était déjà en âge de marcher, je continuais à le porter souvent parce qu'il ne lui fallait que quelques secondes pour se blesser.

Certains jours, j'avais l'impression que nous étions en train de couler tous les deux et les moments auxquels je m'accrochais étaient ceux où je me lovais contre le petit corps de George après qu'il s'était enfin endormi. Nous restions étendus ensemble – c'était le calme après la tempête. C'était aussi le seul contact physique possible ou presque et en tortillant une boucle de ses cheveux sur son front, je contemplais George, si paisible, et je me demandais comment trouver un moyen de lui faire éprouver la même paix quand il serait éveillé.

Il donnait l'impression que la vie était souvent une torture pour lui – quoi de plus déchirant pour une mère ?

Je regardais Lewis entrer dans la pièce, traînant derrière lui le long tube à oxygène terminé par deux embouts qui auraient dû être enfoncés dans les narines et qui pendouillaient. Une fois Lewis assis pour jouer, George s'agenouillait et les remettait doucement à leur place. C'est un geste qu'il faisait souvent pour Lewis et quand je le voyais agir ainsi, je savais que George était capable d'amour.

— Il va falloir changer sa couche avant de partir, dis-je à Maman en me levant du canapé.

Je m'approchai de George et j'inspirai profondément avant de le prendre dans mes bras, sachant que je n'avais qu'une fraction de seconde avant qu'il se mette à crier. Pendant que je le portais vers le tapis à langer que j'avais déroulé par terre, il se contorsionnait et se débattait dans tous les sens. Quand je le posais sur le tapis et appliquais un bras sur sa poitrine tout en retirant sa couche de l'autre main, il donnait des coups de pied, me mordait, poussait des rugissements furieux. Son visage était cramoisi de colère mais je ne le regardais pas, je n'essayais pas de le faire rire avec des exclamations et des sourires. Cela n'aurait fait qu'aggraver les choses, parce que George détestait qu'on le regarde dans les yeux. C'était une des choses que j'avais apprises, contrainte et forcée : personne ne pouvait le réconforter d'un regard tendre, pas même moi.

Les mois passèrent, cela faisait maintenant deux ans que nous habitions ce nouvel appartement et je continuais à préparer mon examen de taxi. N'allez pas croire que ça me prenait tant de temps parce que j'étais un cancre : certes, je n'ai pas fait d'étincelles à l'école, mais la plupart des gens, moi compris, ont besoin d'au moins deux ans pour réussir cet examen. Papa s'était arrangé pour se faire prêter un vieux taxi qui me servait pour m'entraîner, au lieu de sillonner les banlieues en mobylette comme le faisaient la plupart des candidats, je sortais donc deux fois par semaine et repassais mes itinéraires en essayant de les fixer dans ma tête.

Et puis un jour il a bien fallu tester cet entraînement et je me suis donc présentée au bureau de la circulation et des transports, à Penton Street au nord de Londres. C'est là que les choses sérieuses se passent : les taxis professionnels y vont pour faire réviser leurs véhicules ou régler leurs problèmes administratifs, et les aspirants taxis pour passer leur examen.

Une grande tension régnait dans la pièce grise où nous attendions tous d'être appelés par deux hommes d'âge mûr en costume qui nous demandaient de réciter des itinéraires avant de nous noter entre A et D. Cet examen, vous saviez que vous l'aviez réussi par la note que vous obteniez et parce qu'on vous rappelait rapidement pour un autre test. Si c'était au bout de deux semaines, cela signifiait que vous vous étiez amélioré. S'il vous fallait attendre plus de deux mois, cela voulait dire que vous aviez encore du pain sur la planche… Le pire, cependant, c'est qu'on ne voyait jamais la fin de ce supplice : il n'existait pas de barème de notes à obtenir pour décrocher enfin son examen. Au lieu de cela, on vous rappelait sans cesse jusqu'à ce qu'un jour, l'un des hommes en costume décide que vous étiez prêt. Ça donnait un peu l'impression de courir un marathon sans savoir où se trouvait la ligne d'arrivée.

Je me rendais à Londres pour ces tests tous les mois et ça me terrifiait. Je n'aurais pas été surprise que ces types me pointent une lampe torche sur le visage et m'ordonnent de m'allonger sur une planche à clous. Ils savaient s'y prendre pour inculquer aux candidats ce qu'ils attendaient d'eux : une attitude avenante, des bonnes manières et de la confiance. À la moindre hésitation, au moindre faux pas dans l'énumération des rues, ils vous flanquaient un D sans sourciller. Si un nœud de cravate n'était pas impeccable, ils vous demandaient de revenir un autre jour. Et le pauvre hère qui jurait au beau milieu de son énumération était banni du centre pour un bon moment. Nous étions tous terrorisés et on aurait entendu une mouche voler quand l'un des examinateurs traversait la pièce où nous devions tous attendre. Il y avait quelques femmes chauffeurs de taxi à Londres à cette époque, mais pas beaucoup et je n'en ai rencontré aucune pendant que je préparais l'examen. C'était un monde d'hommes et les examinateurs scrutaient d'un œil soupçonneux mes cheveux bouclés qui avaient toujours l'air mal coiffés même quand je venais de les brosser. Ces regards scrutateurs me donnaient parfois envie de crier de rage. Est-ce qu'ils connaissaient ma situation ? J'avais George à la maison, j'avais dormi quelques heures et je faisais de mon mieux. Mais ils ne voulaient pas entendre d'excuses.

Papa, lui, me prodiguait sans cesse ses encouragements.

— Tu as pris la voiture pour t'entraîner un peu, Ju ? me demandait-il quand je venais prendre un thé. Tu vas passer bientôt un test ?

J'avais fait de mon mieux mais après plus de deux ans de travail, j'étais à deux doigts de la saturation totale. En avril 1999, mes notes s'étaient améliorées et on m'appelait plus souvent pour repasser le test, mais j'étais si exténuée entre George et les révisions que je n'avais plus qu'une idée en tête : tout laisser tomber. L'autre facteur de découragement, c'était la maladie de Papa qui s'était beaucoup aggravée. Il passait autant de temps à l'hôpital qu'à la maison. Je ne voulais qu'une seule chose, c'était passer plus de temps avec lui, quitte à délaisser les cartes routières et ma carrière de futur taxi qui me semblait de plus en plus inaccessible. Si bien qu'un jour où je devais passer un test, je lui ai rendu visite à l'hôpital.

— Que fais-tu ici ? m'a-t-il demandé, étendu sur son lit. Tu n'es pas censée être à Penton Street ?

— Je ne peux pas aujourd'hui, Papa. Je préférais venir te voir. J'irai une autre fois.

— Qu'est-ce que ça signifie ?

— Je renonce à devenir taxi.

On aurait dit qu'une bombe venait d'exploser à côté de lui.

— Tu te paies ma tête, hein, Ju ? cria Papa en se contorsionnant pour s'asseoir et pour sortir du lit. Aide-moi à me lever ! Va me chercher mes affaires ! Ma blague à tabac ! N'oublie pas les allumettes.

— Mais tu n'as pas le droit de quitter l'hôpital, Papa.

— Eh ben je sors quand même, s'il le faut pour que tu passes ton test !

— Ne sois pas stupide, Papa. Dans l'état où tu es, tu ne peux aller nulle part…

Il n'allait jamais plus loin qu'au rez-de-chaussée pour fumer une cigarette, et même alors je devais le pousser dans un fauteuil roulant. Je ne le voyais pas faire un voyage de quinze kilomètres jusqu'au centre de Londres…

— Ne me dis pas ce que j'ai à faire, ma petite ! cria Papa. Nous allons à Penton Street !

Il n'était pas question de discuter avec Papa quand il avait une idée en tête. Il n'était pas censé quitter l'hôpital mais il avait décidé qu'il partait. Nous n'avons certes pas dû creuser un tunnel comme les détenus de *La Grande Évasion*, mais je me faisais l'impression d'un prisonnier en fuite quand il m'a ordonné de l'asseoir sur son fauteuil roulant, de le pousser jusqu'au parking puis de l'asseoir sur le siège passager de la voiture. Nous savions tous les deux que les infirmières seraient furieuses si elles apprenaient ce que nous complotions.

— J'ai une bonne intuition pour aujourd'hui, ça va marcher, répétait sans cesse Papa quand nous sommes enfin partis. Tu vas l'avoir, Ju, j'en suis sûr. Ils vont te le donner, aujourd'hui.

Mais malgré les propos de mon père, je paniquais en approchant de Penton Street. Je ne m'étais pas préparée pour l'examen et je n'étais pas sûre d'avoir la force nécessaire pour affronter ces messieurs. J'étais nerveuse et très inquiète pour Papa assis à côté de moi sur le siège passager dont je dus rabattre complètement le dossier parce que la position assise était trop douloureuse pour lui.

— Je ne sais pas où je suis..., pleurnichai-je en abordant un énorme rond-point.

— Une seconde ! fit Papa. Il souleva juste assez la tête pour jeter un regard par-dessus le tableau de bord et il comprit aussitôt où nous étions.

— À droite, Ju.

Je continuai tout droit.

— À droite, DROITE ! cria Papa.

Je brûlai la politesse à trois voitures sur ma droite en priant pour qu'elles ne me rentrent pas dedans.

— À gauche, poursuivit Papa dans un râle douloureux.

Nous arrivâmes au bureau de la circulation et des transports, mais j'étais dans un état second quand j'entrai dans le bureau pour mon test. J'ai dû réciter mes itinéraires comme un robot, parce que mon examinateur lui-même semblait dans un état second quand j'arrivai enfin au bout.

Je le regardai en attendant qu'il me donne la date de ma prochaine convocation.

— C'est bon, me dit-il. Vous l'avez.

Je le regardai médusée. J'y étais arrivée, j'avais mon brevet ?

Je n'arrivais pas à croire que j'étais au bout de mes peines en revenant à la voiture. J'avais laissé Papa sur son siège, mais en m'installant à ses côtés, je vis une marque de brûlure rouge vif sur sa poitrine. Il avait laissé tomber sa cigarette pendant que je passais mon examen et n'avait pas réussi à la ramasser avec ses mains tordues. Il avait dû regarder impuissant la cigarette creuser un trou dans sa chair.

— Oh, Papa ! dis-je en me mettant à pleurer.

— Tout s'est bien passé, Ju ? répondit-il en souriant.

— Mais tu t'es brûlé, Papa, tu dois souffrir !

— Ne t'en fais pas ma chérie, je ne sens rien du tout.

— Tu es sûr ?

— Oui. Oublie ça et dis-moi comment ça s'est passé.

En le regardant étendu à côté de moi, je compris à quel point je l'aimais.

— Je l'ai eu, Papa, je l'ai eu !

Son visage se fendit d'un immense sourire.

— Je savais que tu y arriverais ! fit-il.

Avec un soupir, Papa reposa sa tête contre le dossier du siège.

— Maintenant, retournons à l'hôpital ou bien les infirmières vont me découper en rondelles…

Chapitre 3

Je voudrais que mon récit soit l'une de ces histoires vraiment heureuses où, étant devenue taxi, j'aurais chargé George Clooney qui m'aurait emmenée avec lui au soleil couchant. Mais la vraie vie ressemble rarement à ça, n'est-ce pas ? En tout cas pas la mienne, et deux mois après ma réussite à l'examen, ma vie a changé d'une façon qui m'a fait douter que je pourrais jamais retrouver le goût du bonheur.

Après la mort de Papa, une perte qui avait un goût de fin du monde, George devint ma seule raison de me lever le matin. Nous avons donné à Papa les obsèques qu'il méritait, son cercueil placé sous une boîte en verre fut tiré par une voiture à cheval dont la crinière s'ornait de plumes noires, conduite par un homme en queue-de-pie et haut-de-forme tandis que la famille et les amis suivaient derrière dans une longue file de taxis, mais tout cela semblait irréel. Comment dire adieu à la personne qui vous rattache à la terre et vous empêche de déprimer avec ses plaisanteries, ses paroles de réconfort, son amour silencieux ? Je n'étais pas la seule à être perdue : Papa et Maman s'étaient rencontrés adolescents. Nous avons affronté sa mort comme nous savions le faire pour les grandes peines : en nous épaulant les uns les autres pour apprendre comment nous débrouiller sans lui.

Papa fut enterré dans le cimetière local et je détestais l'idée de l'abandonner là-bas, dans la terre froide. Je lui rendais donc visite aussi souvent que possible et je m'asseyais à ses côtés tandis que George et Lewis gambadaient autour de nous.

— On peut reboucher le trou, Ju ? me demanda Lewis un jour qu'ils découvrirent un petit tas de terre à côté d'une fosse qui venait d'être creusée et attendait d'être comblée.

— Juste un peu, répondis-je.

Quelques poignées de terre, quelle importance ? me dis-je en regardant Lewis jouer et rire. Avec son rire essoufflé et entrecoupé d'inspirations sifflantes, Lewis rappelait un vieillard de quatre-vingts ans qui aurait fumé un paquet par jour toute sa vie. George regardait Lewis en silence comme s'il essayait de comprendre ce que signifiait ce bruit étrange. Puis, quand Lewis se mettait à tousser, George le penchait en avant et lui tapotait le dos jusqu'à ce qu'il retrouve son souffle. Quelques instants plus tard, je savais que George allait subitement s'arrêter de jouer pour écouter, immobile, comme un lapin qui a détecté la présence d'un renard. Il percevait l'arrivée d'un train encore si distant que personne d'autre ne pouvait l'entendre, jusqu'à ce qu'il passe en ferraillant sur la voie ferrée qui longeait le cimetière. George était si sensible aux bruits que quand nous partions en balade, il se mettait à crier chaque fois qu'une voiture passait, comme si un mammouth fonçait sur nous.

Quelques mois s'écoulèrent ainsi : j'emmenais George au cimetière, parfois avec Lewis, parfois sans, je m'asseyais et je me demandais ce que l'avenir nous réservait maintenant que mon rêve de devenir taxi s'était évanoui. Une fois l'examen théorique en poche, il me restait à passer un examen de conduite dans le centre de Londres pour avoir mon permis, mais j'avais échoué deux fois quand Papa était encore en vie, et me confronter une nouvelle fois à cette épreuve après sa mort était au-dessus de mes forces. Il m'avait encouragée à persévérer mais maintenant chaque fois que je m'installais au volant d'un taxi, je l'entendais rire et je le voyais. C'était trop et j'avais fini par abandonner mon projet. Avec une écrasante sensation d'échec. J'étais une mère lamentable et professionnellement j'étais une ratée.

Un jour, alors qu'un gros creux s'était formé sur la tombe de Papa, je faillis me faire arrêter après avoir décidé de tenter de le combler. C'était peu avant le coucher du soleil. Quelques minutes plus tard, deux policiers arrivaient, leurs talkies-walkies grésillant et il me fallut un bon moment pour les convaincre que je n'étais pas en train de piller une tombe. Hormis cet incident désagréable, j'aimais bien aller au cimetière parce que c'était un endroit paisible où je pouvais faire le point.

Mais je me sentais toujours prise comme dans un étau. Pendant que George jouait entre les tombes, les pensées se bousculaient dans ma tête. La vie que je lui offrais n'avait rien à voir avec celle que Papa et Maman nous avaient donnée à Boy, Tor, Nob et moi quand nous avions son âge. Et malgré mes efforts, je n'étais pas parvenue à trouver le moyen d'améliorer notre sort. On m'avait appris à subvenir à mes besoins et j'avais même commencé à le faire dans la petite boutique du fleuriste où je travaillais sept jours sur sept avant la naissance de George, mais j'avais dû arrêter en devenant mère. Après l'abandon de ma carrière de taxi, je ne savais plus quoi faire. Je me sentais terriblement inutile et à mesure que les mois passaient, Papa n'étant plus là pour me redonner confiance, je doutais de plus en plus de ma capacité à améliorer ma situation – et celle de George.

Pourtant, plus j'y pensais, plus ma volonté se renforçait : j'étais décidée à me battre pour remonter la pente. Il était temps de prendre un nouveau départ.

George est rentré à la maternelle à quatre ans en septembre 2000. C'était l'un de ces jours où, en le regardant, je me demandais comment j'avais pu me tourmenter autant à son sujet. Avec ses grands yeux bleus et ses cheveux blonds, son sweat-shirt rouge trop grand et son pantalon noir, il était mignon comme tout. Nous avions déménagé dans un nouveau lotissement beaucoup plus joli que le précédent. C'était un nouveau début pour lui et moi.

Comme je l'ai dit, je suis une rêveuse : quelques semaines plus tard, le rappel à l'ordre prit la forme d'une convocation à l'école.

— Nous pensons que George a des problèmes d'audition, fit l'un.

— Il ne répond pas quand on l'appelle par son nom, me dit un autre.

— Il semble incapable de répondre aux consignes, renchérit un troisième. Si on dit aux enfants qu'on va s'asseoir dans quelques minutes, George s'assoit tout de suite et quand on les met en cercle pour leur raconter une histoire, il recule en rampant, se réfugie sous un banc et plaque ses mains sur ses oreilles…

En un sens, j'étais presque soulagée d'entendre ce que ces maîtres me révélaient parce qu'ils étaient les premiers pédagogues professionnels à consacrer un peu de temps à George et ils confirmaient l'existence d'un trouble psychique que je me tuais à exposer aux gens depuis des années. Mais je me sentais aussi un peu abattue parce qu'il est souvent plus aisé de se coltiner un problème quand on le minimise que quand on vous le jette à la figure. Quand on envoya George à la clinique locale pour des tests visuels et auditifs, je tentai de me convaincre que je n'avais rien à craindre : j'avais vingt-sept ans, j'étais une adulte et quelle que soit la pathologie dont il souffrait, plus tôt elle serait identifiée, plus vite il serait guéri.

Dans notre nouveau lotissement, forte de mon expérience précédente, je décidai de garder mes distances avec les voisins, et le premier problème que j'eus à résoudre fut notre nouvel appartement : la vieille dame qui l'occupait y avait vécu avec treize chats et l'endroit grouillait de puces ! Je me repliai donc avec George chez Maman quand les services de l'hygiène envoyèrent un employé pour désinfecter avant de revenir avec toute la famille pour repeindre : j'étais fière de mon indépendance mais quand il s'agissait de gros travaux, j'étais bien contente de pouvoir compter sur mes frères et sœur.

J'avais appris toute jeune qu'il ne faut pas ménager ses efforts pour rendre son cadre de vie le plus agréable possible. « Les côtés, le haut et enfin le devant », me disait ma nounou Doris en me montrant son énorme commode avant de me fourrer dans les mains un gros flacon de cire et un chiffon à poussière quand elle m'emmenait chez elle le samedi matin pour l'aider à faire le ménage. En général, je faisais du bon boulot, mais un jour, je devais avoir dix ans, elle me donna un coup sec sur le sommet du crâne sans un mot d'avertissement.

— Ne bouge pas ! cria-t-elle alors que j'étais sous le choc. Reste là, je vais appeler ta mère.

Elle courut chez Maman, nous habitions à côté, revint avec elle et elles scrutèrent toutes les deux mon cuir chevelu.

— Regardez-les, fit Doris.

— Ce sont ces gosses qui traînent dans la rue qui ont dû lui passer, décréta ma mère.

— Qu'est-ce qu'il y a ? demandai-je, interdite.

— Tu as des poux, ma chérie ! me dit ma mère.

J'éclatai en sanglots.

Après un bon shampooing anti-poux je fus autorisée à reprendre mon travail chez Doris. Quoi qu'il en soit, cet entraînement intensif aux travaux ménagers m'avait appris les miracles de l'huile de coude et je ne ménageai pas mes efforts pour transfigurer notre nouveau logement. La cuisine prit rapidement de splendides teintes ocre, le couloir un coup de blanc, ma chambre devint rose pâle et celle de George jaune. Et je ne me contentai pas de refaire l'intérieur : notre appartement du troisième étage jouissait d'un balcon qui surplombait un champ où l'on pouvait admirer un splendide saule. Je tentai donc de tirer le maximum de la vue en recouvrant le sol du balcon de rayures arc-en-ciel, en repeignant les cloisons en vert et en l'agrémentant de multiples pots de fleurs. Debout sur le balcon, soufflant des bulles de savon vers George qui les adorait, je regardais les toits des abris de jardin, en bas, et je me demandais s'il ne faudrait pas les recouvrir de gazon… Pas simple de faire pousser quelque chose sur un toit, mais je ne pouvais plus m'arrêter !

Une fois l'appartement repeint, la vraie vie ne tarda pas à me rattraper : certains jours quand je sortais avec George, il me fallait près d'une heure pour arriver jusqu'à l'école. Il me mordait, se cramponnait aux lampadaires, alternait glapissements et hurlements, ou bien encore se figeait, fasciné, devant les soldats qui gardaient l'entrée de la caserne voisine, et refusait de bouger. Il était si récalcitrant que bien souvent je l'asseyais dans la poussette et nous descendions vaille que vaille les trois étages. C'est comme ça que j'ai rencontré un beau jour la voisine qui habitait l'appartement situé au-dessous du mien. Je redoutais un peu cette rencontre parce que l'immeuble était très mal insonorisé et que George faisait beaucoup de bruit. Quant à elle, le peu que j'en savais se résumait au fait qu'elle adorait passer l'aspirateur, j'avais l'impression qu'elle y consacrait à peu près tout son temps.

Cette femme, qui semblait à peu près de mon âge, avait deux enfants : un petit garçon âgé d'environ quatre ans comme George, et une fillette un peu plus âgée. Je la saluais aimablement chaque fois que je la croisais et elle me paraissait tout à fait normale, mais je ne m'arrêtais pas pour discuter avec elle parce que je venais d'une résidence où presque tous mes voisins buvaient comme des trous ou bien volaient des vêtements sur les cordes à linge alors qu'ils semblaient parfaitement normaux...

Mais un beau jour, cette femme me regarda alors que j'escaladais les marches avec George dans sa poussette.

— Dégoûtant, n'est-ce pas ? fit-elle en montrant les murs de ciment gris de l'escalier.

Ils étaient couverts de graffitis, sans parler de l'odeur d'urine qui montait de l'entrée où toutes sortes de gens se soulageaient régulièrement.

— Horrible, approuvai-je.

— Michelle, se présenta la jeune femme.

— Julia, répondis-je avec un sourire.

— Ravie de vous connaître. Si on essayait de changer les choses, toutes les deux ?

Ce fut le début de notre amitié. Michelle et moi fîmes front commun pour réhabiliter l'escalier, sonnant chez tous les locataires avant d'aller finalement trouver le gérant de l'immeuble pour le mettre en demeure d'agir :

— Les gens ne seront fiers de leur cadre de vie que si vous leur donnez une bonne raison pour cela en effaçant les graffitis et en nettoyant les crottes de chiens.

Il nous proposa l'accord suivant : si Michelle et moi nettoyions les murs de l'escalier au jet, la municipalité repeindrait les murs. Il nous demanda de lui suggérer une couleur. Nous n'avions que l'embarras du choix : beige, peut-être ? blanc ? bleu ? Non : rose pâle, rose layette, une couleur parfaitement assortie au ciment gris, selon nous. Une fois les travaux terminés, nous étions si fières de notre escalier que nous ornâmes même les murs de fleurs artificielles et que nous surveillions depuis nos balcons les intrus éventuels.

— Vous n'avez pas intérêt à laisser votre chien pisser ici ! hurlions-nous ainsi à un type qui avait l'habitude de laisser son chien faire ses besoins dans l'entrée et qui prenait des airs offusqués, alors que Michelle et moi jubilions. Mordues par le virus de la rénovation, nous avions même fini par repeindre les portes des placards métalliques de chaque locataire, au rez-de-chaussée, pour donner un peu plus de couleur à l'endroit.

Mais même si Michelle et moi nous entendions très bien, j'avais encore quelques réticences à en faire une véritable amie. J'avais bien sûr caressé l'idée d'avoir une complice de mon âge, quelqu'un avec qui aller au cinéma ou faire du shopping, par exemple. Mais j'avais appris que moi seule pouvais calmer George, raison pour laquelle je ne pouvais décemment pas le confier à quelqu'un d'autre. Ses besoins passaient avant tout le reste et je ne voulais pas sortir sans lui.

Il y avait certes de mauvais jours où je pleurais silencieusement après qu'il avait fini par s'endormir, mais je n'avais pas tardé à me reprendre et à m'accommoder de la situation. J'étais sa mère et j'avais pris l'habitude de tenir à distance la plupart des gens. Nous voyions la famille bien sûr, mais je n'aimais pas que des étrangers dévisagent George quand il était allongé par terre raide comme un piquet parce qu'il avait une crise de fureur, ni entendre des soupirs impatientés quand il poussait ses glapissements stridents. Je ne voulais pas avoir à expliquer que j'étais régulièrement convoquée à l'école parce qu'il se disputait avec les autres enfants, qu'il les frappait ou les mordait quand ils ne jouaient pas selon ses règles à lui. Je ne tenais pas non plus à mentionner les nouveaux tests visuels et auditifs que j'avais demandé qu'on pratique parce que depuis que George était scolarisé, j'étais plus que jamais convaincue qu'il n'était pas normal. Je m'étais presque habituée à son étrange comportement quand nous étions seuls ensemble, mais je ne pouvais ignorer à quel point la situation avait encore empiré, je voulais donc m'assurer qu'il n'y avait pas eu d'erreur.

Comment expliquer tout ça à Michelle, dont les enfants, Ricky et Ashley, étaient « parfaits » ? Lui dire que George s'était mis à insulter les étrangers chaque fois que nous sortions nous promener et qu'il était impossible de l'arrêter, quand bien même je le lui répétais cent fois ?

« Grosse ! » disait-il quand nous croisions une femme aux formes rebondies.

« Poilue ! » criait-il quand il apercevait une femme avec une natte.

« Taches ! » crachait-il quand nous croisions un visage criblé de taches de rousseur.

« Tu pues ! » lançait-il à quiconque s'approchait trop près.

Les passants lui jetaient des regards stupéfaits, mais tous mes efforts pour l'empêcher de les insulter restaient absolument vains. Ses maîtres ne savaient pas quoi faire de lui et ils avaient même pris l'habitude de noter ses comportements dans un cahier spécial : *Refuse de boire devant des tiers, disparaît pendant une demi-heure quand il va aux toilettes parce qu'il se déshabille entièrement avant d'y aller.* Il y avait tant de petites choses, que je ne savais pas par quel bout les prendre et pour toutes ces raisons, je préférais rester dans mon coin.

Mais heureusement rien de tout ça ne semblait inquiéter Michelle quand nous avons commencé à nous fréquenter. Peut-être parce qu'elle était une nourrice expérimentée, ou simplement parce qu'elle était très patiente, Michelle était en tout cas d'une tolérance inhabituelle, comme le montre sa réaction le jour où nous étions dans le grand parc de la résidence et où en me retournant, j'ai vu que George avait plaqué Ricky au sol et le frappait.

— Stop ! ai-je crié en me précipitant vers eux.

George ne réagit pas et quand je le rejoignis, il me jeta un regard vide avant de frapper Ricky encore une fois.

— George, non ! ai-je protesté en le tirant vigoureusement, bien convaincue que cette fois il avait passé les bornes et que Michelle ne m'adresserait plus la parole.

Mais elle a très bien réagi.

— Ces choses arrivent avec les enfants, me dit-elle tandis que je traînais George derrière moi.

J'étais atterrée de réaliser qu'il était incapable de se faire des amis. En le regardant se comporter avec Ricky et Ashley, je réalisais que George ne comprenait pas les règles de base des relations avec les autres enfants. Mais je n'avais pas encore eu le courage d'en parler avec Michelle, jusqu'à ce qu'un soir elle décide d'aborder le sujet alors que nous bavardions assises sur les marches de l'escalier entre nos deux appartements. Nous avions peu à peu pris l'habitude de nous y retrouver et j'attendais le moment où Michelle frapperait à la porte. Nous laissions nos portes entrouvertes afin d'entendre si l'un des enfants se réveillait, et c'est sur ces marches que nous bavardions le soir où elle m'a posé la question fatidique :

— Tu as un problème avec George ?

Personne n'avait jamais abordé le problème aussi directement.

— Je crois, oui, fis-je. Les tests auditifs et visuels n'ont rien détecté mais je ne sais plus quoi faire parce que je suis sûre qu'il y a bien un problème et personne ne semble vouloir m'écouter.

Michelle me fixa de ses grands yeux.

— Tu sais, tu dois cesser de t'excuser pour lui, Ju. George est comme il est et les gens vont devoir l'accepter. Tu ne devrais pas trop t'occuper de ce qu'ils pensent. Je vois bien à quel point ça te tracasse mais ça ne devrait pas.

— Mais quand il tape Ricky ou qu'il dit à Ashley qu'elle pue ? demandai-je. Que suis-je censée faire à ce moment-là ?

— Tu fais ce que tu peux pour lui, je le sais. Mais parfois tu dois laisser les enfants se débrouiller entre eux et comprendre que les gens vont devoir accepter George tel qu'il est parce qu'il n'est pas près de changer.

J'ai toujours pensé que les rencontres n'étaient pas le fait du hasard et Michelle incarnait mon karma bénéfique. À mesure que nous nous connaissions mieux, je lui parlais de tous les problèmes que me posait George. La longue lutte de chaque soir pour l'endormir en espérant que nous aurions un répit de quelques heures où il n'arroserait pas le mur de pipi. Je lui parlais aussi de mon pincement au cœur en voyant les autres enfants jouer ensemble et en me demandant si George serait un jour capable d'en faire autant.

— Laisse-le vivre sa vie, Ju, me disait alors Michelle. Tu ne le changeras pas si facilement et pourtant Dieu sait quelle excellente mère tu es ! C'est aux gens de changer d'attitude à son égard, pas à lui. S'ils ne peuvent l'accepter, alors ils ne valent même pas la peine que tu les remarques.

Michelle était si compréhensive que je me sentis bientôt assez en confiance pour emmener George chez elle. Il pouvait barbouiller le mur du salon de tarte aux pommes ou y fracasser la tête de la poupée préférée d'Ashley, Michelle faisait comme si de rien n'était.

— Tu lui apprends les dures réalités de la vie, à Barbie ? lui lançait-elle en s'esclaffant. C'est bien George, tu as raison.

Et si George avait quelque peine à s'entendre avec Ricky et Ashley, pourtant tous deux très gentils avec lui, j'ai vite compris qu'il aimait bien Michelle. Il ne l'embrassait jamais bien sûr, il ne lui souriait pas. À vrai dire, la plupart du temps, il ne regardait même pas Michelle quand il lui parlait ou faisait semblant de ne pas remarquer sa présence. Mais avec le temps, il se mit à faire quelque chose qui le trahissait : il reniflait. Chaque jour quand nous quittions l'appartement, George inspirait une grande goulée d'air frais et me disait qu'il sentait l'odeur de Michelle. Il sentait qu'elle venait de faire une machine, même si son appartement était à l'étage inférieur et George associait cette odeur à Michelle. Elle l'avait conquis et George me le montrait – à sa façon.

Chapitre 4

Ce matin-là, en entrant dans la chambre, je m'arrêtai net en découvrant George. Je réprimai un cri d'horreur, il n'était pas question de trahir mon affolement. Il avait réussi à tourner la poignée de la fenêtre et s'était juché, pieds nus, sur le rebord extérieur en ciment. Nous habitions au troisième étage. Si je me précipitais vers lui, je risquais de l'effrayer, de provoquer une chute mortelle.

— Qu'est-ce que tu fabriques là, George ? lui demandai-je d'un ton neutre.

Il regardait en silence quelque chose, juste derrière ma tête, les deux mains accrochées au cadre de la fenêtre.

Lentement, je plongeai la main dans ma poche, en sortis mon portable et composai le numéro des pompiers. « J'ai besoin d'aide », dis-je à l'opératrice à qui je décrivis la situation et donnai mes coordonnées en priant pour qu'on m'envoie quelqu'un rapidement, les yeux toujours fixés sur George.

Qu'il bouge de quelques centimètres seulement et c'était le plongeon dans le vide. J'aurais dû prévoir qu'il ferait un truc comme ça. George n'avait jamais aucun sens du danger et il donnait l'impression de ne pas sentir la douleur. Quand il tombait, il ne pleurait pas, ne courait pas vers moi. Il se relevait et repartait, le genou écorché dégoulinant de sang. Mais les derniers temps, il s'était mis à sauter souvent en l'air, à se jeter du haut de murets au cours de nos balades et à m'affirmer qu'il volait.

— Tu voles mon chéri ?

— Oui.

— Où ça ?

— Au-dessus d'un grand immeuble.

— Vraiment ? Et où ça, sinon ?

— Au-dessus d'un arbre.

Je me disais que George avait beaucoup d'imagination et j'étais heureuse qu'il puisse rêver. Mais à cet instant précis, dans cet échange de regards, mon cœur n'avait jamais battu aussi vite et je me suis dit que j'aurais dû le garder à l'œil. Je voulais crier, me ruer sur lui, mais je devais rester parfaitement immobile et les quelques minutes qui s'écoulèrent avant d'entendre les sirènes me parurent interminables. J'avais demandé aux pompiers de se tenir prêts à rattraper George s'il tombait parce qu'il n'était pas question de les laisser entrer dans l'appartement. S'il voyait des étrangers, j'étais sûre qu'il se laisserait tomber dans le vide. Il ne comprenait d'ailleurs pas qu'il tomberait comme une pierre. George était convaincu de pouvoir voler comme un oiseau.

Je fis un pas en avant, prête à me jeter sur lui et à l'attraper s'il lâchait le cadre métallique. Puis je regardai ma montre comme si tout cela était parfaitement anodin et que je n'avais pas la moindre inquiétude.

— On est en retard, George, lui dis-je. Nous devons aller chez Mamie où Lewis nous attend.

George me regarda comme s'il se demandait s'il avait envie de bouger ou non.

— Ils vont se demander où on est, insistai-je en essayant de masquer ma panique croissante.

Centimètre par centimètre, George revint vers l'embrasure de la fenêtre et mon cœur bondissait dans ma poitrine à chacun de ses mouvements. Mais au moment où il passa le pied par-dessus le cadre vers l'intérieur de la pièce, je l'agrippai de toutes mes forces pour l'empêcher de basculer en arrière et je le serrai dans mes bras.

— Mon chéri, fis-je mourant d'envie de le caresser et sachant que ça m'était interdit. Tu sais que tu ne dois plus jamais faire ça, hein, George ?

Il se passa la main dans les cheveux à l'endroit où je l'avais touché et me regarda avec une ombre de compréhension dans les yeux. Mes mains tremblaient tandis que je quittais la pièce avec George et même si j'étais bien décidée à partir de maintenant à verrouiller toutes les fenêtres et les portes de l'appartement et à cacher toutes les clés, j'avais encore une boule dans la gorge ce soir-là en racontant à Michelle ce qui s'était passé.

— Nous devons lui montrer, Ju, dit-elle. George ne peut pas le deviner tout seul, nous devons lui montrer ce qui se passerait s'il tombait.

Le lendemain matin, Michelle arriva à l'appartement armée d'une boîte d'œufs et nous ouvrîmes la fenêtre de la chambre de George.

— Tu vois cet œuf, George ? demanda Michelle en brandissant l'œuf juste devant ses yeux. C'est toi, tu comprends ?

Elle jeta l'œuf par la fenêtre et George le vit chuter et s'écraser sur le sol de ciment, en bas.

— Maintenant, essaie, fit Michelle en lui tendant un œuf.

Après en avoir jeté une demi-douzaine par la fenêtre, nous sommes descendus tous les trois et avons montré à George le sol jonché de jaunes d'œufs et de débris de coquilles. George contempla ce spectacle en silence.

— Tu te casseras si tu tombes et tu te casseras aussi si tu passes devant une voiture qui roule, lui dis-je en m'agenouillant devant lui.

— Tu es comme un œuf, George, tu es fragile, tu comprends ?

Il ne me jeta pas un regard, ne dit pas un mot mais nous avions essayé et j'avais appris que si l'on répétait souvent la même chose à George, il finissait par en tenir compte. La plupart des mères doivent répéter les choses cent fois à leurs enfants, avec George c'était plutôt mille. C'était la condition pour qu'il s'adapte à un monde qu'il ne comprenait pas.

Ses problèmes scolaires ne faisaient qu'empirer et beaucoup de gens considéraient George comme un gamin mal élevé, insupportable : il escaladait la clôture alors que ses maîtres lui ordonnaient de descendre, se cachait sous le sari de la cuisinière pakistanaise ou bien faisait tomber les enfants en les poussant. Il fallait bien qu'il apprenne et j'avais essayé de lui parler chaque fois que j'avais été convoquée à l'école, mais George ne comprenait absolument pas en quoi ce qu'il faisait était mal. Il ne comprenait même pas la différence entre une simple tape et une empoignade si brutale qu'elle déchirait le pull d'un enfant. Il ne savait pas comment se déplacer dans une foule d'enfants ou d'adultes : chaque jour, à l'heure de la sortie de l'école, il s'élançait vers le portail et bousculait les gens, qui le regardaient sidérés. J'avais tout essayé pour le faire marcher à mes côtés mais il répétait toujours la même course folle, je le poursuivais pour le stopper et au moment où je le rattrapais et le touchais, il se roulait par terre en hurlant.

George ne parvenait pas à comprendre que c'était lui qui devait changer d'attitude et chaque fois que je tentais de lui expliquer en quoi son comportement était erroné, il me disait que c'était faux. Ce que j'essayais de lui montrer était tout simplement absurde pour lui : c'étaient les autres enfants qui avaient tort. Mais tout en sachant que je devais continuer à lui faire comprendre comment fonctionnait le monde, j'avais l'impression de plus en plus nette que l'école avait renoncé à m'aider dans cette tâche.

Au mois de décembre de la seconde année de George à l'école, il avait alors cinq ans et demi, on me dit qu'il ne participerait pas au concert de Noël parce que s'il faisait une crise cela gâcherait la soirée. Je savais que George ne s'apercevrait pas qu'il avait été exclu de cet événement, mais cela me blessa, réaction normale de la part d'une mère, après tout.

Les maîtres ne passent pas vingt-quatre heures sur vingt-quatre avec les enfants. Ils ne connaissaient pas George aussi bien que moi et ignoraient les mille et un détails de son comportement, les bons côtés qui côtoyaient les moins bons. Par exemple, s'il semblait indifférent à la plupart des matières, George était toujours attentif en histoire. J'avais donc décidé de l'emmener voir tous les monuments historiques possibles, le palais de Hampton Court, la tour de Londres, le château de Windsor et les vieilles demeures aristocratiques pour lui faire connaître les plaisirs qui avaient été les miens quand Papa et Maman nous expliquaient tout sur le Londres d'autrefois. Mon favori avait toujours été le palais de Hampton Court. Chaque fois que j'entrais dans l'immense hall avec ses escaliers de marbre, ses tableaux de maîtres et ses lustres énormes, je m'imaginais que c'était ma maison.

Ce n'était pas facile bien sûr. George détestait les foules et c'était à moi de prévoir ce qu'il pourrait endurer ou non. Prendre le métro était trop effrayant, mais il s'accommodait du trajet en voiture et quand l'endroit que nous visitions était trop bondé, je le laissais se cacher. George ne parlait jamais de ce que nous avions vu, mais je savais que son endroit préféré était le château de Windsor parce qu'il écarquillait des yeux émerveillés, l'hiver, quand à la tombée de la nuit on allumait les puissants projecteurs qui faisaient étinceler les murs du château. L'eau, les objets scintillants, les lumières : tels étaient ses grands bonheurs.

En outre, même si George n'avait pas d'excellents résultats à l'école, je savais qu'il était intelligent. Chacun de ses actes témoignait qu'il était conscient de tout ce qui se passait autour de lui. Quand Maman mentionna un jour devant lui que ma nourrice avait l'habitude de jeter du sel pardessus son épaule par superstition, il se mit à faire la même chose. Et quand George s'intéressait à quelque chose, que ce soit Windsor Castle, les arbres, les oiseaux, l'eau et les poissons, il ne s'en lassait jamais.

Mais ses maîtres, eux, ne voyaient qu'un petit garçon qui n'obéissait pas, perturbait les cours, ne les écoutait pas et se montrait souvent agressif. Avec des effectifs d'environ quarante enfants par classe, ils n'avaient pas une minute à lui consacrer, et la crainte que George n'obtiendrait jamais le soutien dont il avait tant besoin me taraudait. C'est pourquoi j'acceptai de rencontrer deux psychologues quand on me suggéra de reprendre rendez-vous à la clinique où George avait passé des tests auditifs qui n'avaient rien révélé d'anormal. Un expert avait manifestement décidé que j'étais responsable des problèmes de George.

George assista aux premières séances avec les psychologues, caché derrière le dossier de mon fauteuil.

— Que faites-vous quand George est étendu par terre et ne se relève pas, Julia ? demanda l'une des femmes, voix mielleuse et regard entendu.

Et que croyait-elle ? Que je le traînais par les cheveux ?

— Lui dites-vous NON ! quand il casse un jouet volontairement ? me demanda-t-elle aussi.

— Pourquoi, selon vous, refuse-t-il de manger avec une cuiller ?

— Quelle est la relation de George avec son père ?

— Avez-vous un petit ami ?

Ces deux psys ne connaissaient qu'un mode de relation avec leurs « patients » : la condescendance. Tout ce qu'elles voyaient c'était une mère célibataire affligée d'un gamin incontrôlable et ce que je leur disais ne pesait pas lourd devant leurs certitudes.

— Pourquoi ne parlez-vous pas aux maîtres ? leur demandais-je régulièrement. Ils connaissent très bien George et ses bizarreries de comportement. Ce n'est pas une simple question de discipline. Il y a autre chose !

La réponse était toujours la même.

— George est encore tout jeune, Julia. Nous procédons à une évaluation et cela prend du temps.

Je retournai donc à l'école et leur demandai s'ils ne pouvaient vraiment rien faire de plus pour George.

— Nous réfléchissons à la situation, Julia. Cela prend du temps.

Leurs grands airs me donnaient surtout envie de les gifler et je me sentis encore plus frustrée quand on m'inscrivit aux réunions d'un groupe de parents dont les enfants avaient des problèmes de comportement. Pour la première fois, je me dis qu'un conseil aussi indigent montrait le peu d'intelligence des soi-disant spécialistes.

Quand votre enfant a été étiqueté « sale gosse mal élevé », il n'est pas si simple de demander aux gens un véritable effort d'analyse, et parfois je me prenais à souhaiter que l'école s'acharne un peu moins systématiquement à corriger le comportement de George. Il avait, par exemple, des exigences très particulières en matière alimentaire et je savais sans qu'il ait besoin de me le dire qu'il n'avalait pas des aliments qui se touchaient : il aimait les œufs, il aimait les haricots blancs, mais si j'avais le malheur de les lui servir sur la même assiette, il se contentait de les regarder sans y toucher. Comme s'il y avait au fond de lui, une règle de cloisonnement inviolable : tout devait être soigneusement séparé. Je lui donnais donc chacun de ces aliments dans des bols distincts.

Il eut aussi ses manies : d'abord il n'acceptait que les crackers, puis ce furent les yaourts, les crèmes caramel et je savais que ce n'étaient pas des caprices parce que George, les yeux fixés sur son assiette, inspirant profondément, semblait parfois très anxieux. Alors je lui donnais ce qu'il voulait pour qu'il se calme et qu'il mange. Ce fut pendant sa période sandwichs à la confiture que j'aurais bien voulu que ses maîtres lui fichent un peu la paix. Les sandwichs de George devaient être très particuliers, parce qu'il ne les mangeait pas s'il y avait un peu de beurre qui dépassait sur le bord. Et même quand je les faisais exactement comme il le souhaitait, il finissait souvent par les mâchouiller avant de tout recracher dans sa lunch-box. Ses maîtres réagissaient très mal et j'avais beau leur expliquer que j'avais consulté un diététicien qui m'avait expliqué que George irait très bien s'il mangeait du pain, des yaourts et buvait du lait tous les jours, et que je nettoyais sa lunch-box quand il rentrait à la maison, ils ne voulaient rien savoir. Leur réprobation ne faisait que me compliquer les choses. Pourquoi me soumettre à ces interrogatoires continuels ? Ne pouvaient-ils simplement essayer de m'aider ?

Une part de moi me disait que je devais continuer à faire confiance aux médecins qui m'assuraient que George était encore trop jeune pour qu'on puisse déceler un problème dans son développement psychologique, aux psychologues qui me conseillaient de m'interroger sur mes carences et aux maîtres qui me certifiaient que les vitesses d'apprentissage étaient différentes pour chacun. Une part de moi aurait voulu leur dire à tous de prendre les choses en main, vraiment, au lieu de se contenter de bonnes paroles.

Les années passaient : cela faisait maintenant trois ans que George était scolarisé. Après son premier voyage scolaire, on m'informa que ce serait aussi le dernier parce que George n'avait pas voulu s'asseoir à sa place dans le car. Quand il allait à la piscine – il adorait la natation qu'Howard lui avait apprise et il nageait vraiment très bien –, les profs disaient qu'il n'écoutait pas les consignes et ils ont bien failli lui interdire la piscine : il a fallu que je plaide encore une fois sa cause pour qu'ils le tolèrent. Et quand je venais le chercher et qu'on me disait qu'il s'était endormi en classe parce qu'il avait trop peu dormi la nuit précédente, je sentais leurs arrière-pensées et leur défiance à mon égard. George passait de plus en plus de temps en dehors de la classe, dans un couloir où on lui avait installé une table et une chaise, sous la surveillance d'une assistante. Plus le temps passait, plus les maîtres se désintéressaient de lui.

Je ne pouvais en être sûre, évidemment, mais je me demandais si George comprenait le rejet dont il était victime, parce qu'il se cachait systématiquement en présence de tiers, il semblait ressentir une hostilité croissante de leur part.

— Il me regarde ! me disait-il parfois alors que nous croisions quelqu'un sur le chemin de l'école.

— Non, mon chéri, tu te trompes, lui répondais-je. Il se rend à son travail et il pense à ce qu'il va faire aujourd'hui.

Ou bien George sortait sa casquette de base-ball Pokémon et me disait que le soleil le surveillait ou que les nuages nous suivaient. Une séance de soins chez le dentiste lui était si pénible que je devais d'abord l'amener à l'hôpital pour qu'on lui fasse une piqûre d'anesthésiant, et quand il se réveillait il me disait que le docteur avait essayé de le tuer.

Michelle et moi n'avions rien obtenu de l'association des résidents pour la chasse aux œufs de Pâques que nous avions projetée, mais il nous en restait un peu pour acheter du chocolat et imprimer les affichettes où nous informions les résidents de l'événement qui se préparait. La chasse fut programmée pour midi et une telle quantité d'enfants arriva que Michelle et moi qui les envoyions chasser l'œuf deux par deux craignions qu'il n'y en ait pas assez pour tout le monde. Il en vint de tous les genres : les très gentils et ceux qui l'étaient un peu moins. Ils finirent tous aussi excités les uns que les autres, même Georgia, une fillette qui arborait de magnifiques cheveux blonds et des lunettes aux verres épais et qui termina l'après-midi sous une branche d'arbre à laquelle était suspendu un œuf qu'elle ne parvenait pas à atteindre. Elle sautait en l'air de toutes ses forces en jurant comme un adulte !

L'esprit civique est rare à notre époque mais j'ai appris une chose quand Michelle et moi nous démenions pour améliorer le quotidien de notre résidence, c'est que s'il est très difficile de changer les adultes qui ne demandent qu'à rester enfermés dans leurs appartements à boire et à regarder la télé, on peut encourager leurs enfants à mettre un peu plus le nez dehors. Au cours des années qui suivirent, Michelle et moi poursuivîmes notre effort et bien qu'elle ne cessât de me répéter que la moitié des gens nous jugeaient stupides tandis que l'autre était convaincue que nous étions motivées par le profit, ça m'était égal. Je suis comme ça et je pense que c'est à mon père et à ma mère que je le dois.

Quand on a la possibilité d'abattre certaines barrières, il ne faut pas hésiter, exactement comme nous l'avons fait le jour où malgré les cris de révolte de certains, nous avons décidé d'ôter pour quelques heures les cordes à linge et de tendre des filets de badminton entre les poteaux.

— Qu'est-ce que vous avez encore inventé ? s'indignèrent les gens en nous voyant, Michelle et moi, dénouer leurs précieux fils. Où est-ce qu'on va étendre le linge maintenant ?

— Il n'y en a pas pour longtemps ! fut notre réponse.

Leurs culottes pouvaient bien attendre quelques heures…

J'avais joué au badminton dans mon enfance et c'est Papa qui m'avait appris les gestes de base. C'était notre tour, à Michelle et moi d'apprendre aux enfants à envoyer correctement les volants. Pendant que nous jouions, je vis une petite fille qui nous observait de l'un des balcons. Elle ne devait pas avoir plus de six ans et je compris en l'apercevant qu'on avait dû lui interdire de venir jouer avec nous, parce qu'elle détournait le regard quand j'essayais de le capter. Quand nous avons installé nos filets de badminton, je suis donc montée frapper à la porte de l'appartement où elle vivait et j'ai dit à sa mère que je n'avais pas mon brevet de monitrice et que je ne pouvais pas garder sa fillette toute la journée mais que j'aimerais bien qu'elle nous la confie pour quelques heures. La maman ne répondit rien et j'étais un peu inquiète qu'elle me trouve bien intrusive. Mais ce ne fut visiblement pas le cas puisque, à partir de ce moment, elle laissa sa petite fille descendre jouer avec nous.

Notre invention la plus réussie, à Michelle et moi, fut celle de la soirée « raquettes et balles » – bien que les débuts aient été plutôt ratés. Fortes de nos succès en jardinage et en badminton, nous étions devenues assez ambitieuses, et nous voulions que tout le monde se joigne à ces soirées, les adultes comme les enfants. Pour que la nouvelle circule, nous avons utilisé notre arme secrète : la rumeur. Nos meilleures alliées étaient ces commères qui passent leur temps à bavarder et à commenter l'actualité de la résidence. Je leur ai négligemment annoncé ce que nous avions projeté, bien certaine qu'elles en parleraient autour d'elles. Pourtant, pour la soirée inaugurale de notre nouveau club, en descendant avec George, Ricky et Ashley, Michelle et moi n'avons trouvé que Sharon qui nous attendait avec ses enfants, plus un couple de vieilles dames. Notre système de « pub-ragots » n'avait pas aussi bien fonctionné que nous l'espérions, mais nous devions faire comme si parce que les gens nous observaient depuis leurs balcons : ils nous fixaient en se demandant ce que les deux fofolles de service avaient encore bien pu inventer…

Il nous fallait trouver une autre idée si nous voulions que notre soirée jeux rameute tout le voisinage – un projet qui marque les esprits. Michelle et moi avons décidé que le meilleur moyen de faire de la pub à notre soirée « raquettes et balles » était d'inviter les familles à une après-midi détente sur le gazon et de leur exposer notre projet. Après en avoir parlé à ma famille, qui décida de nous subventionner, nous avons acheté une pataugeoire gonflable bon marché le matin de notre après-midi détente. Nous étions tellement excitées par tout cela que ce n'est qu'après avoir gonflé la piscine le matin du jour J que nous avons réalisé qu'il allait nous falloir plus de quelques seaux d'eau pour la remplir !

— On va devoir trouver des tuyaux et des robinets, constata Michelle.

Nous avons donc branché lesdits tuyaux aux robinets accessibles et cette après-midi fut l'une des plus belles de ma vie. Des dizaines de personnes nous rejoignirent et les enfants sautèrent joyeusement de la pataugeoire sur la pelouse et de la pelouse dans la pataugeoire (dotée d'un toboggan), le tout sous la surveillance attentive de Michelle, pendant que j'animais un match de base-ball pour les réfractaires à l'eau. Même le monsieur qui habitait à l'extrémité de mon immeuble, si saoul qu'il avait bien du mal à frapper dans la balle, se joignit à nous.

— Je sais que vous aimez bien boire un coup, et moi aussi, lui dis-je, alors qu'en réalité je n'étais jamais allée plus loin qu'un Coca-brandy, quand lui en était probablement au moins à sa huitième canette de bière. Mais je ne suis pas sûre que vous ayez besoin de garder votre bière à la main quand nous jouons avec les enfants. Vous ne trouvez pas que ça leur donne un mauvais exemple ?

L'homme me regarda et me fit un clin d'œil avant d'envoyer sa canette dans les airs avec un grand sourire. Un peu plus tard, nous avons parlé et j'ai découvert qu'après la mort de ses parents il était devenu SDF et qu'il s'était mis à boire. Un bon rappel qu'on a trop vite fait de juger les autres... Je crois que cet homme s'est amusé même s'il n'arrivait jamais à localiser exactement la balle. Nous avons passé un très bon moment ce jour-là, avec un seul bémol : le moment où la citerne d'eau sur le toit a éclaté parce que nous avions laissé les robinets ouverts. Des vieilles dames sont venues se plaindre qu'elles n'avaient plus une goutte d'eau et nous avons dû appeler le syndic pour qu'il envoie quelqu'un.

— Qu'est-ce qui se passe ici ? a demandé l'homme effaré en découvrant l'énorme piscine gonflable, la foule de gosses joyeux et trempés et la pelouse inondée.

Je lui ai avoué piteusement mais le technicien s'est contenté de rire et il est monté sur le toit réparer la citerne.

Je ne peux m'empêcher de sourire en repensant à cette journée. Les résidents des différents immeubles, de tous âges, qui ne s'étaient jamais vraiment parlé brisèrent la glace ce jour-là. À compter de ce jour, les gens fréquentèrent assidûment et en masse nos soirées « raquettes et balles ». Elles devinrent même si populaires que les personnes âgées venaient s'asseoir sur un banc pour discuter tandis que les enfants attendaient impatiemment que Michelle et moi venions ouvrir le cabanon où nous entreposions notre matériel. J'adorais mon rôle d'animatrice et c'est en rencontrant tous ces gens que j'ai compris que derrière chaque porte il y avait une histoire différente : la vieille dame dont je pensais qu'elle avait une famille nombreuse et qui en fait était seule ; une famille asiatique qui s'était toujours sentie mal acceptée avait pris son courage à deux mains et découvert à nos jeux de plein air que la plupart des gens la considéraient avec bienveillance.

J'ai surtout appris que quand on fait quelque chose pour les autres, on travaille aussi pour soi parce que c'est en travaillant pour la communauté que George et moi avons commencé à y trouver notre place. Le monde nous semblait dès lors plus accueillant.

L'école de George accueillait des enfants très divers : on y trouvait ceux qui apprenaient à un rythme normal mais aussi ceux qui éprouvaient des difficultés, qui avaient des « besoins particuliers ». Certains souffraient de troubles chroniques de l'attention, d'autres de handicaps physiques exigeant un soutien personnalisé. Certains suivaient donc les cours dispensés dans l'unité pour enfants en difficulté tandis que d'autres pouvaient compter sur l'aide d'un assistant qui leur consacrait le temps dont ils avaient besoin : quelques heures par semaine pour certains, tous les jours du matin au soir pour les plus inadaptés : des cours particuliers à plein-temps, en somme.

Depuis ma première rencontre avec les psychologues, j'avais l'impression que l'école délaissait George et je ne compte plus les fois où j'ai été convoquée à l'école, soit parce qu'il avait une fois de plus causé des problèmes, soit pour m'interroger à son sujet. J'en repartais toujours avec la sensation de frapper à une porte qui ne s'ouvrirait jamais.

Mais, quand George entama le CE1, à sept ans, la direction décida de l'affecter dans l'unité pour enfants en difficulté parce qu'il avait pris trop de retard. C'était l'évidence même : à sept ans, George ne savait ni lire ni écrire, il était incapable de prononcer la lettre « P » si vous teniez une pomme en face de lui, ni reconnaître son propre nom quand on l'écrivait. Que l'on prenne enfin son cas en considération me soulageait autant que m'avait accablée l'indifférence qu'on opposait à mes demandes jusque-là : certains soirs je m'enfermais dans les toilettes pour pleurer parce que je ne voulais pas que George comprenne à quel point je déprimais. Je me sentais abandonnée un jour, triste le lendemain et j'essayais de garder l'espoir le troisième.

Quand George a été pris en charge par l'unité de soutien aux enfants en difficulté, sa maîtresse, Miss Proctor, a demandé à me rencontrer. Elle voulait connaître ses comportements, ses goûts et ses dégoûts dans les moindres détails. Elle ne laissa rien paraître au début de la discussion, mais quand j'eus fini de lui exposer son cas, le regard de Miss Proctor exprimait le saisissement.

— Mais enfin, que diable a bien pu faire George depuis qu'il est scolarisé ? demanda-t-elle.

— Je ne sais pas exactement, répondis-je.

— Je devine votre inquiétude et je la comprends, Miss Romp. George est très en retard sur le programme. Il ne répond à personne et ne montre aucune émotion aux autres enfants de son groupe. Il a aussi des accès de rage que les autres enfants supportent mal et il peut se montrer très violent parfois…

Pendant quelques instants, très pénibles, je me suis demandé si Miss Proctor allait prendre le relais de tous ceux et celles qui avaient décidé avant elle que George n'était au fond qu'un gosse mal élevé. Et puis j'ai compris que non : Miss Proctor était plus fine que la moyenne de ses collègues et loin de le considérer comme un gamin mal élevé et incontrôlable, elle avait un point de vue nouveau sur George.

— Vous ne pouvez savoir à quel point les difficultés de mon fils me minent le moral, dis-je alors d'une traite en me demandant si je n'allais pas me mettre à sangloter. C'est étonnant de voir à quel point l'on peut se montrer émotif quand on se coltine depuis si longtemps un problème comme celui-là et que quelqu'un vous dit tout à coup : « C'est un sacré boulet, hein ? »

— Les problèmes ont commencé dès sa naissance et personne n'a jamais voulu m'écouter, ai-je confessé à Miss Proctor. George est un quasi-étranger pour moi. Je sais que cela peut vous sembler terrible mais c'est l'impression que j'ai et je ne peux le laisser jouer avec d'autres enfants parce que je ne sais jamais comment il va réagir. Il ne semble jamais s'intéresser à personne – pas même à moi la plupart du temps. Il n'est pas question de caresses ni de rires avec George, et tout ce que j'ai entendu à son sujet depuis le début c'est le rituel *ça finira par s'arranger*. Ce qui rend la vie si douloureuse avec lui c'est que j'ai parfois l'impression qu'il ne me connaît pas. Il me connaît, évidemment, mais ça ne signifie rien. C'est comme s'il ne comprenait pas que je suis sa mère.

Miss Proctor me regarda avec gentillesse.

— Nous allons aider George, dit-elle. Nous avons beaucoup de techniques à notre disposition, toutes sortes de façons d'encourager les enfants qui sont restés sur la touche. George a des difficultés, bien sûr, mais il y a des façons de les surmonter.

J'ai aimé Miss Proctor dès le moment où je l'ai rencontrée et j'étais contente de savoir qu'elle veillerait sur George qui faisait des allers-retours entre la classe normale et l'unité de soutien. Comprenez-moi bien : il n'était pas question d'une bonne fée qui allait résoudre tous nos problèmes d'un seul coup de baguette magique. Miss Proctor avait en charge des dizaines d'enfants à problèmes. Mais au moins George allait obtenir de l'aide, et quelques mois plus tard, un éducateur spécialisé, M. Michael Schlesinger, fit irruption dans notre vie. On m'informa qu'il allait assister George pour essayer d'évaluer ses compétences scolaires et relationnelles, et j'attendais dans l'angoisse de savoir quel serait son verdict.

— J'ai vu un homme aujourd'hui, me confia un George en colère en rentrant de l'école.

Je savais qu'il s'agissait de M. Schlesinger.

— Quel genre d'homme ? lui demandai-je.

— Il sentait le café.

— Vraiment ?

— Il s'est assis à côté de moi. Il avait des gros yeux globuleux.

— Ah bon ?

— Oui. Je ne veux pas qu'il s'assoie à côté de moi. Plus jamais.

Je compris l'inquiétude de George mais j'espérais surtout que M. Schlesinger serait capable de lui venir en aide. Pendant si longtemps, George et moi avions joué les naufragés abandonnés sur une plage, regardant passer des bateaux d'où on leur faisait signe mais sans jamais s'arrêter pour les emmener. Peut-être qu'enfin quelqu'un allait faire mine de nous secourir, au moins un peu ?

Quelques jours plus tard j'ai rencontré ce M. Schlesinger. C'était un homme grand, au langage châtié et au regard chaleureux. Sa sérénité et sa gentillesse m'ont tout de suite mise à l'aise. M. Schlesinger commença par me dire comment il avait procédé à l'évaluation de George – il l'avait soumis à une batterie de tests ; il lui avait notamment demandé d'interpréter des images.

— George a regardé l'image d'un piano pendant plusieurs minutes et tout ce qu'il a dit c'est : « brun ».

M. Schlesinger m'expliqua que la plupart des enfants disaient « musique » ou « chant » en voyant ce dessin, et que George avait aussi eu des difficultés à identifier des expressions faciales.

— Il a de graves difficultés d'apprentissage et des problèmes relationnels sérieux, poursuivit M. Schlesinger. Le niveau scolaire de George est celui d'un enfant de trois ans. C'est une situation très complexe et nous ne sommes qu'au début de son évaluation. Ce que je peux vous dire c'est que George va avoir besoin d'une aide très importante, mais nous allons identifier les problèmes et les résoudre un à un.

Je regardais M. Schlesinger sans rien répondre.

— Ça va, Miss Romp ?

Je n'en étais pas tout à fait sûre, pour être honnête. Après toutes ces années et tous ces soucis, un expert qualifié reconnaissait enfin explicitement la gravité de la situation. Mais je ne me sentais pas triste pour autant, au contraire : j'étais soulagée. M. Schlesinger ne s'était pas arrêté au mignon petit garçon blond aux yeux bleus, il avait détecté le George terrorisé, solitaire qui luttait derrière cette façade. C'était comme si un rayon de soleil venait de se poser sur moi après avoir percé un ciel couvert de nuages.

Deuxième partie

Ben s'invite chez nous

Chapitre 6

J'étais loin de me douter qu'un chat errant dont l'aspect misérable suggérait qu'il venait de se faire tabasser par un matou serait la clé qui libérerait l'amour et l'imagination si longtemps restés emprisonnés à l'intérieur de George. Ben est arrivé chez nous à l'été 2006, peu après le dixième anniversaire de mon fils et quelques mois après qu'il eut enfin été diagnostiqué autiste.

Durant les deux longues années nécessaires pour parvenir à ce diagnostic, après ma rencontre avec M. Schlesinger, j'avais pensé que l'une des nombreuses personnes qui avaient réfléchi à son cas, médecins, psychologues, professeurs et même un orthophoniste, détenait la clé qui permettrait de « déverrouiller » George. Mais la vie prend parfois des chemins très inattendus. Tous ces spécialistes reconnus, dotés d'une énorme expérience avaient déployé d'immenses efforts pour aider George, mais ce fut Ben et personne d'autre qui changea sa vie pour toujours – et du même coup la mienne.

Diagnostiquer les problèmes de George avait pris beaucoup de temps : ils étaient si nombreux… D'abord, on m'assura qu'il souffrait d'un déficit d'attention, d'où son incapacité à rester immobile en classe comme à la maison. Mais j'ai senti qu'il devait s'agir d'autre chose quand j'ai assisté à une soirée d'un groupe de parents dont les enfants souffraient de déficit chronique d'attention. Ces pauvres gens échangeaient leurs expériences tandis que leurs petits hyperactifs se livraient à un joyeux raffut dans la pièce bientôt transformée en champ de bataille. Les parents donnaient l'impression d'avoir capitulé et ce n'était pas du tout ce que je voulais pour George.

Quand il se mit à consulter une psychiatre qui posa un diagnostic d'autisme, le tableau me parut plus convaincant. Ce fut la première personne à me parler de cette maladie et je compris à ce moment que ce pourrait être la clé qui nous ouvrirait le monde de George. Elle m'expliqua que l'autisme se traduisait par des symptômes très divers, et que George était un cas à part parce qu'il avait aussi d'autres problèmes, un déficit d'attention chronique et des tendances paranoïdes. L'autre élément qui compliquait la situation était que George, bien qu'assez loquace comparé à d'autres petits autistes, refusait obstinément de parler à quiconque prétendait l'évaluer, ce qui compliquait la tâche des médecins…

Semaine après semaine, la psychiatre qui voyait George me parlait de ce qu'elle avait observé chez lui, et tous les symptômes qu'elle me signalait semblaient corroborer son diagnostic : sa sensibilité aux odeurs et aux bruits, son incapacité à regarder les autres dans les yeux, à nouer un rapport, ses crises de fureur et son obsession des rituels et des habitudes. Plus la psychiatre m'expliquait l'autisme, plus je sentais que nous étions sur la bonne voie. Elle m'apprit ainsi que les perceptions de George étaient beaucoup plus fines que celles de la moyenne des gens : le grondement d'un moteur de voiture lui faisait l'effet de celui d'un train de marchandises, les odeurs avaient tendance à le submerger et il ressentait tout contact comme une menace plutôt que comme une marque de sympathie ou de tendresse. En l'écoutant, je commençais à comprendre beaucoup mieux mille et un détails de son comportement : pourquoi George ne voulait jamais que je l'approche, pourquoi il regardait à travers moi et semblait même parfois me considérer comme son ennemie.

C'était un matin comme les autres, l'habituelle course d'obstacles pour arriver jusqu'à l'école. D'abord, George n'était pas arrivé à s'endormir avant cinq heures et il avait refusé de se lever. Ensuite, s'habiller avait posé problème parce que son T-shirt n'étant pas assez doux, il avait fallu le déshabiller entièrement. Quant au petit déjeuner, il avait pris assez longtemps parce que j'avais laissé les toasts un peu trop longtemps dans le grille-pain, George avait protesté contre la croûte trop cuite sur le pain que je venais de déballer (parfois il fallait que j'en ouvre quatre avant qu'il décide qu'il pouvait le manger) et pour finir, j'avais étalé le beurre sur le pain si vite que j'avais laissé tomber le couteau par terre en le posant.

— Je le rangerai en revenant, lui dis-je en lui servant son petit déjeuner.

Quelques heures après être rentrée à la maison, le téléphone sonna.

— Miss Romp ? fit une voix à l'autre bout du fil.

— Oui…

— Je travaille pour le service social de Hounslow. Je désirais vous parler parce que votre fils a tenu des propos qui ont motivé une enquête de nos services.

— Que voulez-vous dire ?

— George a affirmé que vous l'aviez poignardé.

— C'est une plaisanterie ? George n'a pas été poignardé, il est à l'école où je l'ai déposé tout à l'heure.

— Eh bien, je crains qu'il n'ait dit à un professeur qu'il avait été poignardé sur le côté avec un couteau.

— Vous êtes sérieuse ?

— Oui, Miss Romp.

Je n'arrivais pas à croire ce que j'entendais. Bien sûr, il y eut une enquête. Je fus interrogée, George aussi et tout cela se prolongea jusqu'au moment où les enquêteurs réalisèrent que l'agression n'avait existé que dans sa tête. La chute de ce couteau par terre avait convaincu George que j'avais voulu le blesser, et sa façon de me regarder pendant des jours après cet événement me glaçait le sang.

Comme si j'étais en verre et qu'il ne me voyait plus. Il regardait à travers moi sans dire un mot.

— Maman a essayé de me tuer, ne cessait-il de répéter. Maman a essayé de me tuer.

Vous imaginez l'effet que cela me faisait d'entendre mon propre fils chantonner cette rengaine ! Mais la psychiatre m'aida à comprendre que pour un autiste l'événement le plus anodin, un couteau qui tombe par terre, peut prendre une dimension menaçante.

Au début ce terme d'« autisme » me faisait peur parce que je ne le comprenais pas vraiment. Mais après chaque rendez-vous avec la psychiatre où elle répondait patiemment à toutes mes questions, je rentrais à la maison, je saisissais mes notes sur l'ordinateur et, peu à peu, je commençais à y voir plus clair dans les réactions de mon fils.

N'allez pas vous imaginer que parce que les « pros » s'en étaient mêlés la vie était subitement devenue très simple. Je n'étais pas toujours d'accord avec eux et il n'est pas aisé de manifester ses désaccords avec des experts bardés de diplômes. Ainsi, la psychiatre m'assura que le trouble du déficit de l'attention de George pourrait s'améliorer si je lui donnais un médicament, et je tentai donc l'expérience. Mais j'arrêtai les cachets le jour où je vis George étendu sur le canapé du salon, un filet de bave aux lèvres et le regard complètement absent. Pas besoin de manuel de psychiatrie ni de blouse blanche pour comprendre que le remède risquait d'être pire que le mal !

— Je préfère me débrouiller avec lui comme je l'ai toujours fait jusqu'à maintenant plutôt que de le voir dans cet état, dis-je à la psy.

Je craignais certes un peu qu'après toutes ces années où je n'avais cessé de réclamer de l'aide sans l'obtenir, on ne me la refuse parce que je n'avais pas suivi le conseil qu'on me donnait. Mais je devais suivre mon instinct maternel. Il faut bien sûr tester les médicaments et les spécialistes ont sûrement de bonnes raisons de les prescrire, mais si ces cachets produisent d'excellents résultats sur d'autres enfants, à l'évidence ils n'étaient pas bénéfiques pour mon fils.

Si je n'étais pas d'accord avec la psychiatre sur ce point, elle se montra dans l'ensemble très compréhensive avec moi. Et si son diagnostic ne résolut pas tous mes problèmes, ceux-ci me parurent tout de même plus faciles à supporter maintenant que je pouvais mettre un nom sur la maladie de George, car j'étais à même de mieux l'aider dans ses relations avec le monde extérieur. Parmi les explications que me donna la psychiatre, il y eut toutefois une information qui me consterna : selon elle, George n'apprendrait jamais à exprimer son amour comme les autres enfants le font avec leur mère.

— Il sera malade toute sa vie, me dit-elle. Vous pourrez améliorer votre quotidien en comprenant l'autisme et en apprenant comment George fonctionne, mais on ne guérit pas un autiste. George ne sera jamais l'enfant affectueux dont vous avez rêvé,

Miss Romp. C'est un des symptômes de sa maladie et il n'existe pas de remède miracle.

Cette déclaration faillit être la goutte d'eau qui ferait déborder le vase. Peu m'importaient les problèmes de comportement, les crises et les sautes d'humeur. Mais que George semble n'avoir jamais besoin de personne, pas même de moi, était ce que j'avais toujours combattu le plus farouchement et j'étais bien décidée à ne jamais capituler. J'avais essayé de lui transmettre ce que j'avais moi-même reçu dans mon enfance dans l'espoir qu'un jour il trouverait un peu de bonheur dans notre famille et avec ses amis. Mais j'avais été bien bête de m'imaginer tout cela parce que ça n'arriverait jamais, la spécialiste des maladies mentales me le certifiait.

Quelle a été ma réaction ? Abandonner ? Devenir réaliste et accepter que George ne me montre jamais son amour ? Non, jamais. Je me suis dit : *la psy est une psy, moi je suis sa mère.* Jusqu'à mon dernier souffle, j'allais montrer à George qu'il pouvait faire partie de ce monde et l'aider à y trouver sa place. Il n'y avait rien de pire que de le regarder lutter chaque jour avec sa frustration et sa colère. De plus, moi qui avais appris à accepter sa différence et à l'aimer pour lui-même bien avant qu'on ait diagnostiqué son autisme, je n'allais pas cesser d'essayer de l'aider maintenant qu'on avait donné un nom à la maladie dont il souffrait...

Tout au fond, j'étais certaine que d'une façon ou d'une autre je trouverais la clé qui le libérerait au moins en partie et que je réussirais à l'apaiser un peu, faute de lui donner le bonheur dont toute mère rêve pour son enfant. Mais même avec mille ans devant moi pour trouver cette clé, je n'aurais jamais imaginé qu'elle prendrait l'aspect d'un chat blanc et noir, une petite peluche aux yeux verts scintillants. Et le matin où Ben a fait irruption dans notre vie était un jour comme les autres.

J'observais ce chat décharné et souffreteux, debout sur le toit de la cabane à outils dans le jardin de notre nouvelle maison.

La première fois que j'ai vu le chat au loin, un matin de l'été 2006, j'ai tout de suite compris qu'il était malade. Sa fourrure blanche et noire était devenue d'un marron presque uniforme et il a disparu presque tout de suite. J'ai eu tellement pitié de lui que, le soir venu, je lui ai laissé du pain et du lait. Le lendemain matin le bol était vide. Les jours suivants, je revis mon visiteur mais seulement quelques secondes parce qu'il s'enfuyait précipitamment au moment même où j'ouvrais la porte du jardin. Quelques jours plus tard, j'ai réussi à m'approcher à petits pas et je l'ai un peu mieux distingué. J'avais vu beaucoup de chats plus ou moins sauvages auparavant qui survivaient avec ce qu'ils trouvaient, mais celui-ci était différent. Il semblait vraiment malade, il avait besoin de soins.

Quand je me suis approchée, il a levé la tête. Il avait le cou pelé comme si quelqu'un avait essayé de le pendre et son postérieur, également dénudé, était rouge vif. Il avait aussi un ventre bien rebondi pour un si petit animal et je réalisai soudain qu'il ou plutôt elle devait être pleine. Elle donnait même l'impression qu'elle n'allait pas tarder à accoucher… Mais où allait-elle trouver l'énergie de nourrir ses petits ?

Je fis un pas de plus et la chatte paniqua. Sifflant et montrant ses griffes, elle sauta sur la clôture puis sur le toit de l'appentis et s'enfuit. Je me demandai si je la reverrais un jour maintenant que je l'avais effrayée, mais quand un chat a faim… La petite chatte revint donc chercher sa pitance cette nuit-là et la suivante et je la revis bientôt aussi pendant la journée.

Elle semblait apprécier notre jardin mais en la regardant aller et venir, je me sentis de plus en plus inquiète. J'étais allée frapper à quelques portes dans l'espoir de retrouver son maître, parce qu'il arrive souvent qu'un chat, après une escapade, ne retrouve pas son domicile. J'avais aussi contacté l'antenne locale de la SPA pour savoir si quelqu'un avait signalé la disparition d'une chatte noire et blanche. Elle avait un signalement très reconnaissable, après tout : une tache de fourrure blanche en forme de papillon sous la truffe et une cravate blanche sur la poitrine. Ses yeux étaient d'un vert singulier, pâle mais brillant, je n'en avais jamais vu de semblables avant. Mais personne n'avait perdu de chatte noire et blanche attendant des petits. Je savais qu'il fallait que je l'emmène chez le vétérinaire le plus tôt possible parce qu'elle n'allait pas tarder à mettre bas.

La raison pour laquelle je faisais tout cela ? J'étais devenue par accident une sorte de sauveteuse d'animaux. Une vocation qui s'était déclarée quand George et moi vivions dans la résidence et que Michelle avait hérité d'un labrador abandonné par un propriétaire qui trouvait ses résultats aux tests de dressage insuffisants. Michelle n'avait pas la place pour adopter ne fût-ce qu'un chat dans son appartement et encore moins un chiot turbulent, mais ce toutou était ravissant avec sa robe chocolat et ses grands yeux, et on ne pouvait qu'approuver son choix. Le seul problème c'est que le règlement de cette résidence interdisait les chiens et je ne voyais pas comment Michelle allait pouvoir cacher un labrador de neuf mois très remuant… Quand elle commença à le promener dans le jardin, la rumeur grandit rapidement :

— Elle a adopté un chien ? entendais-je ici ou là. Mais il n'en est pas question ! Ça fait soixante ans que nous habitons cette résidence, ma chère, et les animaux domestiques sont interdits ! L'assemblée des copropriétaires n'en veut pas.

J'expliquai à Michelle qu'elle devait se débarrasser du chien, faute de quoi elle serait dénoncée. Mais au lieu d'agir raisonnablement en le confiant à une association de protection animale, nous l'avons installé en cachette chez moi, où les animaux domestiques n'étaient pas moins interdits que chez Michelle. Je faisais l'impossible pour l'empêcher au maximum d'aboyer. Nous ne voulions pas laisser partir le chien avant d'être sûres qu'il aurait un bon foyer. Malheureusement, il aboyait rageusement dès que quelqu'un sonnait à la porte.

— Vous avez un chien chez vous ? entendais-je tel ou tel voisin demander quand j'entrouvrais la porte.

— Non, non, c'est juste la télé ! répondais-je pendant que le labrador transformé en fauve hurlait frénétiquement juste derrière moi.

Je dus finalement avouer que j'hébergeais le chien pour les vacances. (Alibi tiré par les cheveux : qui aurait voulu passer ses vacances à Hounslow ? Ce n'est pas une villégiature très recherchée, même chez les labradors…) Heureusement, quelques semaines plus tard, je lui ai déniché une maison dans le Kent, au bord de la mer, où il a sûrement trouvé la vie beaucoup plus agréable !

C'est donc ainsi que ma carrière de sauveteuse de chiens avait commencé et elle se poursuivit après notre déménagement, grâce à George. Il avait toujours aimé les animaux et quand Polly, le chien de Maman était mort, il avait fabriqué une croix sur sa tombe, dans le jardin, et expliqué à sa grand-mère qu'elle ne pourrait jamais déménager parce que cela impliquerait d'abandonner Polly. J'avais expliqué à George qu'on n'a pas le droit d'avoir un chien dans un appartement à loyer modéré et je l'emmenais voir des animaux dans un petit zoo voisin. Il savait que l'interdit sur les animaux ne tiendrait plus dans notre nouvelle maison avec jardin, et dès notre arrivée, il se mit à réclamer tous les animaux possibles, des oiseaux aux chiens. Je lui ai acheté une perruche jaune vif que nous avons appelée Polly, mais elle n'est restée que quelques semaines parce que George ne supportait pas de l'entendre siffler en permanence et elle dut aller vivre avec Maman et Lewis. Ensuite, il décida qu'il voulait un lapin. Après l'expérience ratée de la perruche, j'avais quelques réticences. Je décidai donc de l'emmener à la boutique d'animaux du coin en me disant qu'il se contenterait peut-être de les regarder. Malheureusement, le jour où nous y sommes allés, George a décrété qu'il voulait le beau gros lapin aux oreilles tombantes, et j'ai cédé. Nous l'avons appelé Fluffy et il a aussitôt emménagé dans le cabanon aux fleurs peintes. Mais une fois encore, George ne s'y est pas intéressé très longtemps et je me suis dit alors qu'il ne nouerait pas de liens très profonds avec un animal domestique, quelle qu'en soit mon envie.

Mais les voisins savaient que nous avions un lapin, parce que tout le monde sait tout dans un lotissement comme le nôtre, et une femme qui habitait tout près vint un jour frapper à ma porte après avoir trouvé un lapin qui sautillait sur le bas-côté de la route. Comme elle ne savait pas quoi en faire, je le pris sous mon aile et mon refuge officieux pour animaux abandonnés commença à fonctionner !

Après, ce fut l'engrenage : nous n'avons pas tardé à trouver un nouveau propriétaire au lapin en demandant aux voisins et dès lors les orphelins à quatre pattes arrivèrent à la maison à jet continu : le lapin sauvage qu'un enfant avait trouvé dans un parc local, un albinos blanc auquel nous avons trouvé un bon foyer, sans oublier les cochons d'Inde qu'un couple avait acheté pour ses enfants et dont il ne voulait plus. J'étais incapable de dire non à ces gens. Ce n'était pas la faute de ces animaux s'ils étaient SDF et j'aimais bien voir les lapins bondir et les cochons d'Inde trottiner sur le gazon. Ils n'avaient pas l'air malheureux, en tout cas.

Mais même si j'avais toujours aimé les animaux, j'étais bien décidée à ne pas devenir la propriétaire officielle de quoi que ce soit d'autre qu'un lapin – et surtout pas d'un chat ! Maman qui recueillait tous les chats errants du quartier m'avait immunisée contre eux – ne serait-ce que parce qu'on m'avait surnommée « la poilue » à l'école, mon uniforme étant toujours couvert de poils de chat. Je m'étais juré que ma maison ne ressemblerait jamais à un refuge pour animaux. Quand les lapins et les cochons d'Inde sont arrivés, j'étais heureuse de les secourir mais aussi bien décidée à ne pas m'attacher à eux. Je ne les ai pas baptisés parce qu'ils étaient en instance d'adoption par leurs propriétaires définitifs. Je les appelais « cochon d'Inde » ou « lapin ». C'était un foyer strictement provisoire dont j'étais la directrice, point barre. Une opération humanitaire.

Et puis la petite chatte est arrivée et tout a changé quand elle s'est mise à fréquenter de plus en plus assidûment notre jardin. Elle avait quelque chose de bien particulier, une façon de me fixer avec ses immenses yeux verts. Elle me considérait d'une expression si paisible et rassurante, comme une vieille femme pleine de sagesse, que malgré son refus obstiné de se laisser approcher, j'attendais chaque jour le moment où elle se montrerait. Je me demandais où elle avait pu vivre, quelles épreuves elle avait traversées, quelles péripéties l'avaient finalement fait échouer dans ce jardin. Je pris assez vite l'habitude de lui laisser à manger juste derrière la porte du cabanon, à côté d'une cage de transport pour chat, où je lui avais aménagé un lit moelleux et confortable. Dès qu'elle déciderait d'y passer ses nuits, je n'aurais plus qu'à fermer la porte et à l'emmener chez le vétérinaire.

Mais elle n'était pas stupide. Je retrouvais des poils attestant son passage sur les couvertures de sa cage, mais elle s'arrangeait pour ne jamais se trouver dans le cabanon quand je lui rendais visite et je retournais à la maison en soupirant et en pestant de frustration.

— Qu'est-ce qu'il y a dans le cabanon ? me demanda George un jour alors que j'y entrais.

— Juste une chatte qui s'est perdue.

— Je peux la voir ?

— Je ne sais pas, George. Elle n'aime pas trop les gens. Comme elle a très peur, je crois que ça pourrait l'effrayer si nous y allions tous les deux.

— Pourquoi elle est venue ici ?

— Parce qu'elle va avoir des chatons et que j'essaie de l'aider.

Je n'eus pas besoin d'en dire plus. George entendit le mot « chatons » et le lendemain, quand je rendis sa visite quotidienne à la chatte, il n'y eut rien à faire pour l'empêcher de me suivre dehors, parce que, exactement comme tous les gosses de dix ans, il était fasciné par les bébés animaux.

— Reste bien derrière moi, lui dis-je. Elle pourrait te griffer si tu t'approchais trop et je ne veux pas qu'elle te blesse.

George resta derrière moi quand j'ouvris la porte et scrutai les ténèbres. Je balayai le réduit du regard en vain, on n'y voyait goutte.

— Elle est là ! s'exclama George en pointant son doigt vers le haut.

Je suivis la direction de son index et vis les deux yeux verts qui nous fixaient juste au-dessus de nos têtes. La chatte, assise sur une étagère, nous toisait. Au lieu de se précipiter sur elle, George fit exactement ce que je lui avais demandé, il resta immobile à côté de moi.

— Elle va bientôt avoir ses bébés ? demanda-t-il.

— D'un jour à l'autre, je pense.

Dès ce moment, nous fûmes deux à rendre visite chaque jour à la petite chatte. Elle était toujours aussi décidée à ne pas se laisser approcher. Et quand nous arrivions au cabanon, elle était toujours là mais jamais dans sa cage et pour peu que nous fassions un pas de trop, elle se mettait à siffler et à montrer les griffes.

— Pourquoi elle est en colère ? demandait George.

— Je crois qu'elle a peur.

— Mais pourquoi ?

— Parce qu'elle n'a pas l'habitude des gens.

— Elle n'a pas compris qu'on veut l'aider ?

— Je n'ai pas l'impression.

J'étais contente que George veuille aider la petite chatte terrée dans l'obscurité de ce cabanon. Comme il l'avait montré avec Lewis, George était attiré par tout être dont il pensait qu'il avait besoin de son aide. Pour George, le monde se divisait en deux : d'un côté, les gens qui agissaient si étrangement et étaient les vrais responsables des problèmes qu'on lui reprochait de causer et de l'autre, ceux qui avaient besoin d'aide.

— Bouh ! s'écria soudain George en souriant à la chatte.

Celle-ci ne remua pas un muscle.

— Bouh ! fit George encore une fois sous mes yeux ébahis.

George essayait de jouer. Il voulait que la chatte joue avec lui à son jeu préféré : cache-cache. Invitation d'abord accueillie avec une totale indifférence. Elle regardait George parler sans un battement de cils mais au moment où il s'avança d'un pas, elle fit le gros dos et le fixa d'un regard menaçant.

— Bouh ! reprit George en soutenant son regard. Babou !

— Babou ? Qu'est-ce que c'est ?

— Son nom.
— Babou ?
— Oui, Babou.

Ce surnom lui resta et les jours puis les semaines passèrent. Chaque matin en m'éveillant, je me disais que la portée de chatons était peut-être née dans la nuit. Quant à George, son intérêt pour la chatte ne se démentait pas. Mais elle refusait toujours de nous approcher et je me demandais comment j'allais m'y prendre pour gagner sa confiance. D'autant que malgré tous mes efforts pour bien la nourrir, elle restait toujours aussi maigrichonne en dépit de son gros ventre.

Un matin j'ai décidé que j'en avais assez de l'approche douce. Après avoir amené George à l'école, je suis sortie dans le jardin et me suis faufilée par la porte entrouverte de l'appentis. Scrutant l'obscurité, j'ai croisé les doigts parce que j'avais besoin d'un coup de pouce du destin ce jour-là.

Et le destin m'a souri. La chatte était endormie dans sa cage. J'ai délicatement saisi un long manche à balai que j'ai dirigé vers la caisse, j'ai refermé la porte ouverte en retenant ma respiration, certaine que la chatte allait exploser de rage en réalisant qu'elle venait de se faire enfermer dans cette prison pour chats. Mais au lieu de siffler et de cracher comme un chat de dessin animé, elle s'est contentée de s'asseoir posément dans sa caisse. J'aurais juré qu'elle me demandait alors : *Pourquoi as-tu attendu si longtemps ?*

Chapitre 7

En la déposant chez le vétérinaire, j'essayai de me convaincre que je ne m'étais pas attachée à cette chatte. Mais je me racontais des histoires : j'avais déjà secouru toutes sortes d'animaux, mais Babou était différente. Ses yeux, sa façon de me regarder, la sagesse qui rayonnait d'elle… J'ai toujours été convaincue que les animaux avaient une âme, exactement comme les êtres humains, et cette âme-là me semblait venir du fond des âges. Comme si elle voulait me transmettre un secret séculaire. Mais lequel ?

Après avoir remis la chatte au vétérinaire, j'attendis qu'il l'ait examinée pour savoir quand elle mettrait bas. Mais le vétérinaire avait une nouvelle pour moi.

— C'est un mâle, me dit-il après l'avoir ausculté.

Je le fixai, interloquée.

— Comment ça ? Mais pourquoi ce gros ventre, alors ?

— C'est un gros kyste qui doit être opéré. Le chat a aussi été castré, il a donc dû appartenir à quelqu'un avant vous.

Cette pauvre bête avait sans doute dû être abandonnée… Mais en quittant le vétérinaire, je me dis qu'elle était désormais en de bonnes mains. Quelqu'un d'autre allait veiller sur elle, ou plutôt sur lui désormais. Babou allait être opéré, après quoi il irait bien. J'avais d'autres petits animaux en pension dont il fallait que je m'occupe et il était préférable que je ne me complique pas la vie, que j'oublie ce chat.

Mais comment l'oublier ? J'en étais incapable.

En rédigeant des affichettes indiquant que j'avais trouvé un chat mâle et non une chatte grosse et en me disant que je faisais ce que n'importe qui ferait à ma place pour retrouver son propriétaire, je me demandais comment il allait. Et après avoir entendu le vétérinaire me dire au téléphone que le chat ne survivrait peut-être pas à l'ablation de son kyste, parce que celui-ci était peut-être cancéreux, j'étais folle d'inquiétude.

Pourtant je n'étais pas prête à adopter un animal domestique, et alors que George demandait des nouvelles du chat après chaque coup de fil au vétérinaire, je n'arrivais pas à me décider. Il y avait de quoi appréhender cette adoption : si ce chat s'installait chez nous pour de bon, la désillusion qui avait suivi Polly et Fluffy risquait de se répéter et j'avais assez à faire avec un enfant autiste à la maison dont il fallait que je m'occupe vingt-quatre heures sur vingt-quatre… Je n'avais que trente-trois ans à l'époque mais les nuits où George ne dormait que trois ou quatre heures, j'avais plutôt l'impression d'en avoir cent. Son anxiété ne faisait par ailleurs qu'augmenter avec l'âge, ce qui me posait toute une série de problèmes inédits.

Tout cela avait commencé l'année précédente, en juillet 2005, quand Londres avait vécu un traumatisme terrible : cinquante-deux personnes avaient péri dans des attentats à la bombe ayant touché un bus et trois rames de métro. George avait appris la nouvelle aux infos. Jusque-là, il oubliait rapidement les nouvelles qui l'angoissaient, mais ces attentats, il y pensait et en parlait sans arrêt. En l'écoutant, j'ai compris qu'il était convaincu que tous les individus à la peau foncée, comme les auteurs de ces actes, étaient susceptibles d'agresser des gens. J'avais beau lui dire qu'il y avait des bons et des méchants dans toutes les catégories, que leur peau soit blanche, noire ou marron, il ne voulait rien entendre. Le pire moment de la journée était celui où je l'accompagnais à l'école : nous prenions un bus rempli de gens qui se rendaient au travail.

— Il y a une bombe dans le bus, il y a une bombe dans le bus, chantonnait George s'il voyait un homme aux traits orientaux et portant un sac à dos.

Ou bien il entonnait un compte à rebours en en voyant monter un : « Dix, neuf, huit, sept, six, cinq… » criait-il, comme s'il s'attendait à une explosion.

C'était absolument terrible et j'aurais voulu disparaître sous terre quand George faisait cela.

Sachant que je ne pourrais pas le faire taire, je plaquais ma main sur sa bouche, sous les regards ébahis des autres passagers.

— Ne me touche pas, ne me touche pas ! hurlait-il alors. Je veux descendre du bus, recule, ne me touche pas !

Je pressais le bouton d'arrêt et nous descendions du bus à un kilomètre et demi de l'école et finissions le trajet à pied.

Un jour, le chauffeur du bus exaspéré par la rengaine de George freina et m'interpella :

— Je dois vous demander de descendre du bus, fit-il, il dérange tout le monde !

Je ne savais pas quoi faire.

— Il ne comprend pas ce qu'il dit, expliquai-je au chauffeur. Il n'a pas de mauvaises intentions. Ce n'est pas méchant. C'est parce qu'il est très anxieux. Il ne le fait pas exprès pour embêter les gens.

— Ça m'est égal. Vous descendez tous les deux. Je ne peux pas accepter ça.

George se leva et nous descendîmes du bus sous les regards réprobateurs et les murmures des autres voyageurs. J'en aurais pleuré.

Après ça, l'anxiété de George n'a fait qu'empirer : il refusait de marcher sur les lignes jaunes de marquage au sol parce qu'il craignait de tomber dans un trou et de ne pas pouvoir en sortir. Il hoquetait de peur quand je marchais sur les creux entre les dalles du trottoir et nous devions donc faire tout le trajet en les évitant. Il fourrait sa tête dans une haie quand il entendait une voiture passer parce que le bruit l'effrayait.

Le simple fait de l'accompagner à l'école étant une telle épreuve, comment aurais-je pu m'occuper d'un chat, même si j'en avais eu le désir ? Certes, veiller sur un chat ne supposait pas d'énormes efforts, mais la plupart du temps je me sentais comme un élastique au bord de la rupture et je ne voulais pas me charger en plus du sort d'une pauvre bête malade. George voyait toujours sa psy et j'avais beau savoir qu'il avait assez confiance en elle pour discuter, il se montrait aussi distant avec elle qu'il l'était avec tout le monde. Quand elle essayait de lui parler alors qu'il s'amusait avec des jouets, il se mettait à regarder par la fenêtre ou lui lançait qu'il n'avait pas besoin de consulter des psychologues. Il n'aimait pas non plus le groupe de thérapie auquel elle l'avait inscrit et restait enfermé dans son monde comme il l'avait toujours été. C'était peut-être une bonne idée de lui donner un chat mais si je finissais par prendre cette décision, ne vaudrait-il pas mieux que ce soit un chaton qu'il pourrait voir grandir pour lui donner les meilleures chances de nouer une relation étroite avec lui plutôt qu'un vieux chat qui ressemblait surtout à une affiche de la SPA contre les abandons d'animaux ?

C'est alors que le téléphone sonna.

— Le chat est tiré d'affaire, il peut rentrer chez lui, me dit le vétérinaire. Vous lui avez trouvé un foyer ?

— Je suis désolée mais non, répondis-je.

Je devais rester ferme, m'en tenir à ma décision, il n'était pas question de céder.

— Que diriez-vous de lui rendre une petite visite à ce chat ? demanda le vétérinaire. Il a l'air triste. Il reste assis dans sa cage, la tête basse. Je suis sûr que ça lui fera plaisir de vous voir.

Je ne voulais pas de ce chat à la maison, point barre.

Mais vous connaissez déjà la suite : George entra dans le cabinet vétérinaire, le chat le fixa, George le regarda à son tour, droit dans les yeux, ce qu'il ne faisait jamais. Il ne supportait pas le regard d'un autre plus d'une fraction de seconde et encore, seulement avec des proches, moi, Maman, Lewis. Jamais d'un étranger et sûrement pas d'un chat à l'aspect étrange.

Soudain, George s'est adressé au chat d'une voix douce, chantante et haut perchée que je ne lui avais jamais entendue. Le ton qu'on utilise pour les enfants et les bébés, débordant d'affection, roucoulant de tendresse. Le chat a aussitôt prêté l'oreille. Le vagabond qui ne voulait pas que nous l'approchions quand il habitait notre cabanon changea complètement d'attitude en entendant la voix douce et affectueuse de George. Il se mit presque à danser au rythme des mots de George et il se frotta langoureusement contre les barreaux de sa cage en le regardant. Ils semblaient aussi heureux de se retrouver que des vieux potes. Et au moment où j'ai vu cette étincelle entre eux, j'ai complètement changé de point de vue : ma décision était oubliée, Babou rentrait avec nous à la maison.

Babou, comme un authentique chat de concours, eut bientôt son nom officiel et son surnom. Nous avions décidé de l'appeler Ben d'une part et Babou de l'autre parce que Maman avait eu un chat du nom de Ben quelques années auparavant et que George en avait décidé ainsi. Peu m'importait que le chat ait deux noms, tant George était excité à l'idée qu'il allait vivre avec nous.

— Quand est-ce qu'il vient ? Quand est-ce qu'il vient ? Quand est-ce qu'il vient ? répétait-il les jours précédant notre visite au vétérinaire…

Ce dernier m'avait recommandé de garder George dans une petite pièce fermée pendant deux ou trois jours. Il m'avait prévenue : la première fois que je le laisserais sortir de la petite pièce, il allait sans doute essayer de s'enfuir. Après lui avoir préparé une litière dans une caisse garnie de tissus moelleux, que j'avais posée dans les toilettes du rez-de-chaussée, je le surveillais attentivement. Tout ce que je voyais, en général, quand j'ouvrais la porte pour donner à manger ou à boire à Ben, c'était le bout de sa truffe qui pointait timidement parce qu'il restait très peureux. Et quand il quittait sa cachette, Ben faisait peine à voir. Avec son énorme carré de peau nue et la cicatrice à l'endroit où on lui avait ôté son kyste, plus sa collerette en plastique pour l'empêcher de tirer sur les fils de suture, il donnait vraiment l'impression d'un blessé de guerre.

Tout ça ne dégoûtait nullement George qui ne cessait d'aller aux toilettes pour voir si Ben y était toujours.

— Il est dans sa caisse, disait-il en entrouvrant la porte de la voix chantante que j'avais entendue pour la première fois chez le vétérinaire. Ça va, Babou ? Tu veux dîner ? Oui, il a faim, il a faim, il a faim !

Quand George s'adressait à Ben il ressemblait à un personnage de Walt Disney. Sa petite voix aiguë était douce et aimante, c'était une voix spéciale juste pour Ben. J'ai vite compris que la présence de ce chat l'incitait à parler : il me disait où se trouvait Ben, ce qu'il faisait, s'il voulait boire ou manger… Bientôt je me suis mise à répondre du même ton pour l'encourager. Je ne savais pas trop d'où venaient nos voix de chat ni ce qu'elles signifiaient, mais je voulais me mettre au diapason parce que j'avais depuis longtemps compris que je devais m'adapter à la façon de communiquer de George, quelle qu'elle soit.

À l'âge de cinq ans environ, il s'était mis à aboyer tout le temps et j'avais découvert que deux aboiements signifiaient oui et un seul, non. Ce « parler-chat » n'aurait peut-être qu'un temps, mais s'il permettait à George de me dire ce qu'il ne me disait pas autrement, je l'adoptais volontiers. À moi de tirer le meilleur parti des circonstances.

George en avait visiblement assez d'attendre le jour où Ben pourrait enfin sortir des toilettes, mais je voulais donner au chat un peu de temps pour qu'il récupère avant de retrouver la liberté.

— Il faudra être très silencieux quand on le laissera sortir des toilettes, dis-je enfin à George alors que Ben y avait passé une semaine. Comme il va avoir très peur, il faudra qu'on reste immobiles et qu'on fasse attention à ne pas l'effrayer.

J'ouvris la porte des toilettes et retournai dans le salon où George était assis sur le canapé. Pendant quelques secondes il ne se passa rien. Puis nous vîmes un éclair de fourrure noir et blanc foncer vers la fenêtre et la liberté. Sa collerette heurta la fenêtre avant sa tête et le choc l'envoya rebondir au sol. En le voyant se relever péniblement et se jeter sous la banquette, je crus que j'allais m'évanouir. Après tous les efforts que j'avais faits pour l'attraper et le requinquer, il venait sans doute de se blesser grièvement…

— Oh non ! cria George. Où est-ce qu'il est passé ? On l'a perdu ! Babou a disparu…

Soudain, George partit d'un rire suraigu, un éclat de rire comme je n'en avais jamais entendu auparavant qui avait jailli de lui et fait éruption dans la pièce comme un volcan.

Je saisis l'occasion au vol.

— Appelle une ambulance ! lui dis-je de ma voix de chat. Ben doit voir un médecin.

— Mais il se cache, il a peur…

— Vraiment ?

— Oui. Il a peur que les Power Rangers l'attrapent.

— Que vont-ils faire ?

— Ils vont l'attaquer. Ben a très peur.

— Et si tu lui parlais ? Peut-être qu'il se sentirait mieux.

George s'agenouilla par terre.

— Sors, Babou ! Viens nous voir.

George continua à parler doucement de sa voix de chat, essayant de faire sortir Ben. Non seulement il semblait comprendre que Ben était très effrayé, mais nous venions d'avoir un échange complètement nouveau pour nous. Quand George était angoissé ou perturbé, il avait un mode de communication très spécifique : il chantonnait ou répétait la même question plusieurs fois. Il n'avait pas d'échanges spontanés comme celui que nous venions d'avoir, où il réagissait à ce que je venais de dire.

— Babou ? appela-t-il en scrutant l'espace sous la banquette. Tu as peur ?

Mais pour l'instant Ben n'avait pas la moindre intention de montrer le bout de la truffe et il ne restait plus qu'à attendre qu'il se sente assez rassuré pour sortir de sa cachette. Quand il s'y décida enfin, Ben s'avança jusqu'au milieu de la pièce, avec cet air impassible qu'il arborait en toutes circonstances. Il donnait l'impression d'avoir enfin pris non sans mal une grande décision, terré sous la banquette. Il avait le choix entre une lutte désespérée contre ses kidnappeurs et une capitulation sans conditions, option qu'il avait finalement retenue, la tête haute. Son regard était aussi calme qu'il l'avait été depuis notre première entrevue et il fit le tour de la pièce posément avant de nous fixer longuement.

Pourquoi tant d'agitation ? semblait-il dire. Je vais bien maintenant. Ne vous inquiétez pas pour moi.

Ben huma l'air avant de se diriger lentement vers George. S'étirant langoureusement, il commença à se frotter contre les jambes de George, d'avant en arrière. Comment George allait-il réagir à ces caresses, lui qui détestait qu'on le touche ? Je ne voulais surtout pas qu'il effraie Ben en le chassant brutalement. Mais George ne broncha pas, il ne repoussa pas Ben, il ne se frotta pas la jambe pour effacer la sensation d'avoir été touché, il ne cria pas pour qu'on lui fiche la paix. Il resta complètement immobile jusqu'à ce que Ben s'éloigne. Je me demandai si cette réaction allait rester sans suite ou si c'était le début d'une nouvelle attitude.

J'eus la réponse à ma question dès le lendemain après avoir laissé George étendu sur le canapé à regarder un film, sa couverture bleue remontée jusqu'au menton – celle que personne d'autre n'avait jamais le droit de toucher. En revenant dans le salon quelques minutes plus tard, je vis Ben étendu de tout son long en travers de George, sur la couverture bleue, comme un vacancier sur une plage, tandis que George semblait trouver tout à fait normal ce contact physique avec un chat.

— Ben adore la télé, Maman, me dit-il.

— Tu crois ?

— Oui. Il veut regarder *Pokémon*. Il aime aussi *Peter Pan*. Il a joué dans *Peter Pan*.

— Il sait voler ?

— Oui, il vole très bien. Il a aussi rencontré Tinkerbell et Superman. Il est passé très souvent à la télé.

C'est alors que j'ai compris que Ben n'était pas seulement un chat. Il était bien plus que cela.

Chapitre 8

Vous en connaissez beaucoup des chats qui adorent rebondir sur des trampolines ou manger des glaces ? Qui jouent à cache-cache pendant des heures avant de se mettre au lit et qui dorment sur le dos les pattes en l'air ? Je n'en avais jamais rencontré jusqu'au jour où j'ai connu Ben et si quelqu'un m'avait dit qu'un chat pouvait faire tout ça, j'aurais jugé cette personne un peu givrée. Mais Ben faisait tout cela et bien d'autres choses encore. Du jour où il a quitté les toilettes et s'est frotté contre George, Ben l'a collé comme une ventouse. Il tenait plus du chien que du chat, il n'avait rien de froid et distant, il n'était pas réservé comme la plupart des chats. Dans son attitude avec George, Ben faisait plutôt penser à un chiot confiant qui suivait George depuis son réveil jusqu'au moment où il grimpait l'escalier le soir pour se mettre au lit. Et même alors, Ben me suivait pour me regarder le border et chaque fois que je me levais la nuit pour George, il était là, à mes côtés. À son réveil, George trouvait toujours Ben assis à la même place sur la même chaise, dans ma chambre. Il s'étirait une bonne fois quand son maître venait le chercher avant de le suivre dans la salle de bains où il allait se laver les dents. Puis il arpentait son lit pendant que j'habillais George avant de miauler pour une dernière caresse au moment où ce dernier quittait sa chambre pour se rendre à l'école.

Le même rituel se répétait chaque jour. Ben semblait avoir compris à quel point ses habitudes étaient importantes pour George et il les a assimilées dès son arrivée chez nous. C'était aussi un vrai chat d'intérieur : il était parfaitement heureux dans notre maisonnette et son petit jardin, et une fois encore c'était exactement ce dont George avait besoin. Il avait été très paniqué la première fois que nous avions laissé Ben sortir dans le jardin.

— Il va peut-être s'enfuir, il va peut-être s'enfuir, scanda George quand j'ouvris la porte.

Mais Ben alla faire un petit tour dans l'herbe, marcha jusqu'à la clôture et jeta un regard circulaire avant de courir se réfugier dans la maison, de sauter sur le canapé et de s'y pelotonner pour dormir. Il ne ressortit pas pendant deux jours et quand il se risquait dehors, ce n'était que pour renifler rapidement le jardin ou pour gagner la pergola où il pouvait passer des heures. Il ne voulut pas aller au-delà et la plupart du temps c'était George qui le persuadait de sortir jouer en courant vers la fenêtre pour l'appeler quand nous étions dans le jardin.

Le jeu préféré de George consistait à rebondir sur un trampoline que je lui avais acheté quand nous avions emménagé. Je n'étais vraiment pas sûre que Ben soit en état de jouer au trampoline avec George quand je les ai vus sauter ensemble sur cet engin. La cicatrice de Ben s'était bien refermée et il semblait en bonne forme, mais il avait besoin de repos et de tranquillité. George pouvait être brutal quand il jouait et il était incapable de comprendre les limites à ne pas franchir.

— Je ne crois pas que ce soit une bonne idée... lançai-je à George en sortant les rejoindre dans le jardinet. Ben est encore trop fragile !

George s'immobilisa aussitôt et ne bougea plus un muscle. Je commençai à comprendre que j'allais devoir m'habituer à l'inhabituel maintenant que Ben vivait chez nous.

— Tu vas bien, Babou ? chantonna-t-il dans son parler-chat. Tu aimes rebondir sur le trampoline avec moi ?

George s'était toujours inquiété pour Lewis – d'abord pour ses tubes à oxygène, puis quelques années plus tard quand les autres enfants se moquaient de Lewis à cause de sa petite taille, il plaquait ses mains sur les oreilles de son cousin pour le protéger de leurs sarcasmes. Mais il n'en avait jamais parlé et il n'avait jamais posé de questions à Lewis comme il le faisait à présent pour Ben.

— Tu aimes ou tu n'aimes pas rebondir ? lui demandait-il. Ça te rend nerveux ?

Ben ne semblait pas mal à l'aise sur le trampoline mais je n'étais toujours pas convaincue.

— Je crois qu'il est temps pour lui de descendre, insistai-je alors que George le caressait.

Ben regarda George puis il me fixa de ses yeux verts.

Laisse-nous tranquilles. Tu ne vois pas qu'on joue ? On veut juste s'amuser, George et moi.

J'hésitai un peu. Je préférais de toute façon me fier à mon instinct qu'à celui du chat. Je ne pouvais pas laisser mon fils l'envoyer dans les airs, quel que soit le plaisir qu'ils semblaient y prendre tous les deux.

— Je ne crois pas qu'il puisse vraiment aimer le trampoline et le caoutchouc va s'abîmer s'il plante ses griffes dedans, dis-je en prenant Ben dans mes bras.

— Mais il ne plante pas ses griffes dedans !

— Je ne crois pas qu'il puisse s'en empêcher, George.

Je posai Ben par terre à côté de moi et il resta immobile quelques secondes. Puis il s'accroupit et sauta sur le trampoline avec un battement de queue.

Tu vois ! semblait me dire Ben. Je veux jouer. Ne nous interromps pas s'il te plaît. On s'amuse !

Je sus accepter ma défaite.

— Bon d'accord, mais vas-y doucement, hein ?

George recommença assez doucement mais il sautait bientôt en l'air de toutes ses forces et Ben rebondissait aussi haut que lui.

— Il sourit ! cria George en s'envolant et c'était vrai : les coins des babines de Ben se relevaient légèrement.

Les jours suivants la même scène se reproduisit dans tous les jeux que George inventait : la patience de Ben semblait à toute épreuve. Après les sifflements et les crachements qu'il nous avait prodigués quand il habitait le cabanon, je continuais à craindre qu'il puisse griffer George si celui-ci se montrait trop brutal. Mais Ben acceptait tout de son maître, même quand il lui attrapait la queue ou lui malaxait les oreilles. Il le suivait partout et quand George partait pour l'école, Ben passait la journée à paresser à la maison jusqu'à ce qu'il entende la sonnette. Il se précipitait alors vers son nouvel ami.

— Babou ! s'exclamait George en se penchant pour le caresser.

La parfaite harmonie de leur relation était un présent du ciel parce que l'attitude détendue de George avec Ben contrastait singulièrement avec ce qui se passait à l'école. À l'époque où Ben est arrivé, la situation avait tellement dégénéré que George était au bord de l'exclusion et la direction me convoquait à tout bout de champ, ce qui me stressait beaucoup. Je savais que Miss Proctor faisait tout son possible et George avait commencé à travailler avec une assistante scolaire, Miss Bahsin, avec laquelle il s'entendait bien.

Miss Proctor et elle avaient essayé tous les stratagèmes possibles pour donner à George envie d'apprendre. Après avoir réalisé à quel point il aimait tout ce qui brillait, Miss Bahsin se mit à le récompenser avec de petits cadeaux quand il travaillait bien – un bracelet pailleté par exemple. Pour l'encourager et gagner sa confiance, elle et Miss Proctor lui firent de magnifiques tableaux couverts d'autocollants. Et pour l'inciter à jouer avec les autres enfants, elles organisèrent des séances spéciales dans l'aire de jeux avec seulement deux autres gamins de son âge. Pourtant, le comportement de George à l'école n'avait cessé d'empirer.

— J'ai un trouble du déficit de l'attention, ne cessait de répéter George quand il surprenait des conversations autour de lui, et quand je lui demandais de lire un livre avec moi, il me disait qu'il ne pouvait pas parce qu'il ne savait pas lire et écrire comme les autres enfants.

C'est, de fait, à cause des réactions des gens que George avait compris qu'il était différent, et le pire endroit à cet égard, c'était précisément les aires de jeux. Ce n'étaient pas tant les enfants que les mères qui se récriaient quand il criait des gros mots ou qu'il bousculait les gens en quittant l'aire de jeux à toutes jambes et George savait très bien que c'était de lui qu'on parlait.

Il y avait en fait deux George : celui qui voulait faire plaisir aux autres enfants de l'unité des besoins spéciaux en les poussant si vite dans leur fauteuil roulant autour de l'aire de jeux qu'ils hurlaient de rire, et l'autre qui pouvait devenir fou de colère quand il avait une crise et c'était celui que la plupart des gens voyaient.

J'entendais des mères murmurer en me jetant un regard glacial :

— Il est incontrôlable, ce gosse !

— S'il s'approche de mon Casey, je vais me plaindre au maître.

— Vous l'avez entendu parler ?

Bref pour moi l'aire de jeux ressemblait plutôt à un champ de bataille dans laquelle je devais damer le pion à mes ennemies et j'avais beau essayer d'ignorer les murmures, il y avait toujours un moment où je craquais – nul n'est parfait après tout…

Chaque jour, j'arrivais en arborant un large sourire et je lançais un « hello » enjoué à toutes celles qui regardaient dans ma direction, mais même les deux mères qui voyaient que George avait des problèmes psychologiques, et me montraient de la sympathie, coupèrent court dès qu'il se disputa avec le petit garçon de l'une d'elles. J'avais dû avoir quelques secondes de distraction au moment où nous arrivions à l'école, parce qu'en me retournant, je vis George plaquer au sol le gamin en question.

— George, non ! criai-je en le tirant en arrière, incapable de comprendre le motif de cet accès de rage.

La mère du garçon me lança un regard noir et nous fûmes appelées dans le bureau d'un instituteur.

— George est une petite brute, répétait-elle. J'ai entendu toutes les histoires le concernant et voilà qu'il recommence !

Je ne pouvais rien faire d'autre que m'excuser encore et encore mais elle ne voulait rien entendre. De ce jour, elle ne m'adressa plus la parole.

— Je ne comprends pas, expliquai-je à l'institutrice, je croyais que George s'entendait bien avec ce garçon.

— C'est parfois vrai, dit-elle. Mais la plupart des enfants se méfient de lui. Ils gardent leurs distances.

De tels commentaires me brisaient le cœur. Finalement nous découvrîmes que le petit garçon avec lequel George s'était bagarré lui avait volé ses cartes Pokémon. Cela ne justifiait pas la réaction de George mais au moins il avait une raison d'agir comme il l'avait fait. Mais personne ne faisait l'effort de le comprendre : George égale problèmes, telle était l'équation admise et les parents se tenaient, eux et leurs enfants, à bonne distance de nous. Nous prîmes l'habitude d'entrer et de sortir de l'école par une entrée séparée parce que, me dit-on, cela valait mieux pour George et pour tout le monde.

Ben est donc arrivé juste au bon moment pour donner à George ce dont il avait le plus besoin : être accepté. Ben aimait mon fils pour ce qu'il était et je n'ai compris à quel point George en avait besoin qu'au moment où il s'est mis à s'épanouir sous mes yeux. J'ai aussi compris à quel point j'attendais ce moment depuis toujours. Comme une douleur si profondément incrustée en moi avec le temps que je m'y étais habituée. Quand j'ai commencé à entendre George rire avec Ben, la douleur a commencé à s'atténuer.

Ben était comme nous tous un personnage à part entière, avec ses attractions et ses répulsions. En matière de nourriture, il aimait le poulet, le jambon, les tartines de pain grillé, le saumon-purée, les hot-dogs et une lichette de la glace de George. Il détestait les conserves pour chats presque autant qu'il haïssait le bruit de l'aspirateur qui le faisait fuir comme s'il était pris en chasse par une meute de chiens enragés. Mais ce qu'il aimait par-dessus tout, en dehors des gens, c'était la chaleur, une flaque de soleil sous la pergola du jardin, le couvre-radiateur ou une pile de linge sortant du séchoir. Il commença même à venir se coucher dans mon lit. Nous avions essayé de le faire dormir dans son panier, sur le palier du premier, mais il ne voulait rien savoir. Ben avait une ténacité hors du commun et quand il se mettait à miauler devant une porte fermée, ça pouvait durer des heures. Il commençait par un gémissement ténu qui gagnait en puissance pour finir par sonner comme des pleurs de bébé. George aurait voulu que Ben dorme avec lui, bien sûr, mais il le réveillait trop souvent, aussi j'avais cédé et j'avais finalement accepté qu'il dorme avec moi. Ben avait son coussin du côté inoccupé de mon lit et il restait tranquillement étendu à côté de moi, ne se levant que quand je me levais moi-même. Au réveil, je voyais presque toujours Ben étendu sur le dos les pattes en l'air et quand je bougeais il ouvrait les yeux et me regardait.

C'est la belle vie, hein, Ju ? Moelleuse et douce comme ce lit. Quelle bonne nuit j'ai passée !

Le pire pour Ben c'était de dormir seul parce qu'il était frileux. Plus je le connaissais, moins je comprenais comment il avait vécu dans la rue si longtemps. Il détestait tant le froid qu'il refusait de se promener sous la pluie et nous devions l'abriter sous un parapluie quand nous sortions dans le jardin. Peut-être avait-il été un prince ou une reine adulée dans une vie antérieure, car Ben était extrêmement sensible aux marques d'adoration. S'il était assis sur le canapé et que George osait arrêter de le caresser, Ben miaulait jusqu'à ce que les caresses reprennent et il s'étirait de contentement, sans quitter la télé des yeux. Il aimait beaucoup toutes les émissions mais quand Katie Price apparaissait à la télévision, il était littéralement scotché et il la fixait, complètement immobile. Ben devint rapidement le chat le plus gâté de Londres, fan des people et des reality shows.

Dans la double personnalité de notre nouveau compagnon, celle du vieux sage au regard impassible prédominait. Une fois George parti pour l'école, Ben grimpait dans mes bras pour un câlin, son calme regard fixé sur moi jusqu'à ce que je le délaisse pour vaquer à mes occupations dans la maison, et il se roulait alors en boule pour faire un petit somme. Mais il venait me retrouver assez vite, parce qu'il ne supportait pas l'absence de tendresse très longtemps et quand il se sentait délaissé, il savait se rappeler à notre bon souvenir. Si j'étais dans le jardin en train de bêcher, il venait s'asseoir juste au milieu de la plate-bande que j'étais en train de retourner et il me fixait. Quand j'allumais l'ordinateur pour une recherche, Ben venait s'allonger sur le clavier. Si je dressais le couvert avant un repas, il se dépêchait de bondir sur la table.

Ça doit bien faire une heure que tu ne m'as pas caressé ! C'est loin… Je veux mon câlin !

L'adoration de Ben n'était pas réservée aux intimes, à savoir George et moi. Quand nous avions de la visite, il voulait être au centre de l'attention. Quand Boy nous rendait visite avec ses enfants – Harry, William, Chloe et Frank –, Ben grimpait sur un arbre dans la rue pour les observer. Après nous avoir laissés une minute pour les saluer, il se mettait à trottiner autour de nous pour mettre fin aux salamalecs et nous rappeler qu'il était le seul centre d'intérêt digne de ce nom. Quand Maman passait et que nous nous installions sur la terrasse, Ben se pelotonnait à ses pieds jusqu'à ce qu'elle se décide à le caresser ou bien s'asseyait à nos côtés, la tête dressée vers nous tandis que nous bavardions pour s'assurer que nous lui faisions la place qui lui revenait dans notre conversation. Et pendant que nous parlions, il tournait la tête alternativement à droite et à gauche, écoutant ostensiblement celle de nous qui parlait. Je n'aurais pas été très surprise si, à l'occasion, il s'était raclé la gorge et avait proféré quelques mots…

Ben avait beau être petit, il savait très bien focaliser l'attention générale et si mes proches et mes amis aimaient tous les chats, Ben s'y entendait à séduire les étrangers qui n'étaient pas *a priori* gagnés à sa cause. Quand une fonctionnaire de l'aide sociale vint me voir pour discuter de George, Ben sauta sur ses genoux et posa sans hésiter son délicat postérieur sur ses dossiers. Je vis la femme se raidir un peu tandis qu'il la fixait tranquillement pour exiger des caresses. Quand je parlais à quelqu'un dans la rue, il nous rejoignait prestement et tournait autour de nous jusqu'à ce qu'on le remarque. Il est bientôt devenu la mascotte des pensionnaires de la maison de retraite voisine. Il s'asseyait sur le trottoir quand les premiers rayons de soleil baignaient la rue, attendant qu'ils sortent pour aller à la poste ou pour faire quelques courses.

— Hello, Ben ! roucoulaient-ils quand il courait à leur rencontre et se frottait contre leurs jambes avec un plaisir visible tandis qu'ils se penchaient avec effort vers lui.

Mais quelle que soit la curiosité de Ben pour les humains en général, quand George était dans les parages, il ne s'intéressait qu'à lui. Au moment où il franchissait le seuil de la maison, on aurait dit que plus rien d'autre n'existait et que le vieux sage qui déambulait à pas feutrés toute la journée se transformait d'un seul coup en un petit diable monté sur ressorts, une sorte de sprinteur infatigable. Même si Ben avait, selon l'estimation du vétérinaire, environ six ans, ce qui est presque l'âge mûr pour un chat, il se comportait souvent en chaton quand il l'avait décidé. Son jeu préféré, c'était cache-cache. Si lui et George étaient restés immobiles sur le canapé trop longtemps, Ben sautait brusquement et s'enfuyait pour donner le signal d'une grande course-poursuite.

— J'arrive ! criait George en montant l'escalier quatre à quatre derrière Ben qu'il retrouvait en général caché sous un lit ou dans une penderie.

Au moment où il était découvert, Ben repartait à fond de train vers une nouvelle cachette et la partie pouvait se poursuivre ainsi durant des heures.

Ben adorait un autre jeu : George devait agiter devant lui un bâton avec un élastique au bout duquel était attachée une souris en peluche. Chaque soir, environ une heure avant d'aller se coucher, Ben le regardait fixement.

Allez George, je m'ennuie… On joue ? Pourquoi tu ne vas pas chercher la souris ?

Tant et si bien que George se levait, allait chercher le bâton sous le regard impassible de Ben, immobile comme une statue, jusqu'au moment où George balançait la petite peluche devant lui. Alors, Ben devenait littéralement fou, il sautait, cabriolait, plongeait pour essayer d'attraper la souris pendant que George était secoué d'interminables fous rires. George jouait si facilement, si librement avec Ben qu'il tolérait même que Ben envoie valser ses jouets au passage, ce qu'il n'acceptait jamais d'un enfant : pour peu qu'un copain fît tomber une de ses figurines de chevaliers et de pirates, Ben renversait le jeu et quittait la pièce sans un regard pour son adversaire. Mais cela n'arrivait jamais avec Ben, bien au contraire : si ce dernier renversait une figurine, il éclatait de rire.

— Tu crois qu'on peut gagner en trichant, hein Ben ? s'écriait-il avant de replacer ses figurines.

Il ne leur fallut pas très longtemps pour découvrir leur autre jeu favori – le bac à sable. Un jour, en sortant dans le jardin, je vis George assis dedans en train de construire un château. Une fois sa construction achevée, il s'accroupit et attendit que Ben se déplie lentement, se lève et s'avance de l'air le plus insouciant du monde vers le château de sable au sommet duquel il s'allongea posément. Et George d'éclater de rire quand ledit château s'écroula sous le poids de Ben.

— Babou ! s'exclama-t-il en « parler-chat », qu'est-ce que tu as fait !

Le jeu se répétait à l'infini, George ne s'en lassait jamais, mais Ben était toujours partant. Il ne refusait jamais rien de ce que lui demandait son maître, ne se lassait jamais, et malheur à celui qui venait perturber leurs réjouissances, tel ce perce-oreille découvert par George un jour dans le bac.

— Babou ! cria-t-il, courant dans le salon pour aller chercher Ben.

George le prit dans ses bras, retourna au jardin et lui montra le perce-oreille trottinant dans le bac.

— Attrape-le ! ordonna-t-il.

Suivant la direction du regard de George, Ben aperçut le perce-oreille et fut sur lui d'un bond. Il risqua quelques coups de patte dans sa direction, sautant autour de la petite bestiole remuante qu'il ne parvenait pas à attraper.

— Vas-y Ben, cria George, tu peux l'avoir !

Ben tournait autour de l'insecte, sans le quitter du regard un seul instant. Mais il était si rapide que chaque fois que Ben abattait sa patte, le perce-oreille réapparaissait et filait de nouveau. George et moi riions à perdre haleine en regardant Ben danser, faire des sauts de carpe ici et là, en avant, en arrière jusqu'à ce que sa patte s'abatte une dernière fois sur le pauvre insecte. Il l'avait eu ! Ben assura sa prise et ses mâchoires se refermèrent sur l'intrus. Délicieux !

— Tu es le meilleur, Ben ! fit George avec un grand sourire.

Je ne pouvais m'empêcher de me demander quel ange gardien nous avait envoyé ce chat extraordinaire. Il n'habitait chez nous que depuis quelques semaines mais il avait déjà révolutionné notre vie. Ben avait libéré un aspect de la personnalité de George et nous ouvrait un nouveau monde dans lequel nous nous avancions tous les trois, émerveillés.

— Il y a un oiseau dans la maison ! cria George au moment où je sortais de la voiture.

Je me figeai, tétanisée. Je savais ce que cela signifiait. En moins d'un mois, j'avais appris que Ben adorait faire des « cadeaux » – des petits animaux souvent plus morts que vifs. Depuis son arrivée, je trouvais souvent des souris, à moitié déchiquetées par ses griffes acérées, qu'il déposait au milieu du salon à notre intention. Un jour, il avait même rapporté à la maison un crapaud qu'il avait découvert dans la petite mare du jardin. Tous les poissons rouges ayant déjà été pêchés par les hérons, nous ne pensions pas qu'il restait grand-chose. Mais Ben avait réussi à trouver la seule créature qui ait survécu au massacre : quand j'avais vu, un soir, juste après avoir éteint la télé, un crapaud traverser la pièce en sautillant, j'avais eu la peur de ma vie ! Ben le suivait de près en chasseur implacable, alors que je criais de toutes mes forces et que George bondissait sur le canapé. J'avais appelé Nob qui était venu récupérer la pauvre bête parce que j'étais trop pétrifiée pour m'y risquer. Ben m'avait jeté un regard dégoûté pendant qu'on emportait le crapaud dans le jardin.

— Pourquoi refuses-tu mon présent, Julia ? Ce crapaud a été difficile à attraper et maintenant, voilà que tu l'as laissé s'enfuir !

George était aussi impressionnable que moi et ce qui nous effrayait le plus, c'étaient les souris encore vivantes mais tétanisées de peur que Ben rapportait à la maison. Chaque fois que George et moi en découvrions une, nous montions sur le canapé pour ne pas avoir les pieds au sol et nous appelions Nob. Il dut même venir un soir à minuit parce que je savais que je ne parviendrais pas à m'endormir en sachant qu'il y avait une souris en liberté dans la maison. Nob l'enferma dans un bocal et alla la relâcher dans le jardin pendant que George et moi attendions.

— C'est fait, dit-il en revenant au salon. Puis-je retourner me coucher, s'il vous plaît ?

Mais ce jour-là, debout devant la voiture avec George, je savais qu'il ne fallait pas compter sur Nob parce qu'il était au travail. Il n'y avait que George, moi et Wendy la voisine qui l'avait surveillé pendant que j'étais partie acheter une brique de lait. Elle vivait quelques maisons plus loin avec son mari, Keith, et ses filles, Nicky et Kayleigh. Au début, je ne pensais pas retrouver une amie comme Michelle dans ce nouveau quartier parce que nous avions toutes deux des vies très occupées et elle ne semblait pas très disponible. Mais en commençant à bavarder avec elle, je compris que j'avais rencontré en Wendy une autre de ces rares personnes qui ont pris George en affection.

— Kayleigh est géniale, avait un jour lancé George alors que je discutais avec Wendy sur le trottoir. Keith n'a pas de cheveux.

— C'est vrai, George, répondit Wendy sans un battement de cils.

Avec le temps nous devînmes de si bonnes amies que George acceptait qu'elle vienne à la maison le garder quand je devais sortir faire une course. Je ne pouvais toujours pas le laisser seul avec elle bien longtemps et j'avais même dû rentrer à la maison après une petite intervention chirurgicale, bien que le médecin m'ait demandé de passer la nuit à l'hôpital. Si je partais trop longtemps, George devenait anxieux tant la stabilité de ses repères était vitale pour lui. Mais le simple fait qu'il ait laissé Wendy me remplacer était déjà un net progrès.

Je jetai un regard consterné à Wendy, me demandant comment j'allais me sortir de ce mauvais pas et tirer ce pauvre oiseau des griffes de Ben.

Je me dirigeai vers la maison, tandis que George, sur mes talons, commentait la situation en parler-chat :

— Babou est déchaîné, cria-t-il. L'oiseau s'est échappé, mais il va sortir ses ailes et le faire prisonnier. Ben peut voler comme un avion. Il a été pilote de jet autrefois.

Ben utilisait ce parler-chat de plus en plus souvent. Avec sa voix de personnage de dessin animé, il s'était mis à me raconter les aventures imaginaires de Ben. J'étais d'autant plus heureuse que jusque-là George n'avait jamais été capable de me dire autant de choses. Ben l'aidait à exprimer des sentiments qu'il avait gardés au fond de lui et George utilisait aussi le parler-chat pour me faire part de toutes les connaissances qu'il avait enregistrées. Jusque-là, j'ignorais s'il avait retenu ce que moi et d'autres avions essayé de lui enseigner depuis toujours, des événements historiques aux règles de conduite élémentaires, et voilà que George me montrait qu'il avait bel et bien écouté et retenu. Il avait aussi mémorisé toutes sortes de bribes d'informations entendues ici ou là.

— Ben essaie de ne manger que des produits diététiques trois fois par jour, mais il triche parce que je l'ai vu manger tous les Twix, me dit George.

J'en déduisis qu'il avait remarqué que j'essayais de « manger léger » depuis des années.

— Tu dois aller aux réunions des Weight Watchers, disait-il à Ben en lui ôtant les brins d'herbe et morceaux de feuilles qui restaient collés sur le ventre du chat, et je ne pouvais m'empêcher de pouffer en entendant cette remarque qu'il avait entendue lorsque je discutais avec Maman de mon poids.

Je lui avais pourtant expliqué à maintes reprises que si le ventre de Ben traînait par terre, c'était parce qu'il avait été castré étant petit, mais George était convaincu que c'était une question de régime alimentaire. Ben adorait se faire brosser le ventre par George et quand il n'y avait personne pour prendre soin de lui, Ben pouvait passer des matinées entières à faire sa toilette. Ce qu'il avait de plus gracieux, c'était ses pattes dont il prenait le plus grand soin. Ses pattes arrière s'ornaient de socquettes blanches qui lui arrivaient aux genoux, tandis que ses pattes avant étaient blanches aux extrémités comme s'il portait des bottines de bébé. Mais quand il suivait George au premier pour le surveiller pendant son bain, Ben se faisait taquiner.

— Tu as les dents jaunes ? demandait George tout excité à Ben allongé dans le lavabo, son poste d'observation préféré pour surveiller le bain. Tu te laves les dents ? Tu t'es nettoyé l'arrière des oreilles et sous les bras ?

La seule chose qui pouvait faire sortir Ben du lavabo, c'était les bulles de savon que George envoyait par terre, parce qu'il adorait les faire éclater.

— Je n'ai pas les dents jaunes ! disait George pour Ben. Je suis un chat très propre. C'est toi qui sens mauvais, George.

— Je ne sens pas mauvais ! rétorquait George. Je me lave avec du savon et je suis propre comme un sou neuf !

Je riais aux éclats en entendant les expressions toutes faites que George avait retenues. Dans ses conversations avec Ben, il mêlait ainsi toutes sortes de choses qu'il avait entendues en laissant son imagination très riche les combiner.

— Va voir dehors ! me disait-il, tout excité. Babou est sur le toit. Il va sauter en parachute. Il a réparé tous les toits. Il en a installé de nouveaux avec son marteau.

En écoutant George, je pouffais de rire imaginant Ben habillé en charpentier avec son marteau et ses outils ou bien déguisé en pilote… Parfois nous passions des heures à imaginer les aventures de Ben et j'en avais presque oublié que la maison, avant son arrivée, était plongée dans un silence à peu près total.

Ben était devenu si important pour nous deux qu'il nous accompagnait même quand il n'était pas là : nous parlions de lui tout le temps même quand nous sortions de la maison.

— Ben a essayé ces ceintures de sécurité, me déclara George alors que nous nous installions dans le wagonnet du grand huit du parc d'attractions où je l'emmenais souvent depuis qu'il était petit. Quand le train démarre, il l'enlève et frappe les enfants sur la tête avec.

Il éclata de rire et moi aussi tandis que les wagonnets s'ébranlaient lentement vers la ligne de départ.

— C'est vrai maman. Il travaille comme vigile ici. Il a fait un tour sur le grand huit pour moi. C'est son préféré.

Ben endossait tous les rôles que George voulait lui faire jouer et j'adorais qu'il me parle de ce qu'il avait imaginé pour lui. Mais il n'y avait pas que des inventions : parfois George utilisait son parler-chat pour me faire part de choses qui l'amusaient ou de nouvelles incroyables qu'il avait entendues à la télé.

Mais au moment dont je parle, alors que nous étions debout sur le trottoir avec George et Wendy, le parler-chat ne nous était d'aucune aide. La pauvre pie dans la maison n'était pas une invention et Ben était en train de la traquer au moment où nous hésitions sur l'attitude à adopter. Je devais la sauver. Inspirant profondément, j'entrai dans la maison et ouvris la porte du salon.

La pie voletait frénétiquement d'un bout à l'autre de la pièce suivie au sol par un Ben déchaîné qui attendait son heure.

Regarde ce que je t'ai dégotté, Ju. Regarde ce bel oiseau ! Un super-cadeau, hein ?

La seule pensée qui me vint pendant ces quelques instants fut une scène du film de Hitchcock, *Les Oiseaux.* Je claquais la porte derrière moi et ressortis de la maison terrorisée.

— Tu as peur ? me demanda gentiment Wendy en voyant mon teint blafard comme de la craie.

Je ne pus même pas répondre.

— Je vais y aller, me dit bravement Wendy. J'ai juste besoin d'une paire de gants. Il ne faut pas paniquer.

Je courus à la cuisine chercher une paire de gants que Wendy enfila en arborant l'expression sérieuse et décidée d'un chirurgien qui va entrer dans le bloc.

— Vous deux, attendez ici, dit-elle avant de disparaître à l'intérieur.

Cinq secondes plus tard, Wendy réapparaissait sur le perron, bredouille.

Ce pauvre oiseau allait forcément finir par flancher. Il y avait du sang sur la porte d'entrée qu'il avait dû percuter dans sa fuite éperdue et je détestais l'idée du chat s'acharnant sur cette pauvre chose. Pour un chat aussi aimant, il avait de vilaines habitudes. Mais Keith nous tira d'affaire : il entra dans la maison, attrapa la pie, et la relâcha dans le jardin.

Une fois de retour à la maison, je sermonnai Ben, que George avait pris dans ses bras. Je me penchai vers lui, en le regardant sévèrement, à quoi il réagit en me mordillant insolemment.

Et puis quoi encore ? C'est comme ça que tu me remercies ? Alors que je t'apportais un joli cadeau ? Et que j'essayais de te faire plaisir ?

En regardant Ben, lové dans les bras de George, je compris que je ne le changerais pas. J'allais devoir accepter ses défauts – il avait les siens comme tout le monde. Mais il valait bien mieux que ses petits méfaits. C'était grâce à lui que George et moi dialoguions comme nous ne l'avions jamais fait jusque-là. À moi de fermer les yeux sur les mauvais instincts de Ben : il aimait un peu trop malmener les souris et autres oiseaux et estimait que je n'avais pas à contrarier son instinct de chasseur : je n'avais qu'à m'incliner et le laisser vivre sa vie de chat.

Chapitre 9

George s'était fait un autre ami en dehors de Ben : un petit garçon dénommé Arthur qui habitait la maison voisine avec sa maman. Arthur était l'un de ces gamins qui réfléchissent bien avant de faire quoi que ce soit : à dix ans il se comportait comme un monsieur de cinquante. Il était patient, gentil et il ne se formalisait pas trop des accès de fureur de George : quand Arthur ne faisait pas exactement ce qu'il voulait, George se mettait à hurler. Alors Arthur rentrait tout simplement chez lui sans un regard en arrière, et le lendemain il était de retour, aussi enjoué que d'habitude.

J'étais sûre que le côté joueur que Ben avait tellement développé chez George l'avait beaucoup aidé à nouer une relation d'amitié aussi heureuse avec Arthur. Cette sociabilité avait déjà commencé à s'affirmer avant l'arrivée de Ben, quand Howard avait acheté un ordinateur à George, juste après notre emménagement. Il aimait tellement les jeux qu'il avait commencé à jouer sur Internet avec des partenaires d'autres pays. Je restai un peu interloquée quand George me dit qu'il était un des meilleurs au monde dans un jeu particulier – vu que le simple maniement de la télécommande était trop compliqué pour moi. Et puis Howard m'apprit que George était effectivement excellent et je compris que je n'avais pas de raison de m'étonner puisque c'était un domaine dans lequel George n'avait pas de relations directes, en face à face, avec les autres. Quoi qu'il en soit, quand j'écoutais George parler avec ses partenaires de jeu sur Internet (pour contrôler aussi qu'il ne s'agissait pas de prédateurs d'enfants), je remarquais qu'il riait et plaisantait de plus en plus avec les gens.

— Quel âge as-tu ? lui demanda une voix, venue d'Amérique ou d'Australie.

— Dix ans, répondit-il.

— Dix ans, vraiment ? Tu n'as que dix ans ?

Ces échanges amusaient beaucoup George qui se mit à répondre de temps à autre à ses interlocuteurs qu'il avait trente-trois ans, juste pour s'amuser encore plus. Il imitait parfaitement les voix et pouvait reproduire tous les accents quand il me répétait ses conversations.

Ben lui avait permis de faire d'énormes progrès dans sa relation aux autres et quand George se lia d'amitié avec Arthur, j'avais un peu l'impression qu'il remportait enfin une longue course d'obstacles après des années passées à piétiner sur la ligne de départ.

Les premiers mois de leur amitié, Arthur et George jouaient ensemble sur l'ordinateur ou regardaient la télé, ou bien ils passaient des heures sur le trampoline du jardin, bondissant si haut qu'Arthur resta un beau jour coincé dans un rosier de la haie. Il avait le cuir chevelu complètement éraflé quand je parvins à l'en extirper.

George m'avait regardé faire.

— Tu veux des bonbons ? demanda-t-il à Arthur. Tu te sentiras mieux si tu en manges.

Arthur, que je déposai par terre sur ses petites jambes ne répondit rien. Il se frotta simplement la tête et regarda le rosier.

— Tu veux que je te fasse rire ? lui demanda George. Tu veux que je saute dans les roses moi aussi ?

Cette proposition fit bien rire Arthur.

— Surtout pas, George, lui dit-il. Par contre je boirais bien un verre de limonade et toi ?

Au début, Ben ne savait pas très bien quelle attitude adopter à l'égard d'Arthur, et quand celui-ci venait jouer, il restait souvent dans la maison à observer les enfants, les rejoignant de temps en temps sur le trampoline. Quand George décida de se lancer à la découverte du monde extérieur, Ben se donna pour mission de le surveiller. Bien sûr, j'aurais dû m'attendre à ce que George, un jour, veuille dépasser les limites de notre jardin. Mais je me sentis un rien nerveuse quand il me demanda si lui et Arthur pouvaient aller jouer sur le terrain de jeux en face de chez nous. Beaucoup d'enfants s'y retrouvaient pour jouer au foot ou grimper aux arbres, mais je n'avais jamais laissé George quitter seul la maison. Il fallait bien que je lui laisse un peu d'indépendance, mais il est difficile de la donner à un enfant qu'on a toujours surveillé comme le lait sur le feu. Il savait que les autres enfants y jouaient sans leurs parents, tout comme j'avais bien conscience que je ne pouvais le garder enfermé dans notre petit monde indéfiniment.

Deux choses me persuadèrent finalement de dire oui à George. D'abord Arthur. Exactement comme il y a certains adultes qui sont restés d'éternels enfants, il y a des enfants comme Arthur qui sont vieux avant l'âge et qui rappellent un peu « Prof » dans *Blanche-Neige et les sept nains*. Je n'avais jamais eu besoin d'expliquer l'autisme de George à Arthur. Il savait très bien qu'il fallait toujours garder son copain à l'œil. Second argument : le terrain de jeux se trouvait juste en face de la fenêtre de ma cuisine, donc je verrais bien si George s'éloignait d'Arthur. J'avertis George qu'en cas de dérapage de sa part, il n'aurait plus la permission d'aller jouer en face. Si bien qu'ensuite, chaque fois qu'ils allaient jouer sur ce terrain, je m'installais pour faire ma lessive au premier, afin de pouvoir le garder à l'œil. En plus, j'avais un adjoint très efficace dans ma mission de surveillance, c'était Ben qui, allongé sur le trottoir, ne le perdait pas de vue quand il sortait du jardin avec sa voiture radiocommandée ou simplement pour aller jouer en face.

Quand Arthur et George partaient jouer au parc, je constatais par moi-même que George s'amusait en tapant dans un ballon de foot ou en grimpant aux arbres et que Ben n'était jamais très loin. Un jour qu'ils étaient partis jouer avec Arthur et son cousin Charlie, je leur ai même préparé des sandwichs et ils ont passé un super moment jusqu'à la catastrophe : George, qui était grimpé dans un arbre a décidé de sauter. Quand Arthur et Charlie sont arrivés hors d'haleine pour me dire que George était coincé sur une clôture, mon sang n'a fait qu'un tour. J'ai couru jusqu'au terrain de jeux où je l'ai trouvé suspendu à la clôture par le col de sa chemise. En le soulevant pour le libérer, je me suis demandé où je trouverais la force de le laisser partir encore une fois...

— Les enfants, au parc, m'ont dit *t'as qu'à sauter si t'es cap*, m'avoua George en rentrant à la maison. Alors je me suis dit que j'allais bien voir si je pouvais. J'ai visé l'herbe verte en sautant.

Arthur regarda George d'un air grave.

— Tu ne peux pas sauter d'un arbre, George, dit-il. C'est le meilleur moyen de te casser une jambe et comment tu joueras au foot ensuite ? Tu t'en fiches de ce que disent les autres, c'est bête de faire ça, c'est tout.

George se pencha vers Ben, assis à côté de lui sur le canapé.

— Tu as entendu ? lui dit-il, tu ne dois pas sauter des arbres, Ben c'est mal !

Je ne pouvais m'empêcher de repenser au jour lointain où Michelle et moi avions laissé tomber des œufs par la fenêtre pour essayer de faire comprendre à George qu'il était fragile. Il semblait enfin réaliser ce que cela signifiait – même s'il lui avait fallu sauter d'un arbre – et je fus très soulagée de l'entendre faire la leçon à Ben qui miaulait pendant qu'il lui parlait.

— Ne ris pas, fit George, d'un ton aussi sérieux que celui d'Arthur quelques instants plus tôt. Ce n'est pas drôle !

J'eus la nette impression que George ne sauterait plus d'un arbre avant un bon moment…

Cet événement cimenta l'amitié entre les deux garçons. George se montra bientôt aussi protecteur avec Arthur qu'il l'était avec Lewis, et si quelqu'un osait critiquer Arthur, il se faisait vertement rembarrer !

— Arthur est le meilleur footballeur, disait-il quand un petit garçon se moquait de son copain. Il est fantastique, c'est vraiment un excellent gardien.

George idolâtrait son nouvel ami et il lui aurait donné tous les vêtements qu'il avait sur le dos si Arthur le lui avait demandé. Mais Arthur ne profitait jamais de l'amitié de George.

— Tu veux les chocolats que Nan m'a donnés pour mon anniversaire ? lui demanda un jour George. Tu veux mes cartes de Pokémon ?

— Tout ça coûte beaucoup d'argent, répondit Arthur. Si tu me donnais un chocolat et pas toute la boîte ?

George lui tendit un chocolat et détourna le regard pendant qu'Arthur le prenait.

— Tu es mon meilleur ami, lui dit George, regardant toujours ailleurs.

Et ils reprirent leur jeu sans ajouter un mot.

J'étais si heureuse d'entendre George parler ainsi ! Je sais que pour la plupart des mères cela n'a rien d'extraordinaire d'entendre ce genre de propos dans la bouche leur fils de dix ans. Mais avec George c'était une grande première – son premier véritable ami et la naissance de ce lien entre eux – et cela me transportait de le voir enfin montrer le garçon aimant, gentil, généreux qu'il était…

Il y avait encore des dérapages, bien sûr. George ne pouvait s'empêcher de vouloir régenter les autres et il lui arrivait d'entrer en fureur contre Arthur parfois quand leurs jeux ne se passaient pas comme il le voulait. Mais la seule fois où Arthur s'est vraiment fâché, c'est quand George l'a grondé parce qu'il venait de jeter un gobelet en plastique par terre.

— Et la pollution, tu t'en fiches ? s'exclama George. Tu sais que la terre est noyée sous les plastiques ?

Cette remarque exaspéra Arthur qui n'aimait pas que George lui fasse la leçon, mais ils se réconcilièrent assez vite. George était devenu coutumier de ce genre de remontrances. Il avait fini par comprendre l'importance des remarques mille fois répétées durant toute son enfance et il n'hésitait pas à reprendre un enfant quand il estimait qu'il se comportait de façon grossière – bien que je lui aie souvent répété que ses copains n'aimaient sûrement pas qu'il les sermonne !

— Il faut bien que quelqu'un leur dise, Maman, me disait-il alors. Il faut qu'ils apprennent, sinon ils font n'importe quoi.

Je ne pouvais m'empêcher de sourire quand il me tenait ce genre de propos. George avait toujours été convaincu que c'était le monde qui marchait sur la tête et pas lui. Il n'avait certes pas tout à fait tort parce que certains des gosses du coin tournaient assez mal. En expliquant à George que les autres gamins n'aimaient sans doute pas qu'il leur fasse la leçon et qu'il ferait mieux de s'abstenir, j'avais retrouvé tout mon sérieux. Telle était la vie avec George : dès qu'on avait atteint un objectif, il fallait aussitôt penser au suivant.

La plupart de ses copains se rebiffaient quand George leur expliquait comment se comporter ou leur disait que leur mère avait les dents en avant. Mais Arthur aimait George pour ce qu'il était et j'étais heureuse que George lui rende son affection. La vie est faite de ces petits progrès qui, mis bout à bout, vous mènent au but et l'amitié de George pour Arthur ressemblait à un bond en avant dont je remerciais Ben chaque jour.

De son côté, Ben était de plus en plus obsédé par la défense de son territoire. Il lui avait fallu un peu de temps pour reconnaître les limites de son royaume mais une fois que ce fut chose faite, il décida de refouler impitoyablement tout intrus.

Il considérait depuis toujours Fluffy comme un membre de la famille à part entière et même si je craignais un peu qu'il ne le morde, Ben l'ignorait complètement.

— C'est l'animal de Ben, me disait parfois George. Fluffy est à lui. Il n'aime pas les chats parce qu'il a des allergies. Mais il aime Fluffy.

Il m'arrivait de laisser Fluffy dans le jardin pour qu'il prenne un peu le soleil et Ben s'étendait à côté de lui. Il semblait penser, exactement comme George le supposait, que n'étant pas un chat, il n'était pas question pour lui de traquer le lapin.

Mais ce n'était pas aussi simple avec les autres animaux et les égards que Ben montrait à Fluffy, il les refusait aux chiens et aux autres chats. Ceux-ci avaient le don de réveiller ses ardeurs guerrières et le gentil chat aimant que nous connaissions se transformait avec eux en redoutable Ninja !

Après avoir sauvé Ben, je m'étais prise de pitié pour quelques autres chats errants que je nourrissais. La plupart disparaissaient presque aussi vite qu'ils étaient apparus sauf un couple de visiteurs réguliers que je nourrissais presque chaque jour. L'un d'eux était un chat tigré pour lequel je laissais un bol dans le jardin derrière la maison, exactement comme je l'avais fait pour Ben. L'autre était une belle chatte angora. Je l'appelais la « syndicaliste » parce qu'elle venait toujours réclamer un supplément de nourriture à la fenêtre de la cuisine. Mais si Ben avait toujours toléré ces deux visiteurs tant qu'ils restaient en dehors de la maison, c'était une autre histoire quand ils se risquaient à poser une patte à l'intérieur.

— Tu dois être gentil avec eux ! lui dit George un jour que Ben émettait des sifflements menaçants sur l'un des deux chats qui tentaient de pénétrer chez nous. Tu as vécu dans la rue et tu avais aussi faim qu'eux, non ?

Mais Ben lui jeta un regard furieux et courut se réfugier sur le canapé.

C'est ma maison, George, la mienne ! Et je ne veux personne d'autre ici. Tu ne comprends pas ? Les autres chats, je ne les aime pas !

La plupart du temps nous parvenions à éviter les conflits mais un jour, le chat tigré, que nous avions surnommé Buster, décida d'explorer les lieux. À l'époque, Ben avait fait de la pergola son domaine privé, et ce petit refuge d'où je surveillais autrefois mes rosiers était devenu sa résidence attitrée. S'il n'était pas dans le salon ou dans un lit, on pouvait toujours le trouver sous la pergola. De là il gardait un œil sur tout ce qui se passait.

Le jour où Buster a traversé le jardin et s'est dirigé vers l'entrée, nous étions en train de cueillir des tomates. Ben dormait. En apparence. Il semblait endormi, mais voilà qu'il a entrouvert les yeux au moment où l'intrus passait devant sa pergola avant de plisser les paupières d'un air mauvais quand il a compris que Buster était bien décidé à entrer dans la maison.

Rapide comme l'éclair, Ben a foncé sur Buster qui s'est retourné et a vu son ennemi fondre sur lui. La collision étant imminente, Buster, oreilles rabattues en arrière, a couru se mettre à l'abri tandis que George sifflait et crachait de plus belle. Après avoir franchi la haie d'un bond, Buster n'a pas réapparu. George et moi étions bouche bée, des tomates plein les mains. George a éclaté de rire en voyant Ben retraverser majestueusement le jardin, tête haute et la queue battant l'air. Ben avait l'air fier comme Artaban quand il s'est étendu sur le bord de la terrasse pour s'assurer que Buster ne recommencerait pas.

La victoire de Ben, ce jour-là, lui donna tellement confiance en lui qu'il décida de reculer les frontières de son royaume et d'y annexer, très étrangement, ma voiture. Chaque fois que je la lavais, Ben grimpait dedans, sautait sur le tableau de bord et observait les badauds à travers le pare-brise. Et il nous regardait, George et moi, l'asperger d'eau savonneuse, stimulés par la musique que diffusait la stéréo.

Bon boulot, continuez ! Ah ! Il faudrait peut-être redonner un coup en haut à gauche, non ?

Même quand il se trouvait à l'intérieur de la maison, Ben assurait une surveillance très stricte de son territoire ce qui entraînait toutes sortes de problèmes. J'ai dû racheter deux fois des stores parce qu'il les cassait en fourrant sans cesse sa tête entre les lames. J'ai aussi dû jeter une paire de rideaux à la poubelle parce que George les avait lacérés en les escaladant, sans parler du store déroulant de la cuisine. Ben était une sentinelle qui n'oubliait jamais sa mission. Et même quand il n'était pas en service, il causait des dégâts en affûtant ses griffes soit sur les coussins du canapé soit sur les barreaux des chaises. Il m'arrivait souvent de le voir, en entrant dans le salon, les poils hérissés de plaisir, planter langoureusement ses griffes dans le tissu, l'air complètement drogué, comme en transe. Pour Ben, déchiqueter les tissus du salon, c'était littéralement s'envoyer au septième ciel. Et lui acheter un griffoir ne régla rien parce qu'il l'ignora superbement.

— Arrête tout de suite, lui criais-je en entrant dans le salon où je le découvrais occupé à plonger ses griffes dans le tapis ou à agrandir une déchirure dans le tissu qui recouvrait le canapé.

Mais George défendait toujours son ami.

— Ces griffoirs sont faits pour les chats, ils ne sont pas faits pour Ben, me répétait-il. Il aime ce tapis, pourquoi tu ne lui en achètes pas un neuf s'il est trop vieux ?

— Parce que l'argent ne pousse pas sur les arbres ! m'exclamais-je. Je ne peux pas acheter sans cesse de nouveaux canapés, rideaux et stores juste parce que Ben s'amuse à les déchiqueter…

— Oh Maman ! objectait alors George. Ben adore ça et on ne vit qu'une fois, non ?

Je savais que George n'accepterait jamais mon point de vue et quand nous abordions ce sujet délicat, Ben me regardait bien en face en arborant un sourire satisfait.

Tu n'as pas à me faire ce genre de remarques. Je suis le chat du gentil George qui me laisse faire tout ce que je veux. Laisse tomber, Julia. J'aime beaucoup trop le canapé pour le laisser en paix.

Mais bien que les pulsions griffeuses de Ben eussent des conséquences ravageuses pour mon mobilier, je ne pouvais en général m'empêcher de rire de bon cœur devant son audace et le défi qu'il me lançait pour quelques instants de bonheur.

Les chats qu'il pourchassait avec fougue étaient sensiblement de la même taille que lui, mais Ben ne semblait pas réaliser que les chiens qu'il provoquait régulièrement en duel faisaient deux fois sa taille. Après les chats, c'étaient ses ennemis préférés. Quand nous l'avions adopté, il tolérait Oli et Sally, les chiens de Maman – ou plutôt il les ignorait. Mais peu à peu, il avait révélé sa vraie nature de guerrier : quand Oli et Sally nous rendaient visite, Ben, assis sur le rebord de la fenêtre du salon, les fixait d'un regard si insistant que George et moi éclations de rire. On aurait cru qu'il cherchait à les hypnotiser…

Mais le jour où je pris un chien en pension, la patience de Ben finit par voler en éclats : il décida que la coupe était pleine et qu'il ne voulait plus voir un seul cabot à la maison.

Quand Arthur et sa maman partirent en vacances, j'acceptai de garder Jedi, leur adorable bouledogue anglais. J'avais toujours aimé Jedi qui se laissait envelopper dans des couvertures quand il prenait froid et n'aimait rien tant que de s'installer sur le siège passager de la voiture à côté de moi quand je sortais faire des courses. Quant à

Ben, son idée fixe était bien sûr de terroriser notre pensionnaire. Jedi ne pouvait même pas uriner en paix, parce que Ben le suivait partout et lui jetait des regards si assassins que Jedi n'y arrivait plus. Il me fallait donc les suivre dans le jardin chaque fois que Jedi devait faire ses besoins, mais notre *modus vivendi* si précaire vola en éclats un jour que Jedi s'était glissé dehors à notre insu.

— Ben fait du cheval ! m'avertit un George rigolard.

Je me précipitai dans le salon au moment où Jedi entrait quatre à quatre.

Il se tordait et se contorsionnait pour essayer de se débarrasser d'une longue forme noire sur son dos – avec une tache de fourrure blanche sur la poitrine : Ben était plaqué sur le dos de Jedi comme s'il chevauchait un taureau de rodéo.

— Laisse-le ! ai-je crié. Laisse ce pauvre chien tranquille !

Mais Ben n'était pas d'humeur à abandonner la partie. Il enfonça ses griffes encore plus profondément dans ce pauvre Jedi qui tentait désespérément de faire lâcher prise à son agresseur. Tandis que Ben se cramponnait de toutes ses forces, Jedi se secoua une dernière fois avec l'énergie du désespoir et parvint à le déloger. Ben fit un vol plané et au moment même où il retomba sur ses pattes, il se remit en position d'attaque. Jedi, réalisant qu'il était enfin libre, s'allongea par terre et me jeta un regard éperdu entre ses pattes ramenées contre sa tête, tandis que Ben tournait autour de lui. Jedi était parvenu à l'éjecter mais il restait le plus fort, le vainqueur incontesté de ce duel. Cette expérience grisante ne fit que renforcer son agressivité envers les chiens.

Quand Jedi rentra enfin chez lui à la fin de la semaine, Ben se jucha sur un arbre de l'allée, saluant son départ d'un rictus méprisant. La plupart du temps il se contentait de lui jeter des regards menaçants mais un jour, quelque temps plus tard, il se jeta sur lui du haut d'une branche, provoquant la panique du pauvre bouledogue. Et quand un bull-terrier commit l'erreur de pousser une pointe dans notre jardin, Ben se dressa sur les pattes arrière et asséna au chien une série de gifles bien senties…

Mais la défense de son royaume n'était pas seulement d'ordre pratique : elle lui procurait aussi une immense satisfaction. Quand Ben comprit quel plaisir il prenait à maltraiter les chiens, il trouva rapidement la victime parfaite : Scruffy, le yorkshire-terrier de Wendy. Pendant l'été, pour être sûre qu'il n'arrive rien à Scruffy, Wendy plaçait souvent une barrière de sécurité devant la porte d'entrée qu'elle maintenait ouverte pour aérer la maison. Quand Ben remarquait que la porte de Wendy était ouverte et que Scruffy était bloqué derrière des barreaux, il remontait la rue, s'asseyait sur une marche du perron et scrutait l'intérieur de la maison. Scruffy se faisait avoir à tous les coups : fou furieux de se faire ainsi narguer par son ennemi juré, il se jetait contre la barrière et essayait d'ouvrir la porte pour attraper Ben. Mais il était si petit que c'était évidemment peine perdue ! Et Ben était aux anges chaque fois qu'il pouvait tourmenter ainsi le pauvre Scruffy. Il ne posait jamais la patte dans la maison de Wendy, se contentant de rester tranquillement assis, immobile, et de fixer Scruffy pour le rendre furieux.

Autant Ben était injuste dans ses rapports avec les chats et les chiens, autant je découvris peu à peu qu'il était beaucoup plus objectif en ce qui concernait les gens. Au début, j'avais imaginé que c'était un chat vraiment affectueux parce que Ben aimait tous les êtres que George et moi chérissions particulièrement. Quand Maman nous rendait visite, il courait vers elle pour qu'elle le prenne dans ses bras. Quand Nob, Tor ou Boy venaient nous voir, il s'allongeait sur le dos pour se faire caresser le ventre. Et quand Wendy frappait à la porte, il fonçait si vite la retrouver qu'on avait l'impression qu'il allait passer à travers le mur !

Les mois passant, je commençai à réaliser qu'il était beaucoup plus sélectif que je ne le croyais. Vous connaissez ces gens qui sont toujours débordés par mille et une difficultés et engloutissent des litres et des litres de thé en vous racontant leurs mésaventures dans les moindres détails ? J'avais rencontré une femme de ce genre, appelons-la Sue, qui se débattait dans toutes sortes de difficultés et c'était en général à moi qu'il fallait absolument qu'elle se confie toutes affaires cessantes. Sue venait donc sonner à ma porte, de jour comme de nuit, souvent assez éméchée, et je m'asseyais sur le canapé pour l'écouter pendant que Ben tournait autour de nous. Il avait rarement des antipathies pour les gens, mais il n'aimait vraiment pas Sue à cause de son bronzage artificiel et de ses sourcils tatoués qui la faisaient ressembler à un clown, bref il se méfiait d'elle.

George ne l'appréciait pas non plus, et je me demandais comment faire comprendre à Sue que ses visites n'étaient pas toujours les bienvenues. Mais elle ne m'en donna pas l'occasion parce qu'un soir, Sue venait d'entrer dans la maison et elle se dirigeait en titubant vers George quand Ben, pour défendre son ami, lui donna un bon coup de griffe… après quoi nous ne la vîmes plus jamais. Peut-être était-ce juste une coïncidence, mais je me suis toujours demandé si elle avait compris qu'elle était de trop ? Je n'avais jamais eu le cran de renvoyer carrément Sue, tandis que Ben avait su lui faire comprendre de façon on ne peut plus claire quels étaient nos sentiments profonds à son égard. Autant je n'étais pas du tout d'accord pour qu'il agresse les êtres humains, autant je lui étais reconnaissante d'avoir su mettre Sue à la porte au nom de toute la famille. Si seulement il s'était montré un peu plus sympathique avec les chats et les chiens, notre existence aurait été parfaite !

La plupart des gens parlent à leur animal domestique d'une voix particulière. Parfois elle est haut perchée et stridente, parfois grave et bourrue. Mais qu'ils s'adressent à leur chien, à leur hamster ou à un autre animal, la plupart n'osent adopter ce ton que quand ils sont seuls avec lui, de crainte d'être entendus et jugés ridicules par d'autres. Quant à moi, je ne m'en souciais pas le moins du monde. George et moi utilisions notre « parler-chat » à tout bout de champ et sans nous cacher. Ce langage nous permettait de communiquer joyeusement, de nous amuser, et de mieux nous comprendre en toutes circonstances, raison pour laquelle Maman, Boy, Nob ou Tor nous entendaient parler ainsi chaque fois qu'ils passaient. Au lieu de se demander si je n'avais pas un peu perdu la boule, ils se mirent à nous imiter en voyant George si à l'aise. Nob était chauffeur de poids lourd et Boy employé de la voirie. Vous pouvez imaginer l'effet quand ils adoptaient cette petite voix aiguë juste parce qu'ils voulaient aider George à s'épanouir. Aucun de nous ne comprenait pourquoi ce parler-chat était si efficace, mais nous étions bien obligés de constater qu'il aidait George à dire des choses qu'il n'avait jamais su exprimer jusque-là.

— Mamie est retraitée, disait-il en parler-chat à Ben quand ma mère nous rendait visite.

— Oui, Ben, je suis retraitée, répondait-elle d'une petite voix flûtée.

— Elle est vieille, répondait George. Elle est au courant de tout ce qui arrive à ma maman parce qu'elle est retraitée et qu'elle sait tout.

Le parler-chat nous donnait une fenêtre sur le monde de George, parce qu'il se mettait à poser des questions – et à écouter les réponses –, ce qu'il n'avait pas fait jusqu'alors. Avant, quand Maman essayait de lui parler de moi enfant, George ne réagissait pas. Maintenant, il se mettait à rire quand elle énumérait toutes les bêtises que j'avais faites. Il adorait qu'elle lui raconte que grand-père avait dû me donner des tapes dans le dos pour me faire recracher un ballon que j'avais avalé par accident ou comment j'avais attaché une tasse à thé en plastique de ma dînette à un ballon gonflé à l'hélium et pleuré pendant des jours parce qu'évidemment le ballon n'avait pas tardé à rejoindre les nuages…

— Tu aurais dû voir sa tête ! s'esclaffait Maman, dont George, ravi, buvait les paroles.

À la fin de notre première année de cohabitation avec Ben, j'ai commencé à me demander si je pouvais aussi aborder avec George d'autres sujets en parler-chat. Ce mode de communication pouvait-il par exemple m'aider pour la discipline ? Mes remontrances à George n'avaient jamais eu le moindre effet positif parce que pour lui de nombreuses règles n'avaient absolument aucun sens et au fil des ans j'avais commencé à comprendre pourquoi.

Certaines règles sont sans appel, n'est-ce pas ? Par exemple pour faire comprendre à George qu'il ne devait jamais blesser personne, quand il mordait un de ses copains, je le mordais à mon tour, je lui marchais sur le pied quand il avait écrasé celui de quelqu'un ou je lui tirais les cheveux quand il était dans la phase où à la récréation il tirait sur les queues-de-cheval des filles. En général il lui fallait deux ans pour apprendre ce que j'essayais de lui inculquer et j'avais cessé de compter les fois où j'essayais de lui montrer que certains gestes étaient douloureux – en y allant doucement bien sûr – et où il restait étendu par terre en me pressant d'appeler une ambulance parce que je lui avais cassé le bras ou écrasé le pied… Mais ces règles, il finissait quand même par les retenir tandis que pour d'autres c'était bien plus difficile : je pense à celles qui relèvent plus de la politesse voire de la gentillesse et qui, du point de vue de George, n'obéissaient pas à la moindre nécessité logique. Lui faire admettre ce genre de règles était à peu près aussi compliqué que lui faire dire que le ciel était rose à pois verts. Maintenant, en tout cas, j'avais Ben pour tenter de lui apprendre.

J'ai commencé par les rots. George avait pris la terrible habitude de roter assez fort, ce qui m'avait toujours dérangée parce que je voulais qu'il assimile autant que possible les bonnes manières. Malgré toutes les remarques que j'avais pu lui faire à ce sujet – et j'en avais fait beaucoup –, George n'avait jamais cessé. J'ai donc essayé une nouvelle méthode :

— Ben n'aime pas ça, dis-je un jour à George qui venait de roter pendant le repas.

Son visage ne trahit aucune réaction et il resta silencieux quelques instants, avant de me demander :

— Tu es sûre ?

— Oui.

— Pourquoi ?

— Parce qu'il estime que c'est impoli et Ben déteste les gens mal élevés.

— Vraiment ?

— Oui. Ben est un chat très poli. Il n'aime pas les rots.

George n'ajouta rien mais peu de temps après cette conversation, il prit l'habitude de quitter la pièce à grands pas pour aller chercher du papier de toilette chaque fois qu'il avait envie de roter. Il plaquait le papier devant sa bouche et l'on n'entendait qu'un bruit étouffé. C'était un début, au moins. Je ne pus cependant m'empêcher de rire en le voyant se livrer à ce manège un peu compliqué pour se conformer à la bienséance telle qu'il la comprenait. Après avoir admis que Ben était un chat très poli, il signifia à toute personne qui rotait accidentellement devant lui que ce n'était pas bien.

— Ben n'aime pas ça, disait-il sérieusement. Il trouve cela très impoli.

Le parler-chat ne me permettait pas seulement de mieux communiquer avec George. Il lui servait aussi à me raconter beaucoup de choses. Bien qu'il n'ait jamais été intéressé par les livres, George me dévoilait la richesse de son monde intérieur : ses histoires n'attendaient que le moment de s'exprimer, sans besoin de papier ni de crayons.

— Est-ce que tu aimes ou est-ce que tu n'aimes pas les châteaux de sable ? demanda George à Ben alors qu'ils jouaient dans le bac à sable.

Ben l'écoutait attentivement.

— Je les aime, mais j'aime mieux le château de Windsor et il n'est pas en sable, répondit George, parlant pour Ben.

— Bon, alors je vais te construire un château, poursuivit George. Et tu dois t'asseoir sur le seau parce que si j'ouvre les portes l'eau va dégouliner tout autour et tu pourrais bien te mouiller les pattes. D'accord Monsieur Ben ?

Une fois encore, il répliqua au nom de Ben :

— Eeeeeh bien je n'aime pas trop me mouiller les pattes, alors s'il te plaît ne me mouille pas, George. Je ne me mouille que quand je mets mon maillot de bain et il est dans la valise des vêtements d'été.

— Mais tu n'aimes pas nager avec les poissons sous l'eau ? lui demanda George. Je les ai vus quand je suis allé à la mer. Les poissons qui nagent dans l'eau toute bleue…

Lewis était avec nous ce jour-là et il s'était déguisé en pirate avant de grimper sur le trampoline.

George jeta un coup d'œil solennel à Ben.

— Tu as un costume de pirate comme celui de Lewis, n'est-ce pas ? demanda-t-il. Mais le tien c'est un vrai parce que tu as été le chat cascadeur de Johnny Depp, hein Ben ?

Lewis se mit à rebondir sur le trampoline pendant que George continuait à parler.

— Ben a doublé Superman, tu sais, dit-il à Lewis. Et il dépliera ses ailes et te sauvera si tu t'envoles du trampoline parce que tu es si maigre.

Ben n'est pas seulement un chat, c'est un chat *cascadeur*.

Lewis se mit à rire avec moi en écoutant George raconter son histoire, et même si ce dernier évitait notre regard, je voyais bien qu'il était ravi que nous l'écoutions avec plaisir.

— Je vais montrer à Lewis comment il doit faire pour se battre comme Johnny Depp, dit-il pour Ben. George adore quand nous volons si haut que nous touchons presque la lune. Maman ne sait pas qu'on est des pirates. Mais on est des pirates, hein ? On le sait bien, George et moi.

Chapitre 10

Quand vous êtes mère célibataire, vous êtes par définition seule avec votre enfant. Vous êtes la seule personne au monde à vivre avec lui jour après jour, la seule qui comprenne complètement ses besoins, et si votre enfant est autiste, il a beaucoup de besoins spécifiques. Howard était un bon père pour George : ils allaient à la piscine, au cinéma, il acceptait de le garder une heure ou deux quand j'en avais besoin et il a passé notre premier Noël dans la nouvelle maison avec nous. Mais nous ne faisions pas l'éducation de George ensemble au jour le jour, ce qui signifie que je n'avais personne à qui parler les mauvais jours, ni sur qui me délester de mon fardeau ne serait-ce que pour quelques instants quand je n'en pouvais vraiment plus, ou que je voulais pleurer un bon coup. En tout cas jusqu'à ce que Ben vienne vivre avec nous.

Avant, George et moi étions ensemble chaque minute de chaque jour quand il n'était pas à l'école et il y avait des moments où je me demandais si j'aurais la force de répondre à une question supplémentaire ou la patience de l'écouter psalmodier sans fin. Les jours où George était préoccupé par quelque chose dont il n'arrivait pas à parler, il me suivait comme une ombre tout en me débitant ce qui lui passait par la tête, les mots se bousculaient dans sa bouche. Il parlait beaucoup de nourriture et aussi de l'heure à laquelle il allait manger :

— Quand est-ce que je vais prendre mon thé ? me demandait-il, à peine rentré de l'école.

— Dans une heure et demie, lui répondais-je.

— Il sera quelle heure ?

— Cinq heures.

— Qu'est-ce que j'aurai ?

— Un œuf et des haricots.

— Combien d'œufs ?

— Un.

— Pas trop cuit ?

— Non, George, juste comme il faut.

— Est-ce que le jaune sera dur ou mou ?

— Dur sur les bords et liquide au milieu.

C'était comme ça qu'il l'aimait.

— Est-ce que j'aurai des chips avec l'œuf et les haricots ?

— Si tu veux.

— Est-ce que le blanc sera grand ?

— Pas trop grand.

Puis George réfléchissait une minute.

— Stop ! criait-il, je veux des spaghettis bolognaise.

— OK.

— Ce sera la sauce habituelle ?

— Oui, George.

— Non, je veux des chips et un œuf.
— OK.

Quand George s'arrêtait de parler ce n'était que pour une seconde avant de recommencer.

— Ma-man, Ma-man, Ma-man, Ma-man, Ma-man, Ma-man, Ma-man, chantonnait-il en me suivant de pièce en pièce. Ma-man, Ma-man, Ma-man, Ma-man, Ma-man, Ma-man...

— Oui, George.

— Je veux un œuf et des chips.

— OK.

— À quelle heure est-ce que je l'aurai ?

— À cinq heures.

— C'est dans combien de temps ?

— Dans une heure et vingt-neuf minutes.

— Ça fait combien de minutes ?

— Quatre-vingt-neuf.

— Combien de minutes et de secondes ?

— Quatre-vingt-huit minutes et quarante-cinq secondes.

— Je n'ai pas aimé mon déjeuner aujourd'hui.

— Pourquoi ?

— Le yaourt était bizarre.

— Ah oui ?

— Ce n'était pas le même yaourt que d'habitude.

— Je crois que tu te trompes George.

— Non, non.

Une fois, une seule, je lui avais donné un yaourt à la framboise au lieu d'un yaourt à la fraise et il m'en avait rebattu les oreilles pendant des mois.

— Ma pomme n'était pas croustillante comme celle d'hier.

— Ah bon ?

— Mon jus de fruit n'avait pas le même goût.

— Vraiment ?

— Il était tiède.

J'essayais parfois de m'isoler mais George n'abandonnait pas si facilement.

— Le beurre sortait de chaque côté de mes crackers. Je ne veux plus que tu m'en donnes, plus jamais.

— Tu n'es pas obligé de les manger, tu sais ?

— Je n'en veux plus jamais.

— Je sais, George.

— Je ne veux plus manger de crackers du tout.

— D'accord George.

— Plus de crackers.

Ça pouvait continuer un bon moment comme ça et si j'osais dire à George que j'avais mal à la tête et que j'avais répondu à tellement de questions que je ne pouvais plus, il n'en tenait absolument pas compte.

— Maman est un peu fatiguée, lui disais-je.

— Ryan m'a soufflé dessus à l'école. Il sentait le fromage et les chips aux oignons.

— Ah bon ?

— Oui. Et James m'a poussé.

— Il a fait ça ?

— Dans le couloir. Dans le couloir. Dans le couloir. Il a du jaune dans les oreilles, ça me dégoûte, je ne peux pas regarder.

Il me suivait partout. Quand je préparais le repas dans notre minuscule cuisine, George se tenait derrière moi et je butais contre lui. Quand je prenais mon bain, il s'asseyait à côté de moi, sur le WC. Quand je me brossais les dents le soir, il était juste derrière moi. La seule façon de le convaincre de m'oublier un peu c'était de le distraire. Parfois je suggérais une partie de cache-cache juste pour pouvoir m'étendre cinq minutes sous la couette. Et pendant que George inspectait toute la maison à ma recherche, je restais immobile dans l'obscurité en espérant qu'elle m'engloutirait.

Mais l'arrivée de Ben m'a enfin permis de souffler un peu. Pendant qu'il jouait avec George, je pouvais prendre quelques minutes et m'offrir un bain toute seule ou sortir dans le jardin pour détacher les fleurs fanées de mes rosiers. Et Ben, tout comme il comprenait ce dont George avait besoin, savait reconnaître mes accès de cafard, qui survenaient en général à la fin d'une journée fatigante. Quand George finissait par s'endormir, je restais quelques instants assise à son chevet pour m'assurer qu'il dormait vraiment et Ben sautait dans mon giron.

— Encore une longue journée, Babou ! soupirais-je en le caressant.

Il me regardait et se mettait à ronronner.

Le simple fait d'entendre ce ronron avait un effet étonnant sur moi. Un peu comme le bruit des vagues ou le ferraillement d'un train sur ses rails, régulier et apaisant. Toutes les mères se demandent si elles font ce qu'il faut, mais ces doutes et ces craintes qui nous assaillent sont encore plus minants quand on n'a personne à qui se confier. Les pensées se bousculaient dans ma tête les soirs où, assise à côté de George, je le regardais dormir, à la lueur d'une veilleuse. Mais le ronronnement de Ben sous mes caresses m'aidait à me sentir mieux. Un bruit à l'image de ce chat : une présence immuable et rassurante qui veillait sur nous, partageant nos rires et nos problèmes.

Quand j'étais sûre que George allait dormir quelques heures au moins, je descendais et faisais un peu de rangement, talonnée de près par Ben.

Assieds-toi un peu, Julia. Repose-toi. Le ménage peut attendre une demi-heure…

Alors, je m'asseyais, je faisais un câlin à Ben et je sentais ma tension se dissiper peu à peu.

Comment vas-tu ? Tu te sens mieux ? Tu me ferais encore un petit câlin ?

Ces quelques minutes de tranquillité avec Ben suffisaient souvent pour me calmer intérieurement. Au lieu de me préoccuper de ma santé ou de celle de George, des complications qui menaçaient à l'école, au lieu de me demander si le jour viendrait où il me laisserait le prendre dans mes bras et lui dire « je t'aime », je bavardais avec Ben et mes problèmes me semblaient un peu moins effrayants. Vous me trouvez peut-être un peu toquée ? Mais c'est ainsi que ça se passait.

Pourtant, le plus grand don que m'a fait Ben, c'est son amour pour George. Il était si impressionnant, qu'au début je n'arrivais pas vraiment à le comprendre. Je me demandais même si je ne l'imaginais pas pour me réconforter. Je ne comprenais pas comment faisait Ben pour trouver toujours la réaction adaptée envers son maître : quand il était un peu morose, Ben multipliait les cabrioles pour le revigorer et quand il était surexcité, il s'étendait très paisiblement jusqu'à ce que George s'assoie à côté de lui.

Mais j'ai progressivement appris à ne pas trop m'interroger sur leur lien, si mystérieux. Il était là et il révélait lentement mais sûrement une dimension profonde de George qui découvrait ce que c'est qu'aimer et s'occuper d'un autre être. Ben rendait bien à George l'amour que celui-ci lui portait. Quand nous étions assis ensemble sur le canapé pendant que George dormait en haut, Ben sautait sur mes genoux, posait ses pattes sur mes deux épaules et frottait sa tête contre mon menton – exactement ce dont j'avais besoin pour me sentir un peu mieux.

George est un garçon adorable, tu sais. J'ai pu découvrir sa gentillesse, c'est un compagnon de jeu formidable. On passe de très bons moments ensemble !

Ben incarnait deux personnages très différents mais tous les deux aussi importants pour nous : pour George, il était le compagnon de jeu qui le faisait sortir de sa gangue. Pour moi c'était l'ami rassurant qui me rappelait que même les jours les plus difficiles, la vie restait mon amie.

George et moi roulions en voiture. C'était un jour ensoleillé et nous nous dirigions vers Cranford, à quelques kilomètres de chez nous. Malgré la proximité de l'aéroport d'Heathrow, on s'y sent loin du brouhaha urbain, du fait de son grand parc où j'allais souvent étant enfant. Après avoir quitté la nationale, Papa descendait une petite route étroite menant à un pont surplombant une rivière le long de laquelle il garait la voiture. Il se tournait alors vers Tor, Nob, Boy et moi sur la banquette arrière :

— On y est, les enfants. On va voir lequel de vous en attrape le plus, OK ?

Et puis on sortait de la voiture, on se bousculait en descendant au bord de la rivière et on passait quelques heures à pêcher des têtards avant de jouer aux cow-boys et aux Indiens pendant que Papa et Maman restaient allongés dans l'herbe. Quand on en avait tous assez, ils nous appelaient pour compter les têtards avant de nous dire de les relâcher dans la rivière.

J'ai poursuivi ce rituel avec George pendant des années : quand il faisait beau, nous prenions la voiture et nous allions à Cranford chercher le petit bout de campagne qui avait survécu au milieu de tout le béton environnant. Mais ce jour-là nous devions d'abord faire quelques courses avec Maman, et George contemplait la forêt de Hounslow Heath pendant que nous la traversions.

— Autrefois, Ben vivait dans la forêt de Hounslow Heath avec Dick le Rebelle, nous dit-il.

— Vraiment ? m'étonnai-je.

— C'était l'endroit le plus dangereux d'Angleterre mais Ben n'avait pas peur. Dick le Rebelle, si. Ils traversaient des kilomètres de forêt dans le noir ensemble.

George ne se lassait jamais d'entendre l'histoire de Dick le Rebelle qui traversait la forêt à cheval avant de s'arrêter au pub Bell pour se désaltérer.

— Ben et Dick étaient amis ?

— Oui, ils avaient tous les deux un revolver.

Il regardait par la fenêtre.

— Mais la forêt a été dévastée, avec ce parking et tous les détritus. La plupart des arbres ont été arrachés et la circulation rend les arbres malades, il y a trop de gaz.

En grandissant, George était de plus en plus conscient des problèmes d'environnement et nous en parlions souvent ensemble : les nuisances causées par les sacs en plastique qui blessaient oiseaux et poissons quand ils se prenaient dedans, et l'attention envers les problèmes de déchets afin de ne pas abîmer encore plus la nature. George retenait absolument tout, les faits comme les chiffres. Je me suis garée devant la maison de Maman, il a jeté un coup d'œil à la caserne militaire, en face.

— Ben voudrait que je devienne soldat dans l'armée quand j'aurai dix-huit ans. Il pense que je serai un bon soldat. Il a été soldat et un bon soldat lui aussi, jusqu'au moment où il a fait la guerre. Mais tu sais, ce n'est pas facile de courir avec un fusil et de tuer des gens. Il ne tirait pas sur les gens.

Il n'aime pas tirer. Il tirait en l'air et ils s'enfuyaient tous.

— Où allaient-ils ?

— Il ne sait pas. Mais il a pris une balle dans le bras et une autre dans le pied. Ses bottes étaient explosées ! Il a un trou dans son chapeau. Il a perdu son meilleur ami qui était jeune et toute sa famille pleure.

— Ils pleurent de tristesse ?

— Oui. Il faut beaucoup marcher, cirer ses bottes, dormir dans une tente et rouler vite quand il pleut des bombes. Il faut se cacher dans des trous dans le sol. On ne peut pas s'engager dans l'armée quand on a un déficit chronique de l'attention. Moi je pourrais parce que je n'ai plus de déficit de l'attention, hein Maman ?

J'ai regardé George qui a détourné le regard.

— Tu vas beaucoup mieux maintenant, lui ai-je répondu. Tu es un bon garçon.

Il continuait à regarder par la fenêtre en silence, mais je voulais reprendre notre conversation, essayer de le faire parler parce que quand j'y arrivais le temps s'arrêtait. C'était toujours le cas quand nous nous perdions dans une discussion sans queue ni tête.

— Pourquoi Ben a-t-il quitté l'armée ? lui ai-je demandé.

— Il était musicien, il jouait de la trompette, me dit George. Mais il a été blessé et il n'y retournera pas parce qu'ils sont *boulot-boulot.*

George répétait souvent des mots – c'était une très vieille habitude.

— Il n'aime pas le jogging et il sait qu'à l'armée on ne le laissera pas tranquille même le week-end. Il n'est pas stupide. Il aime trop ne rien faire.

— Qu'a-t-il fait après la guerre ?

— Il a travaillé comme sentinelle à la caserne, poursuivit George, le regard toujours fixé sur les bâtiments militaires. Mais quelqu'un l'a appelé *Kitty Kitty* et il n'a pas apprécié. Son pistolet est devenu trop lourd et il l'a jeté. En tombant, un coup est parti. Quelqu'un est mort mais c'était un accident. Pas de crime, pas de meurtre. C'est pour ça que Ben habite avec nous maintenant. Gaaaarde à vous ! cria soudain George. En avant marche ! Une deux, une deux, une deux !

Il se mit à répéter ces ordres sans arrêt pendant que je descendais de la voiture pour déposer ses courses chez Maman.

— Voilà tes courses, lui criai-je.

— Tu prends le thé ? me demanda-t-elle en venant à ma rencontre.

— Non, il faut que j'y aille, George parle !

— Comment ça, George « parle » ?

— Je veux dire qu'il parle vraiment. Il me parle de Ben.

Je partis sans écouter la réponse de Maman et courus à la voiture où George psalmodiait toujours ses ordres. Il fallait que j'attire son attention une fois encore.

— Quand j'étais jeune, j'allais souvent en discothèque à la caserne, dis-je en haussant le ton.

George s'arrêta de crier.

— Je sais, dit-il. Tu étais gâtée. On te surnommait « le petit chef ».

J'éclatai de rire, mis le contact et démarrai.

— Regarde ce chat, là-haut dans l'arbre, dis-je en pointant un chat imaginaire que George et moi voyions réellement quand nous parlions. Pourvu qu'il ne tombe pas !

— Si, il va tomber. Ben le connaît. Il passe sa vie à l'hôpital. Il se casse la figure toutes les semaines. C'est un très mauvais grimpeur. Il s'arrange pour que sa mère appelle les pompiers chaque semaine. Il se prend pour un héros. Il aime attirer l'attention.

Peu après, nous tournions sur l'étroite route qui menait à la rivière de Cranford et entamions la descente familière dans le petit val.

— Grand-père disait toujours qu'on devait klaxonner en arrivant au pont pour que les gens sachent qu'on arrivait, dis-je de ma voix de chat. Et si quelqu'un klaxonnait quand nous pêchions, ça nous excitait parce qu'on croyait qu'ils nous disaient bonjour.

George n'ajouta pas un mot quand je ralentis à l'approche du pont, mais quand la voiture s'engagea dessus, il se redressa subitement.

— TUT TUT, T-U-U-U-T ! cria-t-il. On arrive ! On entend les poissons sous le pont. Ben connaît les poissons. Il traverse le pont à vélo. Mais il remet toujours les poissons à l'eau.

J'avais envie de rire de bon cœur, maintenant que George avait relancé la discussion. Il était vraiment en verve ce jour-là.

— Ah oui ?

— Oui. Lui et ses amis se retrouvent ici pour pêcher. Mais c'est toujours lui qui en attrape le plus. Son grand-oncle était un grand pêcheur. Les canards viennent le regarder pêcher. Ils veulent lui prendre ses sandwichs à la confiture. Son ami apporte des sandwichs au jambon, mais les canards préfèrent les sandwichs de Ben parce que ce sont des canards végétariens.

On éclata de rire ensemble, la tête renversée en arrière. Je garai la voiture à côté de la rivière.

— Il y a des fées qui habitent sous le pont, poursuivit George. Elles ne sortent de leur cachette que quand il n'y a personne. Le klaxon les fait sursauter. Elles peuvent voler et elles brillent très fort. Mais il faut bien regarder pour voir leur visage et leurs ailes. Elles rient tout le temps ou bien elles gloussent. Elles adorent le soleil. Ça les rend *joyeuses-joyeuses*.

J'aurais pris George dans mes bras et je l'aurais serré fort tellement j'étais heureuse de le voir aussi confiant. Tout se passait comme si nous étions dans notre propre monde ensemble et qu'il me guidait. Il me disait toutes les images et les pensées qu'il avait dans la tête, les fées, les soldats, le grand-oncle de Ben, les canards végétariens... tout ce qui en lui était si vivant, si réel.

Pas question d'en rester là.

— Est-ce que Ben a une barque sur cette rivière ? lui demandai-je.

— Bien sûr.

— Et que fait-il dans sa barque ?

— Les poissons sautent en l'air pour lui dire bonjour quand ils passent. Il y a des crapauds et des rats sur la berge et ils regardent de son côté pour lui dire bonjour. Ils adorent vivre ici, sans voiture. Tout est comme avant et silencieux. Ben s'arrête pour déjeuner et il partage son repas avec ses amis.

— Et qu'est-ce qu'il a dans son panier de piquenique ?

— Il ne voyage pas léger. Il a un grand panier marron plein de bonnes choses à manger. Confiture, biscuits, chips à la crevette, jus de framboise et plein d'esquimaux. Plus un grand thermos de thé. Il a aussi un grand tablier à carreaux rouges et blancs. Exactement comme celui de Maman.

— Vraiment ? dis-je en essayant tant bien que mal de ne pas bafouiller tant j'étais émue.

— Oui, reprit George. Le soleil brille sur la rivière et il regarde tous les grands saules pleureurs avec leurs branches dans l'eau. Ça tangue un peu parfois mais il chante de tout son cœur quand il descend la rivière comme ça. Il peut chanter si fort qu'il y a des échos dans la forêt. Il *chante-chante* en descendant la rivière tout doucement.

— Et qu'est-ce qu'il chante ?

— « Pourquoi ? », ta chanson.

Je restai muette de surprise. J'avais toujours aimé les vieux crooners comme Frank Sinatra et « Pourquoi ? », d'Anthony Newley, était une chanson que je chantais souvent à George, lui répétant les paroles à l'infini en espérant qu'il les entendrait et saisirait le message. Mais bien que je la lui aie chantée des dizaines de fois, il ne m'avait jamais montré qu'il l'avait comprise. Si j'aimais tant cette chanson c'est qu'elle lui disait tout ce qu'il avait besoin de savoir :

Je ne te laisserai jamais partir. Pourquoi ? Parce que je t'aime.

Je regardai George et retins ma respiration.

— Ben chante « Pourquoi ? » ? lui demandai-je sans rien laisser paraître.

George sortit de la voiture et marcha jusqu'à la rivière. Je le suivis.

— Oui, « Pourquoi ? »… la chanson que tu mets souvent dans la voiture… « parce que je t'aime ».

C'était la première fois que je l'entendais parler ainsi, et à cet instant précis j'ai tout oublié des angoisses et des difficultés que j'avais connues depuis toujours avec George.

— C'est vrai mon chéri, lui ai-je répondu,… parce que je t'aime.

Chapitre 11

George était si décidé à faire de son onzième anniversaire une double célébration pour Ben et lui que j'avais dû lui acheter une canne à pêche à laquelle était attachée une souris. Quand je lui avais expliqué que nous ignorions la date de naissance de Ben, il avait décidé que son grand jour serait aussi celui de Ben. Nous avions organisé une fête pour les deux copains dans le jardin et nous avions convié toute la famille, plus les trois cousins de George. Il avait insisté pour que j'achète un gâteau d'anniversaire au chocolat ainsi qu'un cake à la confiture parce que Ben aimait autant l'un que l'autre.

Ils étaient sur le gazon ensemble et George sortit une bombe de fil serpentin. Il avait toujours adoré ça et à chacun de ses anniversaires, je l'avais autorisé à en déverser absolument partout dans la maison, à volonté, pour le regretter ensuite pendant des jours, à mesure que je découvrais des débris de serpentin un peu partout. George adorait aussi les bombes surprises et on en ouvrait tant que le jardin était recouvert de cotillons de toutes les couleurs.

— Ben, tu es prêt ? cria George à Ben avec un clin d'œil.

Ben comprit le signal et se mit à balancer doucement la tête de droite à gauche, attendant le top du départ de la fête.

— C'est parti ! hurla George en appuyant sur le diffuseur de la bombe.

Le serpentin rose jaillit et Ben se lança à sa poursuite, lui-même poursuivi par George qui agitait la bombe dans tous les sens, et le serpentin qui volait au-dessus de leurs têtes. Ben sauta sur le trampoline suivi par George. En quelques secondes, le trampoline avait disparu, englouti sous une marée de mousse rose. Je ne pouvais plus m'arrêter de rire.

J'avais chaud au cœur de les voir tous deux s'amuser comme ça. Ben aurait tant voulu être un petit garçon qu'il avait pris l'habitude de grimper sur la table de billard que George avait reçue à Noël. Il suivait la partie, installé dans l'une des poches et chaque fois que Ben frappait dans une boule, il marchait jusqu'au milieu du tapis et donnait un petit coup de patte sur une boule. Il avait aussi décidé qu'il voulait s'exercer sur le tapis roulant qu'on m'avait offert parce que je ne pouvais pas laisser George seul à la maison, ne serait-ce que pour fréquenter un club de gym : dès que George montait dessus par jeu, Ben le suivait et marchait à son allure. Fous rires garantis encore une fois.

Ben trouvait toujours de nouvelles façons d'attirer l'attention et sa dernière trouvaille était peut-être la meilleure : quand il était venu vivre avec nous, au tout début, je l'avais ramené chez le vétérinaire pour des contrôles parce qu'il craignait que malgré l'ablation de sa tumeur, Ben ait peut-être développé un cancer. Chaque fois qu'il revenait de ces consultations, George était aux petits soins pour lui. Quand le véto nous avait annoncé que Ben était en pleine forme, nous avions poussé un grand soupir de soulagement et il n'y était plus retourné jusqu'au jour où j'avais remarqué une boule derrière son oreille. Le vétérinaire lui avait diagnostiqué un abcès qu'il avait percé, et quand Ben était rentré à la maison recousu et un peu abattu, George s'était transformé, une semaine durant, en infirmier modèle pour son ami. Mais j'étais à peu près certaine que Ben jouait la comédie pour se faire dorloter et attirer l'attention.

— Il a besoin de repos, me disait George d'un ton grave quand Ben avouait une légère baisse de forme.

Il l'installait alors sur le canapé, un coussin glissé sous sa tête.

George refusait que quiconque touche Ben s'il estimait son ami souffrant, et Ben était visiblement ravi de se faire envelopper dans des couvertures et caresser pendant des heures.

— Alors, Ben, on regarde un film ? lui demandait George, tu préfères *Shrek* ou *Garfield* ? Ou bien tu veux boire ?

Parfois, j'entendais Ben pousser des miaulements plaintifs comme s'il en avait assez de passer ses journées alité, mais il fallait en général plusieurs jours avant que George commence à se demander si Ben ne jouait pas un peu les malades imaginaires.

— Tu joues la comédie, Ben ? demandait-il. T'es sûr que t'es toujours malade ?

Chaque fois qu'il posait la question, Ben répondait par un *miaou* pitoyable et George reprenait ses sessions de caresses intensives. Il fallait encore quelques jours à Ben pour se sentir finalement rassasié de caresses et puis un beau matin, il se levait frais comme une rose.

Et ces après-midi d'anniversaires, je mitraillais les deux amis surexcités avec mon appareil photo dans le jardinet ensoleillé. Je voulais fixer leurs deux sourires extatiques pour toujours même si je savais qu'il y aurait encore beaucoup d'anniversaires à célébrer ensemble.

L'une des questions que la psychiatre posait le plus souvent à George concernait l'école.

— Que penses-tu du collège ? lui demandait-elle.

George refusait en général de répondre à cette question.

Chaque fois que nous quittions son bureau, George me disait qu'il la détestait mais ce qu'il détestait surtout, c'était les questions qu'elle posait sur le collège parce que tout changement représentait une terrible angoisse pour lui. Le passage de l'école primaire au collège en septembre 2007, quelques mois après son onzième anniversaire, allait être le plus grand changement qu'il ait connu de sa vie et il nous effrayait autant l'un que l'autre.

J'avais commencé à aborder cette question avec les experts presque deux ans avant le passage en sixième à cause de tous les arrangements que nécessite la scolarisation d'un enfant qui a des besoins spécifiques. Pour obtenir une place dans l'école adaptée, il faut multiplier les démarches et fournir une multitude de documents administratifs…

Il était pourtant évident que George n'aurait pas sa place dans un établissement classique, vu les problèmes qu'il avait rencontrés dans le primaire. Je passais des nuits blanches à imaginer ce qui l'attendait. Comment allait-il s'en sortir ? George avait été très déstabilisé quand Miss Proctor avait pris un congé maternité, comment allait-il s'adapter à cette nouvelle école avec tous ces camarades inconnus ?

J'avais une autre inquiétude : autant je savais que George ne pourrait s'intégrer dans un collège conventionnel, autant je mesurais les inconvénients de l'envoyer dans un collège pour enfants à problèmes. Il avait jusqu'alors été scolarisé avec des enfants « normaux » et je ne pouvais m'empêcher d'appréhender les conséquences de ce parcours marginal : il allait être étiqueté « différent » une fois pour toutes et il allait devoir assimiler des règles toutes nouvelles. Je redoutais que George ne dévale la pente que nous avions fini par gravir et je me demandais si une école pour enfants en difficulté ne risquait pas de lui rendre les choses plus difficiles encore.

George assistait à toutes les réunions et les discussions sur son cas et il devenait de plus en plus anxieux – chantonnant ou parlant sans fin à Ben de tout cela.

— Je veux aller dans une école normale, disait-il. Je ne veux pas d'une école spéciale. Je m'achèterai un livre et j'apprendrai tout seul.

Mais j'avais beau comprendre sa réaction, je savais qu'au bout du compte, le mieux pour George serait quand même d'intégrer une école spécialisée. Il avait rencontré tant d'obstacles dans le primaire – bagarres, incompréhensions, disputes sur les terrains de jeux et colères des parents qui le rejetaient parce qu'il leur faisait peur… Pour toutes ces raisons, George ne pouvait pas s'épanouir dans un tel contexte. Je sentais bien que cette inadaptation était la raison pour laquelle George ne savait toujours pas lire ni écrire correctement et malgré ses facilités en maths (il savait compter depuis l'âge de cinq ans et le compte était toujours bon quand il me rapportait la monnaie d'une course), je sentais bien qu'il ne s'en sortirait pas dans un collège normal. L'autre problème était que George avait besoin d'un collège dont il ne puisse pas sortir, non d'un collège où les élèves entrent et sortent librement, parce que son sens du danger était très déficient et il lui était déjà arrivé de quitter l'école sans crier gare. Un jour, je l'avais retrouvé par pur hasard, alors que je roulais avec Maman : j'avais aperçu un petit garçon blond qui marchait sur le bas-côté d'une grande route.

— Mais c'est George ! dis-je tout à coup.

— Ça ne peut pas être lui, ma chérie, il est à l'école, répliqua Maman.

— Eh ben si ce n'est pas lui, c'est un gosse qui lui ressemble comme deux gouttes d'eau.

J'ai ralenti pour mieux le voir. Ce petit garçon marchait le long du trottoir, sur la chaussée, frôlé par des voitures roulant à vive allure. En ralentissant je découvris avec stupeur qu'il s'agissait bien de George. J'étais furieuse qu'on l'ait laissé partir et à juste titre : voilà que je le retrouvais sur une nationale, au beau milieu de voitures et de gens, d'un monde extérieur qui lui restait si incompréhensible alors qu'il aurait dû être en sécurité dans son école !

— George ! ai-je crié par la vitre ouverte.

Mon cœur battait à tout rompre. Il m'a regardée.

— Tu vas où comme ça ?

— Au magasin.

— Tu ne devrais pas être à l'école ?

Pas de réponse.

— Je vais au centre commercial, tu ne veux pas monter ?

George monta dans la voiture. Ouf ! Je me demandais depuis combien de temps il errait seul dans les rues.

— Tu es parti quand de l'école, mon chéri ?

— Je ne sais pas.

Plus je réfléchissais à la meilleure école où envoyer George, moins j'y voyais clair. Pas facile de se décider quand on a porté seule un fardeau comme celui-là pendant tant d'années et que, tout à coup, une série de gens se mettent à vous abreuver de conseils. De plus, ma dernière consultation avec des psychologues avait un peu entamé ma confiance. J'avais pris rendez-vous parce que les problèmes de sommeil de George s'étaient aggravés : il faisait des crises de somnambulisme. Mais ce n'était pas un somnambule ordinaire. Il pouvait sortir tous ses Lego et les trier par couleurs ou prendre un paquet de cartes pour les classer – toujours endormi, mais les yeux ouverts ! Il avait ces accès toutes les nuits et quand je le voyais dans cet état, il me faisait presque peur, comme si j'avais vu un fantôme auquel je ne pouvais pas parler.

Les psychologues étaient au courant de la situation et au début du CM2, ils m'ont suggéré de consulter dans un centre spécial, au centre de Londres, qui aidait les enfants ayant des problèmes de sommeil et de comportement. Malgré mes réticences, j'acceptai ce nouvel examen. Le bâtiment du centre était assez agréable, grand, spacieux, aéré, on distribuait des lapins en peluche aux enfants et il y avait une grande pièce d'expression artistique où on les invitait à peindre des jouets aux couleurs vives soigneusement alignés sur des étagères. Puis on nous montra une pièce à George et moi dont les murs étaient rouges et bleus. On m'expliqua qu'il s'agissait d'une chambre de contention.

— Quand un enfant se débat ou porte des coups, on l'amène ici, me dit un homme. C'est le meilleur moyen de les protéger jusqu'à ce qu'ils se calment.

Je repensais à la réflexion d'un psychiatre : parfois, être parent, cela signifie prendre une décision difficile pour son enfant quand c'est mieux pour lui. Mais je n'étais pas sûre qu'elle avait en tête ce genre de mesures… Pouvais-je vraiment admettre qu'on empoigne George et qu'on l'enferme dans une pièce capitonnée ? Cette simple pensée me scandalisait. Je savais quels dégâts cela entraînerait. Quelques mois auparavant, George m'avait dit qu'une maîtresse l'avait enfermé dans un placard et bien que celle-ci ait nié, il semblait terrifié. George parlait sans cesse du placard obscur et de l'odeur de peinture, me disant qu'il était resté debout dans le noir les yeux fermés. Je savais qu'il lui arrivait d'interpréter des incidents innocents comme menaçants – il l'avait fait bien souvent avec moi. Mais en regardant cette chambre de contention, je compris que s'il était conduit ici de force, si doucement et professionnellement que ce fût, il ne s'en remettrait jamais.

Après qu'on nous eut fait visiter tout le centre, on nous conduisit, George et moi, dans la pièce où nous attendaient les spécialistes qui devaient l'examiner. Une fois encore ils semblaient sympathiques comme les psychologues le sont toujours, en apparence, et ils nous expliquèrent leur façon de travailler en nous vantant les bienfaits de leur thérapie pour des enfants comme George. Mais en le regardant se balancer, assis dans son fauteuil, faire craquer ses jointures et chantonner, je compris que cet endroit l'effrayait. Ma décision fut vite prise : pas question de le faire admettre dans ce centre. La psychiatre avait raison : être mère c'est savoir prendre les décisions vraiment difficiles et résister à tous les conseils professionnels que l'on vous donne si on ne le « sent » pas. Ce qui prime en fin de compte, c'est la relation à votre enfant : rien n'égale la vérité et l'instinct maternel. L'idée de faire violence à George m'était insupportable, même si quelques experts étaient convaincus que cela pourrait l'aider par la suite et en sortant du centre, je me promis de trouver d'autres moyens de l'aider. Maintenant que nous avions Ben, je savais que je finirais par trouver.

L'anxiété devant le monde extérieur restait l'un des plus gros handicaps de George et même Ben ne l'en avait pas complètement débarrassé. George était heureux à la maison, mais quand il sortait, le tableau se compliquait et les tics, les gestes compulsifs, le chantonnement continu en disaient long sur l'agression qu'il subissait et l'angoisse qu'il éprouvait. Quand George marchait dans le couloir de l'école, les enfants qui le frôlaient le « bousculaient ». S'ils s'approchaient trop, ils « essayaient de lui faire peur ». S'ils se léchaient les lèvres, ils lui « tiraient la langue ». Le meilleur moyen de l'aider à mieux affronter le monde extérieur consistait donc à multiplier, plus encore qu'avant, les sorties.

L'été qui précédait son entrée au collège, je l'ai donc emmené dans toutes sortes d'endroits ; à la plage de Bournemouth, au musée de cire de Madame Tussaud, à l'aquarium de Londres. Ça n'allait pas tout seul parce que George n'aimait pas toujours les gens que nous croisions et il n'était pas facile de le faire manger quand nous étions dehors. Le seul endroit de Londres où il aimait toujours aller était un café dans un jardin dont la patronne faisait les toasts exactement à son goût ; de plus elle les servait avec des gants, comme ça, il était sûr que personne ne les avait touchés. Mais j'avais réussi à le convaincre de manger dehors en lui préparant un déjeuner empaqueté et en m'assurant que personne ne s'approche assez près pour que son haleine risque de le contaminer. Et quand George se sentait noyé dans la foule, il se plaquait dans un coin et je me tenais debout devant lui, jusqu'à ce que les gens soient passés. Quand il se mettait en colère parce qu'il n'en pouvait plus, je le laissais vider son sac sans protester.

— Je te déteste, répétait-il, furieux, après s'être jeté par terre. Pourquoi tu m'as amené ici ?

J'attendais qu'il se calme assez pour le remettre debout. Je savais qu'il fallait que j'empêche George de trop se replier dans sa coquille. Mais si je me tirais assez bien de toutes les difficultés que nous rencontrions ensemble, les réactions des autres continuaient à m'affecter. Comme George n'avait rien d'un enfant anormal à première vue, les étrangers ne se privaient pas de faire des remarques à haute voix sur son compte quand ils estimaient qu'il se comportait mal.

— Comment sa mère accepte-t-elle qu'il se conduise comme ça ? C'est lamentable ! les entendais-je dire quand il était étendu par terre à donner des coups de pied et à hurler.

— Les parents d'aujourd'hui ne savent pas élever leurs enfants.

— Mais regarde-moi ce gamin, c'est un vrai monstre !

Un jour nous faisions un tour en barque dans un parc d'attractions, George était assis et il regardait autour de lui comme toujours, l'air grave et les mâchoires serrées. Un homme se pencha vers lui :

— Tu sais que tu as de la chance toi ? Ne prends pas cet air malheureux, j'en connais pas mal qui aimeraient être à ta place !

George fit celui qui n'avait rien entendu, mais j'étais désolée pour lui, j'en voulais aux gens d'être aussi péremptoires et... bêtes. Comment pouvaient-ils se permettre d'apostropher de cette façon un être dont ils ignoraient tout, sous prétexte que c'était un gamin de dix ans ?

Je craignais toujours les répercussions de ces incidents sur George et j'espérais qu'il garderait un bon souvenir des jolies choses que nous avions vues et des endroits où nous étions allés ensemble. Quand nous rentrions à la maison après tous ces regards et ces chuchotements déplaisants, je répétais à George que je l'aimais, comme pour le débarrasser de ces mauvaises impressions. Il ne répondait rien, mais il me bousculait en passant, ce qui était sa façon de me signifier qu'il avait entendu.

Il nous restait encore à résoudre le problème de l'école et quand Michael Schlesinger, le psychologue de George, me donna les noms de trois établissements auxquels il avait songé, je décidai de rendre une petite visite à chacun d'eux pour me rendre compte par moi-même. Le premier se trouvait dans un quartier du sud de Londres et Maman m'accompagna. L'endroit ressemblait à Fort Knox, on ne voyait que des placards et des portes fermées à clé, et à peine entrée, je compris que George ne pourrait pas se sentir à l'aise dans une telle école. Les profs semblaient très bien et ils contrôlaient parfaitement leurs classes. Mais quand un petit garçon voulut me serrer dans ses bras et qu'on l'en empêcha, sa façon d'éclater en sanglots me mit la puce à l'oreille. Je ne saurais dire exactement pourquoi, mais je savais qu'il ne fallait pas que George soit scolarisé dans cet endroit. Le deuxième établissement que je visitai ressemblait comme deux gouttes d'eau à celui-ci et je commençais à me demander si je finirais par trouver l'école que je cherchais pour George. Heureusement, ma troisième visite fut la bonne : c'était Marjorie Kinnan, une école située à Feltham, à huit kilomètres de chez nous.

Dès le premier instant, j'ai compris que c'était l'endroit idéal pour George. Marjorie Kinnan recevait des enfants plus ou moins lourdement handicapés. Ce n'était pas du tout un endroit triste, bien au contraire. Les pièces étaient claires, il y avait de la couleur partout et on comprenait en découvrant l'aménagement intérieur que celui qui en avait conçu les plans avait réfléchi aux moyens de rendre cet endroit le plus agréable possible pour les petits handicapés. Pas de grand hall où le bruit se réverbérait et qui les aurait effrayés, pas de pièces dans lesquelles ils auraient pu se sentir piégés. L'école était divisée en salles de classe et en espaces destinés à permettre aux enfants de se sentir parfaitement à l'aise. Il y avait aussi une salle de musique bourrée de matériel et d'instruments et une salle de jeux tapissée de matériaux moelleux et remplie de poufs. Les professeurs étaient silencieux et paisibles, et il n'y avait pas de salle de contention. L'ambiance était agréable, il y avait de la joie dans l'air, bref tout ce que je souhaitais pour George. Mais si l'endroit me plaisait, encore fallait-il que l'équipe pédagogique donne son accord pour qu'il y soit admis…

— Il y a une femme qui est venue me regarder aujourd'hui, me dit-il un jour.

Une prof de Marjorie Kinnan était venue l'observer dans son école primaire.

Il me raconta qu'il avait remonté son sweater au-dessus de sa tête et refusé de montrer son visage quand il avait compris pourquoi elle était là. Je me demandais ce qu'elle avait pu penser de George et je décidai de l'encourager de mon mieux.

— Elle n'est pas venue te regarder, lui dis-je. Elle est là pour observer les enfants qui sont ingérables, pas toi.

Quelques jours plus tard, je reçus la bonne nouvelle que cette femme était revenue voir George et qu'il avait été admis à Marjorie Kinnan. Mon petit mensonge cousu de fil blanc avait donc marché.

Chapitre 12

George était assis dans la baignoire et Ben dans le lavabo, surveillant son maître comme à son habitude. Il tenta d'assommer une guêpe qui voletait devant lui d'un coup de patte, mais la manqua.

— Tu es vraiment trop turbulent, lui dit George. Et tu es en retard dans ta scolarité. Tu ne parles pas aux gens, tu ne les aimes pas, tu n'es pas sociable. Mais tu n'as pas besoin d'aller à l'école, pas vrai ? Tu travailles en Chine !

Ses monologues avec Ben étaient pour George l'équivalent de mes tasses de thé avec Maman, une façon de s'expliquer avec la vie. Un jour, Ben était le gérant d'une boutique de la rue principale de Hounslow, le lendemain il travaillait en Mongolie-Extérieure. Mais dans les exposés fantaisistes de George, on retrouvait des bribes de ce qu'il apprenait à l'école. Il avait beaucoup parlé à Ben depuis qu'il avait commencé à Marjorie Kinnan parce que ses premiers mois là-bas avaient été durs et que George avait besoin de s'y retrouver. Tout était nouveau, les bâtiments, les visages, les odeurs, les voix, les lumières, les toilettes, même la hauteur des chaises, et vu le bouleversement de ses repères familiers, il n'était pas étonnant qu'il ait mal vécu ce changement…

Au début, Miss Worgan, la prof de George, m'avait dit qu'il était renfermé et peu coopératif. George refusait de la regarder et de travailler, de rester immobile sur sa chaise, de répondre aux questions. Je savais que les premiers temps seraient délicats, mais je fus assez contrariée d'entendre qu'il copiait les attitudes insolentes d'autres élèves de sa classe. George reproduisait des comportements qu'il avait abandonnés depuis longtemps, comme de pousser des cris d'animaux pour faire rire ses camarades. Je compris que je devais régler rapidement ce problème faute de quoi la situation risquait d'empirer.

— Tu dois arrêter d'imiter les autres et leur montrer qui tu es vraiment. À tes professeurs aussi tu dois montrer que tu es un garçon raisonnable et gentil, et si tu te conduis bien tes copains t'aimeront tout autant. Je suis sûre que Miss Worgan aimerait beaucoup connaître le vrai George, pas le sale gosse que tu joues, et je crois que Ben aussi préférerait ça.

— Ben aussi, tu crois ?

— Bien sûr. Ben te connaît, il sait que tu es le plus gentil garçon qui existe. Il voudrait que les autres te connaissent comme lui.

C'était déjà un progrès considérable que George et moi puissions avoir des conversations comme celle-ci. Quand nous avions commencé nos échanges en parler-chat, je me demandais si c'était une bonne décision d'encourager cette manière de parler, parce que je ne voulais pas qu'il cesse d'utiliser sa vraie voix. Mais avec le temps, il l'utilisait de moins en moins et me parlait normalement, notamment quand il voulait m'apprendre de mauvaises nouvelles en rentrant de l'école. Les mois passant, il s'était assagi et il était devenu très amical avec Miss Ward, son assistante scolaire. La seule chose que je savais d'elle au début c'est qu'elle « sentait le café », mais encore une fois, pour George, la plupart des adultes sentaient apparemment le café. Et puis il s'est mis à m'en dire plus à son sujet. Miss Ward lui racontait ce qu'elle avait fait pendant le week-end, lui parlait des endroits où elle passait ses vacances et George avait accroché avec elle parce qu'elle ne lui parlait pas comme à un enfant attardé. Quand elle lui apprit que son chien était mort, il en fut très touché.

— Miss Ward est triste, me dit-il un jour en rentrant de l'école.

— J'en suis sûre, elle devait beaucoup aimer son chien…

— Elle l'adorait. J'ai voulu lui dire que son chien était au paradis.

— Eh bien tu pourrais lui dire demain, si tu veux.

— Non, non, ça ne se dit pas, à personne.

— Et pourquoi ?

— Ça ne se fait pas, c'est tout.

George avait souvent bien du mal à dire tout haut ce qu'il pensait, mais le simple fait qu'il y avait songé était encourageant. Et Miss Ward n'était pas la seule personne à laquelle il montrait de l'affection. Avec le temps, George se fit connaître à Marjorie Kinnan comme un excellent camarade. Les enfants avaient des problèmes de toute sorte, des handicaps physiques ou intellectuels et certains étaient souvent cruels dans leurs remarques envers les autres. Mais George s'interposait souvent quand il estimait que l'un d'eux se montrait méchant envers un autre élève.

— Tu devrais te regarder dans une glace, dit-il ainsi à une fillette qui se moquait d'une copine.

Sa mère se plaignit de la remarque de George, mais pour ma part j'étais assez contente qu'il s'exprime ouvertement. Sa franchise lui avait valu quelques problèmes dans le passé, au moins il en faisait meilleur usage maintenant.

Miss Worgan, Miss Ward et tous les autres profs de Marjorie Kinnan étaient ce qui pouvait arriver de mieux à George. Ils prenaient le temps de discuter avec lui mais surtout leurs méthodes étaient diablement efficaces. Ils lui avaient donné de la pâte à modeler à malaxer pour l'aider à cesser de tapoter son bureau et à mieux se concentrer. Il avait sa table, sa chaise et son casier personnels, ce qui réglait le problème de sa crainte qu'on touche ses affaires. On lui permettait de se changer tout seul dans une salle avant les cours de sport et non dans le vestiaire avec les autres, ce qu'il avait toujours détesté. Les profs avaient même appris le grand art consistant à distinguer les moments où George était vraiment stressé de ceux où il essayait de les pousser à bout, ce qui signifiait qu'ils pouvaient hausser le ton ou le rassurer selon les cas.

À Marjorie Kinnan, chaque enfant était traité comme un individu et la patience que montraient les profs était payante : un déclic s'était produit dans l'apprentissage de George et il avait fini par s'intéresser à ce qu'on lui disait en classe. Ce fut très progressif et je compris qu'il ne fallait pas lui poser trop de questions et attendre qu'il décide de m'en parler. Ou d'en parler à Ben : à la fin de sa journée d'école, George montait dans sa chambre et s'asseyait à côté de Ben. Puis il sortait un livre et lui parlait en tournant les pages sous le regard attentif de son compagnon. Parfois, George racontait une histoire qu'il inventait en tournant les pages de son livre, mais il lui arrivait souvent d'essayer de lire le livre en question.

— Et aloooooooooooors… disait George le regard fixé sur la page.

Il lisait très lentement, beaucoup trop lentement, mais en les regardant, lui et Ben, par l'entrebâillement de la porte, je me sentais pleine d'espoir.

La combinaison de la présence de Ben à la maison et d'une école qui lui convenait si bien eut d'autres effets bénéfiques. George commença à vouloir prendre des décisions pour Ben, quand il fallait le nourrir, quand il était l'heure de jouer, et je me dis que cette attitude responsable était de très bon augure. Parler à Ben l'aidait beaucoup à exprimer et donc à apaiser ses inquiétudes. George était plus calme qu'avant.

— Tu sais qu'un jour il n'y aura plus de pétrole et que toutes les lumières vont s'éteindre ? disait-il à Ben. Tu sais que les cygnes se prennent les pattes dans des sacs en plastique et qu'ils en meurent ?

Ben l'observait d'un air grave, ses yeux brillant d'intérêt pour ce que son ami lui expliquait.

Non, je l'ignorais. C'est terrible, George. Je n'aime pas les cygnes parce qu'ils sifflent quand je m'approche, mais je ne leur veux pas de mal.

Autre sujet régulièrement abordé dans leurs discussions : les guerres en Afghanistan et en Irak.

— Il y a une guerre, disait George à Ben. Et des soldats qui meurent. Bang, bang ! Dans le sable, les gens se tuent. Il faut qu'ils arrêtent. Il faut supprimer les pistolets et les voitures. Les pistolets tuent les gens comme les voitures tuent les arbres.

Ou bien on regardait les nouvelles et George découvrait des images d'enfants devenus orphelins à cause des famines ou des maladies.

— Regarde les enfants, disait-il à Ben. C'est triste. Pourquoi est-ce que ça arrive ? Maman dit que ces gens n'ont même pas d'eau fraîche. On ne peut pas accueillir ces enfants ici, Maman ?

— Je ne suis pas sûre qu'ils pourraient tous tenir dans cette maison, lui disais-je.

— Mais on devrait les aider, non ?

— J'espère qu'on pourra.

— Moi aussi, Maman. Il faut aider les enfants-enfants.

— C'est ce que tu voudrais, George ?

Il me regarda comme si j'étais complètement folle.

— Bien sûr, Maman. C'est bien d'aider les gens. Tu ne le sais pas ? Je croyais que tout le monde savait ça.

J'étais sortie pour une heure et Maman gardait George. Comme il s'était plaint de maux de tête, elle était allée chercher le sirop que je donnais à George pour ses migraines, parce qu'il ne voulait pas avaler de cachets, mais quand elle avait essayé de lui en donner une cuillerée il avait eu un fou rire. Il ne pouvait plus s'arrêter. Au moment où Maman s'apprêtait à introduire la cuillère dans sa bouche, George avait bougé, faisant dévier la cuillère. Comme d'habitude, Ben, assis à côté, surveillait ce qui se passait, et voilà que son dos était maintenant enduit d'un liquide visqueux et que je courais derrière lui dans la cuisine pour essayer de le lui essuyer avec une serviette humide.

— Au moins il n'aura pas mal à la tête, s'esclaffait George.

Je n'avais vraiment pas de temps à perdre : nous donnions une fête pour Halloween, une grande fête, et les gens n'allaient pas tarder à arriver. George était déguisé en diable avec une cape rouge, des cornes et un maquillage assorti, j'avais enfilé une robe de mariée-zombie, et Ben ? Eh bien Ben portait son habituel smoking de gala, grâce à sa truffe et à sa cravate blanche, il n'avait donc pas besoin de s'habiller. Au moment où j'allais m'emparer de lui, il m'échappa encore une fois et je me demandais s'il s'imaginait que je jouais ou s'il avait décidé de n'en faire qu'à sa tête.

Les préparatifs étaient loin d'être terminés : nous voulions frapper un grand coup. J'avais une idée précise de la façon dont j'entendais célébrer Halloween en cette année 2008. Nous avions organisé une petite fête familiale l'année précédente et elle s'était si bien passée que cette fois j'avais imaginé les choses en grand. J'avais repensé aux après-midi de jardinage dans la résidence où nous habitions avant ainsi qu'aux soirées détente et jeux, et j'avais décidé d'inviter une foule d'amis et de relations.

J'avais toujours adoré les réceptions, que ce soient les fêtes d'anniversaire de mon enfance, quand Maman m'achetait une jolie robe, invitait tous mes amis et que le coca coulait à flots, ou les garden-parties organisées avec Michelle pour nos voisins et leurs enfants. Je ne peux m'empêcher de sourire en la revoyant danser sur des CD de Dolly Parton et moi d'Elvis, alors que tous les gosses nous réclamaient des trucs un peu plus modernes. J'adorais ces fêtes : acheter à manger, décorer, m'habiller, sortir tous les vieux CD, parce que quand la maison est remplie de gens qui s'amusent, je sais qu'il n'y a rien de plus agréable au monde. La vie est si prodigue en ennuis de toute sorte que des moments comme ceux-là, où nous pouvons tout oublier et nous amuser, sont vraiment indispensables. Quand je lui ai parlé de mon projet, George n'était pas très convaincu.

— Pourquoi n'invites-tu pas quelques copains de l'école ? lui dis-je. Vous allez bien vous amuser…

— Je ne veux pas.

— Allez George…

— Non !

— Je demanderai à Lewis de danser pour toi…

Si un argument pouvait le décider, c'était bien celui-là. Avec le temps, George s'était habitué aux fêtes parce que mes frères et sœur saisissaient toutes les occasions de se retrouver. Mais George avait une relation mitigée avec ces soirées. Certes, il adorait se préparer, décorer la maison, et organiser la fête. Mais au moment où elle commençait, il se réfugiait en général dans sa chambre, ou se terrait dans un coin, abasourdi par la foule et le bruit. Mais quand Lewis dansait, George oubliait ses craintes. Il regardait, fasciné, et voulait que tout le monde apprécie ce spectacle autant que lui.

— Baisse la musique ! criait George quand il avait décidé qu'il était temps que Lewis nous fasse une démonstration.

— Que tout le monde recule ! Lewis est le meilleur danseur du monde ! Il danse aussi bien que Michael Jackson. Il adore Michael Jackson ! Moi aussi.

Et quand tout le monde était assemblé en cercle, George appuyait sur le bouton de la stéréo, et Lewis se mettait à danser. Sa Zombie Walk n'avait rien à envier à celle de Michael Jackson dans « Thriller », et George battait du pied en rythme en regardant tout le monde admirer Lewis.

— Tu as vu comme Tor frappait dans ses mains quand Lewis dansait ? me demandait-il après. Boy a fait *Ouah !* à la fin, c'est ce que les gens disent quand ils ont aimé quelque chose.

Lewis dansait à toutes les fêtes et même si George retournait dans son coin et chassait les gens quand ils s'approchaient trop, j'étais heureuse qu'il ait trouvé un moyen d'être au centre de l'attention pendant quelques instants. Beaucoup de parents ayant des enfants comme George rejettent l'idée d'organiser une fête parce qu'ils estiment que leur enfant ne le supportera pas. Mais exactement comme savoir dire « s'il vous plaît » était important pour George, il devait comprendre que s'amuser faisait partie de la vie. J'avais toujours pensé que mon fils apprendrait en multipliant les expériences, et être à l'aise parmi les autres était l'une des expériences que je voulais lui faire découvrir. Vous devez maintenant avoir compris que je ne fais pas les choses à moitié, j'en ai donné la preuve lors de cette soirée. J'avais invité les voisins et les amis et tandis que maman s'affairait aux préparatifs dans la cuisine déguisée en morte-vivante, je pourchassais Ben dans toute la maison. Nob, Tor et son mari Del, Boy, Sandra et les enfants étaient de la partie. Arthur, qui avait déménagé de la résidence avec sa mère quelques mois auparavant, et que nous ne voyions donc plus très souvent, fut aussi invité. Les invités d'honneur étaient cinq camarades de classe de George. Je savais que, exactement comme lui, ils n'iraient pas faire le tour des voisins pour obtenir des bonbons, et qu'ils ne seraient pas invités aux fêtes que la plupart des enfants organisaient, j'avais donc voulu leur offrir ce souvenir de Halloween qu'ils n'oublieraient jamais. Une fois cette décision prise, ce qui s'est passé ensuite était ce qui se passe en général avec moi : je ne sais plus m'arrêter. Le rez-de-chaussée de la maison avait été entièrement métamorphosé, mais au lieu de l'égayer, je l'avais transformé en lugubre maison hantée. Je voulais que les gens aient l'impression de pénétrer dans un autre monde dès le moment où ils franchissaient le seuil. Après avoir cherché des idées sur Internet, j'étais tombée sur un site américain où l'on vendait tout pour Halloween, et même si je savais que les Américains font souvent les choses en grand, l'inventeur de ce site avait frappé fort : il avait suspendu des cadavres en carton-pâte à la façade de sa maison, il avait même construit ses propres cercueils ! C'était prodigieux. Même si je devais me limiter dans ma décoration, pour cause de budget serré, il y avait une chose sur son site que je voulais absolument.

Cet homme fabriquait et vendait des maîtres d'hôtel, des personnages d'un mètre quatre-vingts d'un réalisme frappant, qui ressemblaient un peu à Herman, le personnage de la famille Addams. Il les avait habillés en serveurs, avec des mains rigides capables de tenir un plateau et une voix enregistrée comme celle des poupées qui parlent, si ce n'est que la voix de ses maîtres d'hôtel n'était pas mignonne mais effrayante. Ils étaient si parfaitement exécutés que j'ai décidé de m'en procurer, mais cela supposait que toute ma décoration soit à la hauteur. Me les faire expédier était beaucoup trop cher, mais j'en ai heureusement trouvé deux à proximité sur Internet, je les ai commandés et j'ai décidé de fabriquer moi-même les supports.

J'ai commencé par réaliser des pierres tombales en polystyrène que j'ai peint en gris, puis j'ai modelé des formes en grillage et je les ai habillées de vêtements lacérés pour reproduire des morts-vivants. Leur tête était faite à partir de masques de sorcières bourrés de papier mâché et j'avais acheté des bottes de foin que j'avais disposées dans l'allée et coiffées de citrouilles. Les morts-vivants étaient suspendus à la façade de la maison, et j'avais ajouté des squelettes gris, des manches à balai et des araignées, sans oublier une machine à fumée, de sorte que quand les gens arrivaient, ils devaient traverser un cimetière brumeux et passer devant une guillotine où j'allais prendre des photos de tous les invités. Bien sûr tout ça m'avait coûté pas mal de sous, mais ma famille, toujours prête à soutenir mes initiatives, m'avait une fois de plus généreusement aidée.

Dans l'après-midi, Maman était venue décorer le salon, et nous avions suspendu des toiles d'araignées, des araignées, et des chauves-souris sur les murs de la maison. Enfin, grâce aux abat-jour en forme de citrouilles que nous avions disposés sur toutes les lampes, la maison baignait dans une lueur orange vraiment macabre !

George avait l'air sidéré quand il revint de l'école et qu'il découvrit ce que nous faisions.

— Elle débloque, hein ? dit-il à Maman en me montrant du doigt. Pourquoi faire tout ça ? C'est vraiment trop !

— Je sais, mon chéri, répondit Maman. Mais c'est ta mère, et elle est comme ça depuis qu'elle est toute petite. C'est une rêveuse.

George avait raison. Je m'étais tellement laissé entraîner que j'avais annexé le jardin à mon ambiance cauchemar en y installant une pierre tombale sur la pelouse, en transformant le cabanon en maison hantée avec des seaux remplis de sciure, de haricots blancs et de terre. Mais j'étais décidée à offrir à George et ses copains la soirée de leur vie et j'espérais bien que même s'il ne semblait pas convaincu, il finirait par se dérider.

J'étais assez nerveuse, pourtant, à mesure que la maison se remplissait et que tous les copains de George arrivaient, sans oublier la famille, les amis et les voisins. Tout le monde avait un look génial : Lewis en pirate des Caraïbes, Wendy, Kayleigh et Sandra en sorcières, Tor jouait les fantômes, Boy était couvert de chaînes. Nob par contre avait gardé son jean parce que nous avions tous protesté contre son projet de se déguiser en

Michael Myers, le monstre du film *Halloween*, qui risquait de faire vraiment peur aux enfants.

George resta silencieux au début, malgré le fait que dès l'arrivée des premiers invités, Ben s'était mis à cavaler dans toute la maison comme si c'était sa fête personnelle… Il passait entre les jambes des uns et des autres, trottinait sur les pierres tombales et bondissait dans les seaux à surprises. En le voyant si joyeux, George se détendit peu à peu. Il se mit à manger des bonbons et des hot-dogs avec ses amis, à danser un peu sur la musique et même à aller regarder les tombes. L'un de ses copains était si excité par toute cette atmosphère, qu'il se mit à me frapper frénétiquement avec son épée en plastique, spectacle qui donna un fou rire à George.

Des dizaines d'invités nous avaient envahis, les gamins qui faisaient le tour du quartier venaient nous extorquer des bonbons et la maison débordait de gens, à tel point que des policiers vinrent sonner à la porte. Ils avaient entendu parler de nous parce que des voisins m'avaient vue préparer la fête. Ils avaient apporté un seau de bonbons et un photographe du journal local les accompagnait pour prendre une photo des enfants. Ces bobbies en train de manger des hot-dogs furent le clou de la soirée et les retraités des bungalows voisins accompagnés de leurs petits-enfants en profitèrent pour nous rejoindre. Tous étaient les bienvenus et bien sûr la soirée se termina par une démonstration de Lewis exécutant « Thriller » avec son brio habituel.

J'étais surtout très heureuse que George ait activement participé à la soirée et bien qu'il en ait peu parlé au début, la semaine suivante, après l'école, il me dit qu'il en avait été question en classe.

— Miss Worgan a dit que ça avait l'air génial. On va en parler en assemblée.

— Vraiment, mon chéri ?

— Ouaip.

— Tu pourrais leur dire que j'ai fait des fausses tombes et que tu portais une cape rouge ?

George me jeta un regard songeur.

— On le fera encore l'an prochain ?

— Oui, en plus grand.

Ben, assis sur les genoux de George, poussa un miaulement satisfait et je le regardai. Il avait adoré la soirée et bien que George ne réponde plus rien, je commençais à me dire qu'il l'avait sans doute appréciée lui aussi.

Après la journée que nous avions passée ensemble à Cranford, George s'était mis à souvent prononcer le mot « amour ». Parfois quand je lui demandais d'arrêter de faire quelque chose de mal, il arborait un grand sourire malicieux.

— Tu sais que Ben t'adore, hein Maman ? me dit George en pouffant de rire. Il t'aime ou non ? C'est oui ou c'est non ? Il est d'accord ou pas ? Je vais lui demander.

Ou bien j'étais au téléphone avec Maman et il me criait, du haut de l'escalier :

— Je t'aime, Mamie !

— Tu as entendu ? demandai-je à Maman, tout excitée.

Il ne disait à aucun de nous en face « je t'aime », mais quelle importance ? Le simple fait d'entendre George parler d'amour dépassait mes espérances et chaque fois qu'il prenait Ben dans ses bras, l'embrassait, le caressait, le dorlotait, il montrait tout l'amour dont il était capable. Mais George ne parvenait toujours pas à en faire autant avec moi. Nos grands moments de proximité et de tendresse restaient ceux des jeux un peu brutaux, comme ç'avait toujours été le cas depuis qu'il était petit. Quand il luttait avec moi au sol, qu'il approchait son visage du mien, faisait semblant de me terrasser, j'étais heureuse qu'il se sente assez à l'aise pour se conduire ainsi. Tous les garçons de son âge ont besoin de jeux un peu rudes et j'avais assez souvent vu mes frères se bagarrer quand ils étaient jeunes pour l'avoir compris. Et comme George n'avait ni père ni frères pour jouer avec lui, c'était avec moi qu'il jouait à se bagarrer. Je voulais qu'il puisse se défouler en oubliant les règles qu'on lui inculquait à longueur de temps, aussi bien à la maison qu'à l'école.

Ces bagarres simulées étaient le moyen qu'avait trouvé George d'avoir un contact physique avec moi et je riais de bon cœur chaque fois qu'il me rentrait dedans – même si c'était parfois un peu dur –, savourant ce moment jusqu'à ce qu'il décide qu'il en avait assez du contact et qu'il me repousse en me disant que je sentais mauvais ou que j'avais de drôles de poils, ce qui finissait toujours par se produire : George était toujours débordé par ses perceptions sensorielles et il battait en retraite. Mais ces jeux lui permettaient de montrer son affection pour moi et j'adorais ça.

Son autre jeu favori consistait à faire semblant d'être un chat. Il le faisait si souvent que j'avais presque cessé de le remarquer. George se mettait à quatre pattes et il ronronnait comme Ben ou il imitait sa façon de marcher. Mais quand il se mit à se frotter contre mes jambes ou à s'asseoir à côté de moi sur le canapé en faisant le chat, je compris que quelque chose avait changé. George ne me laissait pas lui prendre la main, mais il essayait de trouver une façon de s'approcher de moi. Je ne réagissais pas, je faisais comme si de rien n'était, pourtant le besoin de l'embrasser et de le caresser était exactement aussi fort qu'avant. J'avais appris à le refouler avec le temps, mais quand je voyais des mères prendre leur enfant sur les genoux et le serrer contre elles, je sentais un pincement au cœur de n'avoir jamais pu en faire autant avec George.

C'est sans doute pour cette raison que quand il m'a touchée pour la première fois, je me suis interdit de trop y penser. Comme si j'avais peur de reconnaître ce qui était en train de se passer, au cas où cet épanchement resterait sans suite. C'était un soir comme les autres. J'étais assise à un bout du canapé et George à l'autre, tandis que Ben s'étirait, plaqué contre le torse et les épaules de son maître qui le caressait. Après un long câlin, Ben sauta par terre et se dirigea vers la porte pour nous indiquer qu'il voulait sortir et je lui ouvris pendant que George jouait par terre. Mais quand je me renversai sur le canapé, George se mit à ramper vers moi. Je n'y fis pas très attention jusqu'au moment où je compris le sens de sa manœuvre. Sans un mot, George m'enjamba et s'allongea sur moi de tout son long exactement comme Ben était allongé sur lui une minute plus tôt. Je ne parvenais pas à croire ce que j'étais en train de vivre.

Je ne bougeai pas un muscle pendant que George frottait doucement son visage contre le mien, de crainte de faire un geste qui l'effraie. Jamais le contact physique n'avait été aussi intense. Je sentais le poids de son corps sur moi et je ne voulais surtout pas gâcher ce moment si rare.

— Ben a été lutteur de sumo japonais.

— Tu es sûr ?

— Oui. Il a aussi fait du karaté et du kick-boxing. Il est ceinture noire, je le sais. Il a remporté le titre de meilleur karaté-chat mais il a refusé le trophée parce qu'il n'est pas un chat.

Je ne savais pas très bien quoi faire. Je soulevai ma main et passai doucement mes doigts dans ses cheveux. Si je le caressais comme il avait caressé Ben, peut-être qu'il se laisserait faire ?

— Tu as beaucoup de cheveux sur la figure, fit George.

Je cessai de le caresser, craignant qu'il ne soit sur le point de se lever. Mais il ne bougea pas. Il resta allongé sur moi et je restai complètement immobile afin de ne pas l'effrayer. Son visage était si près du mien que je sentais son souffle effleurer ma joue.

— Ne bouge pas tes cheveux contre moi, intima George, je n'aime pas tes cheveux.

— D'accord, George.

— Ne me fixe pas, je n'aime pas ça.

— Promis.

J'abaissai les yeux tout en enfonçant mes doigts dans les cheveux de mon fils et en écartant une mèche de son front. J'avais si souvent rêvé d'une proximité physique comme celle-là… Pouvais-je enfin m'abandonner à mon bonheur ?

— Ben trouve que Buster n'a aucune éducation, dit-il.

Je souris en pensant au chat tigré, ce pique-assiette auquel Ben vouait une haine inexpiable.

— Mais, poursuivit-il, c'est parce que Buster vit dans la rue qu'il n'a aucune éducation ; Ben oublie qu'il a été SDF et qu'il mangeait des déchets dans les poubelles…

Je pouffai de rire et je soulevai la tête pour regarder George. Je ne pouvais m'en empêcher. Mais cette fois, il me rendit mon regard avec ses yeux d'un bleu si lumineux.

— Ben a parcouru le monde afin de pouvoir aider les autres chats, dit-il.

— Où est-il allé ?

— Il a passé ses vacances à Chypre.

Recourbant mes doigts, je lui grattais doucement la tête. Ses cheveux étaient doux, son corps complètement détendu, il se laissait aller contre moi.

— Il faisait chaud à Chypre quand Ben y était ? lui ai-je demandé.

— Oui, les chats passaient la journée à la piscine tellement il faisait chaud. Ben peut supporter une température de cinquante degrés !

J'enroulais ma main autour de son oreille avant de caresser doucement son nez, en faisant bien attention de ne pas exagérer. Soudain, il se redressa.

— Je vais aller chercher Ben, dit-il en se levant.

Il sortit dans le jardin.

— OK, George, répondis-je tandis qu'il s'éloignait.

Je restai complètement immobile, bloquant ma respiration. Serrer mon enfant contre moi, sentir son corps contre le mien après onze années de bras vides, était un pur et simple miracle.

Chapitre 13

Ma fête de Halloween remporta un tel succès que l'association locale pour le logement en entendit parler et me contacta pour me demander si je serais intéressée par une activité de bénévole chez eux. Ils disaient vouloir me former pour que j'organise des événements pour la collectivité et qu'à terme je serais rémunérée. Je fus si heureuse de l'aubaine que je remplis les formulaires qu'ils m'envoyèrent où je devais énumérer les raisons pour lesquelles ils devaient m'engager. Puis je fus convoquée devant un comité de messieurs en costumes gris et je paniquai. De qui est-ce que je me moquais ? Organiser des événements pour aider les exclus du système à retrouver leur place dans la communauté était sûrement le travail le plus intéressant que je pouvais imaginer, mais ce n'était pas mon monde. J'avais eu trois boulots depuis la naissance de George, je travaillais à plein-temps pour lui, jour et nuit, comment aurais-je pu assumer en plus un travail à l'extérieur ?

Mais la prochaine fête de Halloween était encore bien loin et je ne voulais pas attendre si longtemps pour exprimer ma nouvelle passion. Et le destin, juste à ce moment, me donna un coup de pouce, comme c'est souvent le cas, sous la forme d'une lettre des responsables de Marjorie Kinnan. L'école lançait une souscription pour acheter un nouveau minibus et demandait aux parents de lui apporter leur concours. C'était exactement ce que j'attendais. Je me mis à réfléchir à ce que je pourrais inventer : une soirée de chants de Noël ? Non, j'avais toujours chanté faux comme une casserole. Une patinoire ? Non, c'était un peu surdimensionné, même pour moi. Et puis j'eus un déclic : transformer la maison en décor de Noël féerique. Il fallait donner aux petits comme aux grands l'impression qu'ils étaient transportés l'espace d'un instant en Laponie et qu'ils allaient rencontrer le Père Noël en personne.

Il y aurait des lumières et de la musique, des rennes et de la neige. Beaucoup de gens du coin n'avaient pas assez d'argent pour emmener leurs gosses voir un Père Noël dans un centre commercial parce que ça coûtait trop cher, mais je pouvais récolter un peu d'argent pour Marjorie Kinnan en créant un décor de fête à deux pas de chez eux et en leur demandant de donner ce qu'ils pouvaient. Quelle que soit la somme récoltée, l'idée était tentante parce qu'au moins les habitants de Hounslow passeraient une soirée de fête avec leurs enfants et je voulais faire quelque chose, si modeste que ce soit, pour remercier les profs de Marjorie Kinnan de leurs efforts pour George. Ma féerie de Noël resterait ouverte tout le mois de décembre pour permettre aux gens de revenir aussi souvent qu'ils le voudraient…

J'ai toujours adoré le soir de Noël. Quand nous étions petits, Papa, debout au pied de l'escalier, nous appelait pour venir déballer nos cadeaux et mon cœur battait follement tandis que je me précipitais avec Nob, Tor et Boy, dans une bousculade effrénée – c'était à qui arriverait le premier en bas. Puis, en vieillissant, j'avais appris à aimer Noël encore plus parce que je faisais durer le plaisir des semaines, m'activant à décorer, à faire des courses, à emballer des présents et à envoyer des cartes.

Mais pour George, Noël était un moment à la fois heureux et difficile. Il était heureux parce qu'il adorait ces préparatifs et prenait autant de plaisir que moi à décorer la maison. De plus, il avait amassé une énorme collection de jouets qui chantaient des chants de Noël, jouets qu'il disposait toujours bien en vue. Il en avait de toute sorte, qu'il s'agisse du renne, du bonhomme de neige ou des trois petites souris en habits de Noël, ou encore d'un pingouin attifé en Père Noël, qui lui aussi chantait. C'était une indescriptible cacophonie quand il les faisait tous fonctionner en même temps, mais George adorait ces jouets et rien ne me rendait heureuse comme son visage extasié pendant ce concert impossible ! Mais le jour de Noël ça se compliquait parce que George se dérobait toujours aux attentes qu'il sentait autour de lui. Elles le mettaient mal à l'aise, tant de pression pour cette seule journée alors qu'il aimait que tous les jours se ressemblent...

Tant et si bien qu'avec le temps, j'avais appris à ne pas trop privilégier le jour de Noël et à le traiter comme n'importe quel autre jour. Il arrivait à George d'ouvrir les cadeaux qu'il avait reçus, mais le plus souvent il ne les ouvrait pas. J'avais un placard rempli de paquets encore emballés que j'avais accumulés année après année.

En essayant d'imaginer ma féerie de Noël, je me demandais comment George réagirait. Je savais qu'il avait aimé Halloween mais les invités étaient presque tous des proches et des amis qu'il connaissait alors que ma féerie allait attirer beaucoup d'étrangers à la maison. Ce serait difficile pour George mais après y avoir pas mal réfléchi, je décidai de l'organiser quand même. Je tenais beaucoup à cette fête et George pouvait décider d'y participer ou non, comme il le sentirait. S'il se sentait débordé, je m'arrangerais pour lui ménager des pauses où il jouirait seul du spectacle avec Ben.

Plus je pensais à mon décor de fête, plus je m'en faisais un tableau précis. Exactement comme je l'avais fait pour Halloween, j'allais bâtir un petit monde dans lequel les gens se perdraient. Soir après soir, je faisais des plans détaillés et les idées affluaient. Le point crucial était les éclairages parce que les lumières sont les stars de Noël, ce sont elles qui donnent éclat et panache à la fête. Beaucoup de gens décorent la façade de leur maison de guirlandes électriques, Pères Noël clignotants, rennes en néon et constellations scintillant dans la nuit – et j'adorais ces décorations. C'est comme une carte de Noël qu'on adresse à tous ceux qui passent devant chez vous.

J'avais accumulé des guirlandes électriques et autres décorations depuis que nous avions emménagé dans cette nouvelle maison, mais pour ma féerie, cela ne pourrait absolument pas suffire. Notre petite allée allait devoir donner le ton de ce qui attendait les gens, et pour les attirer il fallait frapper fort. Ma première tâche consista donc à trouver les bonnes lumières, les étoiles, les cloches, un sapin et un train de Noël, ainsi que des guirlandes lumineuses pour décorer les arbres et la façade de la maison, et malgré mon budget serré, j'ai trouvé sur eBay à peu près tout ce qu'il me fallait. J'ai aussi décidé de border l'entrée et l'allée d'une myriade de guirlandes sans penser un instant à la facture d'électricité – dans mon enthousiasme, je l'ai complètement oubliée !

Mon pays enchanté avait aussi besoin d'une attraction principale et je voulais que ce soit un traîneau. Quand mon amie Sarah m'a dit que son père, un homme charmant, était menuisier de son métier et qu'il pouvait m'aider, j'ai donc sauté sur l'occasion. Je lui ai donné une esquisse du traîneau de mes rêves, assez grand pour contenir douze personnes, mais j'ai revu mon dessin après avoir découvert que le bois, à lui seul, allait me coûter cinq cents livres ! Nous étions à Hounslow après tout, et pas chez Harrod's… Finalement, Simon m'a construit un traîneau où deux enfants pouvaient prendre place, afin qu'on les prenne en photo et très généreusement il ne m'a rien demandé pour le temps passé à le construire. Il avait fait un si magnifique travail que quand je suis allée chercher le traîneau, il a fallu que je l'étrenne avant de me précipiter chez moi pour le peindre en rouge et or avec Maman.

Le traîneau devait être tiré par un renne, bien sûr, et une fois encore je dus faire preuve d'invention. Après avoir acheté des rennes, en fait des armatures en fil de fer recouverts de guirlandes de Noël, je leur confectionnai à chacun une veste, un chapeau et un foulard afin qu'ils aient un peu plus l'air de rennes « officiels ». Puis j'éparpillai de la paille autour de leurs pattes et je posai deux seaux à côté d'eux, l'un rempli de fourrage afin que les enfants puissent les nourrir et l'autre de sable, le sable magique du Père Noël qui servirait à réveiller les rennes quand ils devraient aller livrer les cadeaux…

Le dernier objet auquel je tenais était une boîte aux lettres de la poste parce que rien ne fait plus plaisir aux enfants que de poster une lettre au Père Noël dans laquelle ils énumèrent leurs vœux. Ce ne pouvait être une boîte postale en plastique parce qu'aucune de celles que je voyais dans les magasins n'était assez belle pour être digne du Père Noël. J'ai donc trouvé sur Internet un homme qui en fabriquait à partir de bombes aérosols qu'il peignait pour obtenir des boîtes plus vraies que nature. Quand elle arriva, ma boîte aux lettres n'avait donc rien à envier à celles des postes royales britanniques. Il ne restait plus à imaginer que les déguisements *ad hoc*. J'allais prendre des photos de tous les enfants qui viendraient afin qu'ils gardent un souvenir de cette soirée et je voulais qu'ils soient habillés en bonshommes de neige, en elfes ou en princesses des neiges. Il y aurait aussi un habit de Père Noël pour les papas, s'ils le voulaient, ainsi qu'une cape de Noël pour les animaux domestiques qui participeraient à la soirée.

Les jours qui précédèrent la grande soirée, toute la famille était réquisitionnée pour m'aider à installer les éclairages, sans oublier Wendy et Keith. Ben trottinait autour de nous, tentait d'escalader le sapin de Noël, et s'emmêlait les pattes dans les fils électriques. À l'instant même où je dévoilai le traîneau, il sauta aussitôt dedans, et je dus le faire déguerpir sur-le-champ afin qu'il ne laisse pas de marques de griffes sur la peinture. Il poussa un *miaou* de colère quand il fut prié de sortir dans le jardin plutôt frisquet. Pour lui, la fête commençait mal !

Pourquoi n'ai-je pas le droit de monter dans le traîneau ? C'est Noël ! J'ai envie de m'amuser !

George était un peu dépassé par les événements.

— Tous ces enfants vont casser le traîneau ! ne cessait-il de me répéter. Je ne veux pas qu'ils viennent !

— C'est pour ton école, lui ai-je dit pour le rassurer. Pense au minibus, aux formidables excursions que vous ferez une fois que l'école l'aura acheté. Pour ça, il faut des sous ! Si tu ne veux pas voir ces enfants, tu n'es pas obligé. Tu peux rester tranquillement à l'intérieur au chaud avec Ben, et jouer avec lui.

J'espérais seulement que George se sentirait un petit peu plus à l'aise avec notre féerie de Noël quand il verrait toute la décoration terminée. Les éclairages de Noël allaient sans doute l'aider, une fois allumés, sinon il faudrait que je demande à Lewis de sortir danser « Thriller » sur l'allée tous les soirs…

Quelques jours plus tard, une fois les préparatifs enfin achevés, je sortis contempler le résultat dans le jardin avec Maman. George nous suivait à quelques pas et Ben me surveillait attentivement au moment fatidique d'appuyer sur le bouton.

— Trois, deux, un, zéro ! égrena Maman avec un large sourire. Soudain la maison s'illumina comme un sapin de Noël. Il y avait tant de lumières rouges, vertes, blanches, que pendant quelques instants je craignis que les avions qui passaient au-dessus de nos têtes ne prennent mon allée pour une piste d'atterrissage de l'aéroport d'Heathrow, tout proche !

— Ça brille ! fit George avec un hoquet en contemplant la scène.

Ben aussi semblait sidéré : il scrutait mon décor à travers la mince fente de ses paupières.

C'est génial ! Magnifique ! Et le Père Noël quand est-ce qu'il arrive ? J'ai hâte de le voir…

Ben descendit de l'arbre à fond de train, courut vers nous, et se mit à onduler entre nos jambes comme une anguille. Il miaulait sans arrêt, tandis que nous contemplions ma féerie, et j'éprouvais la même excitation que lui. Le grand moment était enfin arrivé, la fête pouvait commencer, tout était fin prêt ! J'avais même acheté une bombe de neige artificielle pour la touche finale : pas de véritable féerie de Noël sans ces quelques flocons !

Je contemplais ma création, et décidai que si je n'arrivais pas à récolter un peu d'argent pour Marjorie Kinnan, je n'aurais plus qu'à manger le bonnet du Père Noël !

— Je rentre à l'intérieur, fit George qui s'éloigna, suivi de Ben.

J'aurais préféré que tous deux restent un peu plus longtemps dehors avec Maman et moi. Je voulais tant que George s'amuse ce soir…

— Tout va très bien se passer, Ju, fit Maman tandis que j'emplissais de paille la mangeoire de mon renne.

Je jetai un coup d'œil circulaire. Il était seize heures trente et la nuit était tombée. Les étoiles scintillaient au-dessus de nos têtes, chaque expiration dessinait un panache de buée blanchâtre devant nous. J'avais placardé des affichettes dans tout le quartier pour annoncer aux gens que nous ouvrions ce jour-là, mais qui allait venir ? Je n'en avais aucune idée.

— Je prépare du thé, annonçai-je à Maman.

Les deux heures suivantes se passèrent à attendre qu'on toque à la porte et à remplir la théière d'eau bouillante. Étais-je allée trop loin cette fois ? Les gens avaient-ils décidé que j'étais complètement timbrée ? Une chose est d'organiser une petite pêche aux pommes ou une partie de base-ball pour les enfants. Mais ma féerie de Noël un peu extravagante n'allait-elle pas faire un grand flop ?

Kayleigh, la fille de Wendy, attendait impatiemment avec nous les premiers visiteurs. Elle était si excitée par le résultat de nos efforts qu'elle avait insisté pour nous aider. Je l'avais donc déguisée en elfe, un rôle qu'elle prenait très au sérieux. Kayleigh avait pour mission d'installer les enfants dans le traîneau afin que je puisse me concentrer sur mon travail de photographe. Quant à George, il devait faire office d'habilleur et leur passer les costumes.

Pendant que nous bavardions avec Maman de tout autre chose que de ma féerie de Noël, j'entendis soudain George éclater de rire. En entrant dans le salon, je vis Ben qui se contorsionnait sur la moquette. Nous lui avions acheté un manteau d'elfe à sa taille qu'il tentait d'arracher de toutes ses forces en se tortillant comme un ver de terre épileptique.

— Ben ne veut pas s'habiller ! observa George.

Tandis qu'il l'aidait à se débarrasser de son costume, j'entendis retentir la sonnette de la porte d'entrée.

— Je n'aime pas ça. Je n'aime pas ces gens, murmura George.

J'ouvris la porte, mon enthousiasme quelque peu entamé par la remarque de mon fils. Une femme accompagnée de ses deux filles se tenait sur le seuil.

— J'ai vu un de vos prospectus, dit-elle. Pouvons-nous visiter ?

— Bien sûr ! Attendez juste une seconde que j'aille chercher les seaux de bonbons.

J'en empoignai un et je sortis dans le jardin avec Maman et Kayleigh. Les deux fillettes jetaient des regards émerveillés sur la maison.

— Vous voulez qu'on vous prenne en photo dans le traîneau du Père Noël ? leur demandai-je.

— Oh oui, madame !

— Alors il faut enfiler vos habits de Noël… dis-je, à leur grande satisfaction.

Mon pays enchanté de Noël commençait à prendre vie pour le plus grand plaisir des petits et des grands.

Certains soirs on n'entendait frapper à la porte qu'une ou deux fois, mais d'autres soirs les gens faisaient la queue dans la rue comme au premier jour des soldes. Les premiers coups de sonnette retentissaient vers seize heures trente, après la sortie de l'école et se poursuivaient jusque vers vingt et une heures trente. Kayleigh était à mes côtés chaque soir, vêtue de son costume d'elfe, prête à passer des heures dans le froid parce qu'elle était exactement comme moi, une rêveuse qui en regardant notre décor voyait de vrais rennes caracoler devant le traîneau tandis qu'un authentique Père Noël se tenait debout à côté du traîneau. Notre pays enchanté de Noël ne se réduisait nullement à un décor de plastique et de guirlandes clignotantes : pour Kayleigh il était vivant et j'espérais que la magie agirait autant pour nos petits visiteurs que pour nous.

— Qu'est-ce que c'est ? demandaient des gosses surexcités en remontant l'allée et en découvrant les seaux à côté du renne.

— L'un est rempli de paille parce que les rennes ont toujours faim et l'autre est plein de sable magique afin que le Père Noël puisse les réveiller quand il en a besoin, leur expliquait fièrement Kayleigh.

Maman passait aussi très souvent nous donner un coup de main mais George restait enfermé dans la maison. Même Ben qui venait de temps à autre jeter un coup d'œil n'était pas parvenu à le convaincre de participer aux festivités. Et je le laissais agir à sa guise, parce que je savais que la seule façon de le pousser à nous rejoindre était de le laisser décider seul, exactement comme pour la soirée de Halloween. J'animais donc mon petit pays enchanté en compagnie de Kayleigh et une fois mes visiteurs partis, j'imprimais les photos et les collais sur une carte de Noël qu'ils devaient revenir chercher le lendemain. Je répondais aussi à toutes les lettres déposées dans la boîte aux lettres et je disais à mes jeunes correspondants que le Père

Noël ferait son possible pour combler au moins un de leurs vœux, sans leur promettre la lune.

Pendant des jours, George refusa de se montrer et je commençais à me demander s'il se joindrait à nous. Il regardait tout ce qui se passait de la fenêtre de la cuisine parce que les illuminations le fascinaient. S'il avait commencé à aller ouvrir quand on sonnait à la porte et qu'il m'apportait volontiers le seau à bonbons, il refusait de sortir dans le jardin. Peut-être cet afflux de visiteurs était-il au-dessus de ses forces ? Peut-être avais-je présumé de ses capacités, malgré ses progrès récents ? J'aurais dû me douter que Ben trouverait le moyen de faire sortir George de son antre et ne pas lui en vouloir d'avoir pour cela recours à son ennemi préféré – le chien.

Quand un homme se présenta à notre porte avec un couple de labradors beiges, Ben piqua une crise. D'abord il passa à deux reprises entre les jambes de l'homme sous les regards éberlués des chiens figés au bout de leurs laisses. Puis, il sauta dans le traîneau pour leur montrer qui était le chef avant qu'ils aient pu y monter eux-mêmes. Quand Ben se mit à tourner autour d'eux pour les provoquer, les chiens semblèrent aussi médusés que Jedi naguère. Enfin, exaspérés par l'insolence de ce chat, ils éclatèrent en aboiements rageurs sur Ben qui déguerpit avec une lueur triomphante dans le regard. J'aperçus George à la fenêtre de la cuisine qui riait aux larmes.

Je grondai Ben :

— Tu vas me faire le plaisir de rentrer à la maison avant de mettre mon jardin sens dessus dessous ! lui dis-je sévèrement en le portant dans la maison.

Mais le résultat ne fut pas très probant : Ben assis sur le rebord de la fenêtre à côté de George feulait si fort qu'on en oubliait presque les chants de Noël. Une fois les labradors partis, je lui permis de ressortir et George ne résista pas à l'envie de le suivre pour voir ce que Ben allait encore inventer.

— Ce serait vraiment bien que toi et Ben vous montriez aux petits comment enfiler leurs déguisements, dis-je à George qui était resté sur le seuil et regardait dehors. Ils ont besoin qu'on les aide.

Ben assis dans l'allée se retourna vers George l'air implorant :

S'il te plaît, George, viens jouer avec moi ! Tu ne veux vraiment pas sortir ? On s'amuserait tellement…

George hésita quelques secondes avant de se décider enfin à sortir. Ben vint se frotter contre ses jambes d'excitation. Il se pavanait parce qu'il savait qu'il aurait tous les droits maintenant et il me jeta un regard vainqueur.

Je suis le chat de George. Et il me laisse faire tout ce que je veux, lui. Il rit quand je fais aboyer les chiens…

— Tu irais vérifier les costumes dans la caisse là-bas et me dire si tout est OK ? demandai-je à George.

Il obtempéra et se mit à sortir les costumes de la caisse pendant que Ben sautait de nouveau dans le traîneau.

— Il veut sa photo dans le traîneau, fis-je en lui montrant Ben du doigt et en pouffant.

— Il veut et il ne veut pas, répondit George qui fouillait toujours dans la boîte. Il était acteur autrefois à Hollywood donc il sait très bien poser et il aimerait partir en traîneau rendre une petite visite au Père Noël.

Après cela, George nous rejoignit tous les soirs et le meilleur moment était celui que nous passions ensemble à tout préparer avant que les visiteurs n'arrivent. George, Ben et moi nous activions dans notre monde magique, assis dans le traîneau à raconter des histoires ou debout à admirer la façade illuminée de la maison. Je savais que George se sentait à l'aise dans ce décor plein de couleurs parce que nous l'avions fait nôtre, ce qui l'aidait à supporter la présence des étrangers qui venaient. George avait sa façon bien à lui de les accueillir, évidemment : il soupirait quand un enfant renversait le seau de paille et me lançait d'un air agacé : « Ne t'inquiète pas Maman ». Puis il le redressait, se dirigeait vers la caisse aux costumes et regardait juste au-dessus des enfants debout devant lui qui attendaient qu'on leur en donne un.

— Tu peux prendre celui-là, disait-il à l'un en lui tendant un costume de renne. Et toi, tu peux prendre celui-ci, lançait-il à un autre gosse.

Quand une mère lui jetait un regard en coin, je faisais semblant de ne pas m'en apercevoir. Les gens qui venaient dans notre pays de Noël enchanté devaient accepter George tel qu'il était, exactement comme nous acceptions tous ceux qui se présentaient à notre porte.

— Revenez demain et amenez votre mémé, leur lançait-il quand les enfants partaient, avant de se tourner vers moi. Tu sais, Maman, je crois qu'ils reviendront parce qu'ils ne peuvent pas aller dans les grands magasins.

— C'est vrai George.

J'avais chaud au cœur, même par cette froide nuit de décembre, de le voir aussi coopératif. George ne se laissait pas abattre et je me sentais très fière de lui. Il accueillait tout le monde avec bienveillance, ce qui valait mieux parce que nous eûmes des visiteurs de toute sorte. Il y eut la femme aux cinq enfants qui leur parlait le langage le plus grossier que j'avais jamais entendu mais me gratifia d'un grand « Merci ! » en partant. Puis le papa ivrogne qui me fit presque peur quand il sonna à la porte avec ses enfants, mais se révéla très sympathique et généreux et me laissa un billet de cinq livres pour la souscription en partant. Et j'étais heureuse de voir George et Ben ensemble à côté de la caisse à costumes ou surveillant le seau à bonbons.

— Un seul paquet ! rappelait George aux enfants quand ils essayaient d'en grappiller plusieurs, en jetant un regard exaspéré à Ben.

On n'y peut rien, George, certains enfants sont comme ça, c'est tout ! Mais c'est Noël et ils s'amusent, alors faisons comme si de rien n'était…

À mesure que Noël approchait, Ben prenait de plus en plus ses aises. Il reniflait les gens quand ils s'installaient dans le traîneau, escaladait les arbres chargés de guirlandes qui bordaient l'allée et sautait dans la caisse aux costumes. En fait il se prenait de toute évidence pour le roi de notre féerie de Noël.

Un soir assez chargé, un voisin se présenta avec ses petits-enfants venus d'Irlande et ils tentèrent de s'installer tous ensemble dans le traîneau pour la photo rituelle, tous sauf l'une de ses petites-filles, âgée d'environ sept ans, qui n'osait pas monter. Je me rendais compte que les efforts de son grand-père pour lui faire enfiler son costume l'intimidaient encore plus. Je suggérai au vieux monsieur :

— Si vous voulez tant la faire monter, pourquoi n'en enfilez-vous pas un vous-même ?

— Enlève ton costume, chérie, et passe-le-moi ! s'esclaffa-t-il.

Une fois métamorphosé en Père Noël, le grand-père monta dans le traîneau à côté de sa femme tandis que ses petits-enfants se postaient autour du traîneau. Mais la petite fille restait toujours à l'écart, muette.

Je me penchai vers elle :

— Tu n'es pas obligée de grimper dans le traîneau, ma chérie. Tu peux nourrir les rennes si tu veux.

Pendant qu'elle allait remplir leurs bols de paille, je pris des photos de sa nombreuse famille. J'ai dû prendre trente clichés avant d'obtenir le bon. Après quoi, mes visiteurs irlandais sont rentrés chez eux.

Le lendemain, le grand-père est revenu, cette fois seulement accompagné de sa petite-fille.

— Elle voudrait que vous la preniez en photo.

Elle s'est installée dans le traîneau, habillée en princesse des neiges dont les charmantes boucles blondes encadraient la jolie frimousse. Et elle eut droit à une splendide photo, sur laquelle, nettement plus à l'aise, elle affichait un grand sourire.

George n'était pas le seul à trouver certains de nos visiteurs un peu trop bruyants et tous nos voisins ne partageaient pas le même enthousiasme envers mon pays enchanté que mes amis irlandais. Quelques jours après l'ouverture de mon pays de Noël, une femme vint sonner à ma porte.

— Je suis de l'antenne logement de la mairie, m'annonça-t-elle. Nous avons eu des plaintes sur vos illuminations qui gênent certains voisins.

Je me demandai si elle plaisantait. Quel genre d'affreux ronchon essayait de gâcher le Noël de tout le quartier ? La femme m'expliqua qu'elle avait dû enquêter parce qu'ils avaient reçu un appel téléphonique. Je ne comprenais pas pourquoi une pomme pourrie devait gâter les autres, mais ce que je savais pertinemment c'est que nous ne gênions personne et qu'il ne s'agissait une fois encore que de malveillance gratuite venant de gens malintentionnés.

J'expliquai donc à cette dame ce que George, Ben et moi avions imaginé et elle écouta silencieusement mes arguments. Elle n'objecta que sur un point : les photos que je faisais des enfants. Elle devait vérifier avec son chef que c'était légal. Je reçus quelques jours plus tard un appel chaleureux de cette femme m'autorisant à photographier les gamins pourvu qu'ils soient accompagnés d'un adulte. Une réponse de simple bon sens, qui me réconforta…

— C'est une bonne initiative pour la communauté, poursuivit-elle et l'antenne logement a décidé de vous allouer cent livres pour votre collecte.

Ma souscription donna des résultats inespérés mais ce qui fit de ce Noël un moment unique ce fut de voir George collaborer activement avec Ben au succès de mon projet et parler spontanément avec nos visiteurs. Après toutes ces années de farouche repli sur soi et de sorties qui viraient souvent à l'aigre, il s'ouvrait enfin aux autres. Lui et Ben me faisaient penser à Butch Cassidy et le Kid : un duo d'inséparables.

Je devais absolument maîtriser mon émotion : j'assistais aux concerts de Noël depuis des années et c'était devenu une idée fixe, à un point qui me désolait moi-même : je voulais que George me regarde dans les yeux quand il chantait sur scène avec ses copains, mais jusqu'à ce soir-là, je n'y étais jamais arrivée. Pendant toutes ses années d'école primaire, j'étais allée à chacun des concerts de

George et j'avais eu droit à chaque fois au même spectacle : en arrivant sur scène, ses copains de classe scrutaient le public, cherchant le sourire rassurant de leur père ou de leur mère. Quand George était petit, j'avais toujours espéré qu'il en ferait autant, mais à mesure qu'il grandissait j'avais compris qu'il fallait que je renonce à ce rêve, j'en avais le cœur serré chaque année. Mais ce soir-là, je m'en voulais : pourquoi ne pas accepter la différence de George ? Je ne pouvais faire qu'il soit autre qu'il n'était et après tout il savait bien que j'étais dans le public, c'était tout ce qui comptait. Quand il s'avancerait sur scène dans quelques instants, il saurait que je le regardais. Après quoi nous allions rentrer à la maison, prendre le goûter avec Ben et on inonderait de lumière notre féerie de Noël…

George répétait depuis des semaines. Il avait d'abord refusé de participer à ce concert parce qu'il ne voulait pas que les gens le regardent. Puis il m'avait dit qu'il en avait assez de devoir renoncer à ses déjeuners pour répéter. Marjorie Kinnan louait une salle pour ses concerts de Noël auxquels tous les élèves participaient. C'était donc le soir du concert, j'avais une brique dans l'estomac et les tempes battantes de nervosité. George allait-il chanter ? Ou bien allait-il rester silencieux au milieu de ses camarades ? Pendant que ses copains répétaient sur leur instrument en attendant le début du concert et que les autres gagnaient leurs places, je me dressais de toute ma hauteur pour l'apercevoir. Ne sachant pas quand il devait passer, je scrutais continuellement la scène pour le repérer.

Soudain, je le vis : George vêtu d'un T-shirt rouge penchait la tête et tenait une bougie à la main. Je voulais tant qu'il chante... Quand il se posta parmi ses copains pour chanter et qu'ils attaquèrent le premier morceau, je le fixai, espérant qu'il chanterait avec eux. Et tout à coup je commis l'erreur que toutes les mères font un jour ou l'autre : je fis un grand geste de la main pour l'encourager. Je ne pouvais m'en empêcher quand je repensais à tous les concerts et les pièces où la présence de George, figé dans son silence, était restée symbolique. Maintenant, enfin, George participait vraiment...

Au moment où il vit ma main se dresser, George haussa les sourcils et je m'arrêtai aussitôt, il ne fallait pas le perturber... J'avais du mal à me retenir pourtant et quand la musique cessa, j'applaudis à m'en décrocher les mains. George balaya du regard la salle comble. Je savais qu'il devait détester ce tonnerre d'applaudissements, mais je me tortillai sur mon fauteuil, prête à éclater de bonheur, les yeux fixés sur lui. Soudain ses yeux rencontrèrent les miens. Et il me sourit.

Ce fut, et de loin, mon plus beau cadeau de Noël.

Une fois le concert terminé, mon éternelle attente enfin satisfaite, nous rentrâmes à la maison, étonnés en ouvrant la porte, de la trouver étrangement silencieuse. Ben qui accourait toujours pour nous saluer quand nous arrivions, ne donnait pas signe de vie.

— Babou ? cria George.

Il se mit à chercher un peu partout. Ben n'était ni dans le salon ni dans la cuisine, et la chaise de ma chambre, l'un de ses refuges préférés, était vide. Il n'était pas sur son coussin ni dans la chambre de George. Pendant que je continuais mes recherches, George descendit pour jeter un nouveau coup d'œil.

— Il décore l'arbre de Noël ! vociféra-t-il avant d'éclater de rire.

Je me précipitai en bas et pénétrai dans le salon. Je n'apercevais Ben nulle part.

— Il est là ! fit George en pointant la cime de l'épicéa de deux mètres de haut qui occupait la place d'honneur dans le coin du salon.

Je scrutai les branches de l'arbre, et tout en haut j'aperçus enfin les deux yeux verts de Ben qui nous fixaient par-dessus la cime de l'arbre en question. Cerné de boules et d'ampoules clignotantes il ne semblait pas très à l'aise. Il poussa un miaulement implorant qui nous fit éclater de rire, George et moi.

— Tu crois qu'il aime particulièrement cet arbre, Maman ?

— Sûrement mais peut-être qu'il a visé trop haut, répondis-je. On l'aide à descendre ?

Troisième partie

Ben a disparu !

Chapitre 14

Peut-être les mois qui ont suivi ce Noël enchanté et enchanteur ont-ils été les meilleurs pour George et Ben, ou peut-être est-ce le souvenir que j'en garde. Au moment de partir en vacances, en septembre 2009, je craignais que George ne refuse de quitter Ben, tant ils étaient inséparables. Mais un ami sur la santé défaillante duquel j'avais veillé pendant de nombreuses années voulait nous offrir ce voyage en Égypte. Certaine que pour George voir la Méditerranée, les poissons qu'il aimait depuis toujours, serait un moment de pur bonheur, j'avais réussi à le persuader de venir. Ça n'avait pas été sans peine : au début George avait été intraitable : pas question d'abandonner Ben. Ce n'est que quand Howard proposa de s'installer chez nous pendant que nous serions en voyage qu'il accepta enfin. Nos bagages posés devant la porte d'entrée, nous sommes montés au premier dire au revoir à Ben qui était endormi sur mon lit, sur sa couverture rose. Il avait l'air si paisible que je ne voulais pas le réveiller et j'ai eu un pincement au cœur en le regardant. Nos deux semaines de séparation me semblaient une éternité à cet instant.

— Je ne partirai plus jamais, fit George. Il sait que je m'en vais ; Ben est triste. C'est pour ça qu'il continue à dormir parce qu'il sait que nous partons, hein Maman ?

— Ton père va très bien s'en occuper, dis-je à George. Il va habiter ici avec lui, Ben s'apercevra à peine de notre absence. On pourra l'appeler tous les jours et Papa mettra le téléphone en haut-parleur pour qu'il puisse entendre nos voix. Il sera très bien, crois-moi.

Au moment où George s'asseyait doucement au bord du lit, Ben ouvrit les yeux. Il nous regarda et poussa un long *miaou*. Celui qui signifiait « Bonjour », un long miaulement à deux tons qu'il poussait chaque fois que nous rentrions à la maison après une sortie. Sinon Ben avait un long miaulement monocorde qui signifiait qu'il n'était pas content et un plus court qui voulait dire soit « coucou ! » soit « oui ».

— Je te rapporterai plein de cadeaux ! reprit George en prenant Ben dans ses bras. Je te rapporterai aussi du sable de la mer.

Ses yeux étaient baignés de larmes et je me demandai soudain si c'était une bonne idée de partir. J'avais peut-être tort de tenir autant à ce voyage ? N'aurais-je pas dû rester à la maison où je savais que George et Ben seraient heureux ? Et puis j'ai décidé d'arrêter de me tourmenter. La séparation allait certes être difficile pour chacun de nous, mais comment refuser ce voyage dont George se rappellerait toute sa vie ? Il allait adorer l'Égypte et ce voyage resterait l'un de ses meilleurs souvenirs…

J'étais vraiment contente de partir, pour une autre raison : il y avait un homme, dans notre lotissement, qui semblait nous avoir pris en grippe George et moi, sans la moindre raison. Je ne savais pas pourquoi, ce type avait décidé de nous tourmenter. La situation avait pris une tournure si désagréable, en fait, que je redoutais presque de sortir de chez moi. Où que j'aille, j'avais l'impression qu'il me surveillait et je me sentais très mal à l'aise.

J'avais d'abord essayé de l'ignorer, dans l'espoir que mon absence de réaction le pousserait à laisser tomber. Et puis une après-midi, le car scolaire de George s'est arrêté devant la maison et il s'est passé quelque chose qui m'a fait comprendre que je ne pouvais plus fermer les yeux.

J'étais au premier étage en train de plier le linge propre quand j'ai entendu le bus s'arrêter et Ben, qui avait compris que son jeune maître arrivait, s'est collé à ma jambe, alors que je me penchais à la fenêtre pour lui dire bonjour. Mais au moment où j'ouvrais la bouche, je vis l'homme qui passait dans la rue s'arrêter. Il partit d'un rire mauvais quand George le croisa.

— Salut, lécheur de vitres ! s'écria-t-il soudain. Tu as appris quelque chose à l'école aujourd'hui ? Tu as passé un bon moment dans ton bus avec les autres baveux ?

Je me figeai sur place.

— C'est le bus spécial, entendis-je George répondre à cet homme en traversant le jardin. Le bus spécial pour les enfants qui ont des besoins spéciaux.

— Oh oui, vraiment spécial. Spécialement pour les lécheurs de vitres.

Je sentis la fureur monter en voyant cet imbécile s'esclaffer de nouveau. Comment osait-il ? Comment pouvait-il dire des choses pareilles à un enfant ? George ne répondit rien. Je lui ouvris la porte.

— Bonjour mon chéri, tu veux t'installer un peu devant la télé pendant que je vais te chercher quelque chose à boire ?

Je refermai la porte du salon derrière lui avant de sortir de la maison et de foncer vers ce sale type qui n'avait pas bougé. George allait avoir affaire à quelques crétins de son espèce dans sa vie, et il devrait apprendre à faire face, mais pas encore, pas ce jour-là.

— Je vous ai entendu parler à mon fils et je suis écœurée ! lui criai-je, alors qu'il s'éloignait.

Il pivota sur lui-même et ricana encore. Je sentis la colère me submerger. Je connaissais ce genre d'individus : le malveillant, le malfaisant toujours en guerre avec ses semblables, le genre de type qui s'acharne à compliquer la vie des autres et s'en prend de préférence aux faibles.

— Vous devriez avoir honte ! criai-je, exaspérée. Vous êtes lamentable. Comment osez-vous parler à mon fils de cette façon ?

L'homme me regarda. Il semblait un peu moins brave en découvrant à quel point j'étais remontée...

— Fichez-lui la paix, c'est dégoûtant de lui parler comme vous le faites et si vous recommencez, je vous garantis que vous aurez affaire à moi. On ne vous a rien fait, après tout, laissez-nous tranquilles !

Là-dessus j'avais tourné les talons et j'étais rentrée chez moi. Je venais sans doute d'aggraver la situation mais il n'était pas question de me taire, de me laisser faire par un minable pareil.

George m'attendait, debout à la fenêtre de la cuisine. Il avait tout entendu.

— T'inquiète, Maman... me dit-il. Ça m'est égal. C'est idiot d'appeler mes copains des lécheurs de vitres.

J'inspirai profondément, il fallait que je retrouve mon calme.

— Certains des enfants qui prennent le bus avec moi sont vraiment malades, poursuivit George. Mais pas moi.

Il retourna dans le salon et s'adressa à Ben :

— Un lâche, c'est lâche d'insulter quelqu'un qui ne peut pas se défendre. Lâche, lâche !

Le sujet était clos et j'espérais que George oublierait cet incident, parce que quand un événement l'angoissait, il lui fallait parfois plusieurs jours pour se calmer et il en perdait l'appétit et le sommeil. George ne me parla plus de cet homme mais de toute évidence son comportement l'avait blessé.

— Est-ce qu'il comprend ? Est-ce qu'il comprend ? répétait-il à Ben les jours suivants. Il sait ce que ça signifie pour ces enfants ? Tu crois qu'il le sait ?

Ce n'est pas tant les propos de l'homme à son sujet qui avaient affecté George que ce qu'il avait dit sur ses camarades. Il ne parvenait pas à comprendre comment on pouvait être aussi gratuitement méchant. George n'avait jamais eu affaire à une manifestation de pure cruauté. Quelques jours plus tard, j'essayai de lui parler de ce qui s'était passé.

— Tu vas rencontrer d'autres types comme lui parfois, tu n'auras qu'à les ignorer, lui dis-je doucement.

George regarda Ben entrer en trottinant dans le living. Il s'assit devant nous et nous regarda.

— Ça m'est égal ce qu'il a dit, je les aime bien.

— Qui ?

— Les enfants du bus. Ils n'ont pas choisi de naître comme ils sont. Je les aime bien.

Ben sauta sur le canapé à côté de George, se roula en boule et se mit à ronronner. Comme je ne pouvais pas demander à George comment il se sentait, je lui dis ce que moi je ressentais.

— Ce que cet homme a dit sur tes copains m'a donné envie de pleurer. C'était détestable.

George me sourit :

— Ne t'en fais pas, Maman. Il les a traités de lécheurs de vitres parce que Joshua bave sur la vitre. Mais il est gentil. Je l'aime bien et Ben aussi.

Ben sortit et rétracta ses griffes à plusieurs reprises contre la jambe de George pendant qu'il parlait comme pour le rassurer et lui dire que tout allait bien se passer.

Je repris :

— C'est vrai que si toi et Ben aimez tes amis du bus, le reste n'a pas d'importance.

— Ce sont de bons camarades.

— Je sais, George.

Mais si George semblait avoir oublié ce qui était arrivé ce jour-là, cet homme avait une dent contre nous et mon altercation l'avait rendu encore plus agressif. Il s'en prenait même à Ben verbalement :

— Que ferait votre gamin sans ce chat ? coassa-t-il un jour que je le croisai. Il serait perdu sans lui, hein ? Il est toujours avec lui…

Ou parfois je l'entendais ricaner quand il passait devant chez moi.

— Petit chat, petit chat, criait-il. Tu ne veux pas venir faire un tour avec moi ?

Ben évitait toujours cet homme qui ne lui inspirait aucune confiance et je me gardai bien de provoquer une nouvelle dispute avec lui. Tant qu'il ne tourmentait pas George, j'espérais qu'il suffirait de l'ignorer pour qu'il se lasse de ses petits jeux pervers.

Mais notre voyage en Égypte, dans cette ambiance désagréable, tombait vraiment à pic. J'avais entendu dire que cet individu allait déménager du lotissement pendant notre absence ce qui mettrait un terme définitif à nos problèmes. En regardant George câliner Ben, je m'impatientai un peu.

— Je t'aime et tu m'aimes, lui disait-il en le serrant tendrement dans ses bras. Tu veux un baiser ? Je pars en vacances voir un poisson comme Nemo. Toi tu restes ici et tu seras très occupé avec Papa, tu pourras jouer avec la Xbox autant que tu voudras.

Je m'approchai et me penchai pour embrasser Ben si fort qu'il me donna un léger coup de patte. Il allait tellement me manquer…

— Il faut qu'on y aille, George, je ne veux pas qu'on rate l'avion.

— Tu me manques déjà, dit-il à Ben alors que nous sortions de la chambre.

Nous nous arrêtâmes sur le seuil pour lui sourire une dernière fois.

— On reviendra bientôt Babou, lui dis-je.

Ben nous regarda longuement de ses yeux paisibles, indolemment allongé sur le lit.

Amusez-vous bien. Vous allez me manquer mais je veux que vous passiez les meilleures vacances de votre vie.

C'était le soir de notre deuxième jour en Égypte et George avait adoré chaque minute passée sur la plage. Nous étions rentrés à l'appartement depuis deux heures et il venait de m'aider à nourrir l'un des deux chats errants qui étaient déjà devenus ses amis.

— Ben serait content qu'on s'occupe d'eux, m'avait dit George.

J'avais aussitôt posé une assiette avec du jambon devant les chats.

Je comprenais ce qu'il ressentait parce que Ben me manquait presque autant qu'à lui. La première chose que j'avais faite en arrivant la veille avait été d'appeler Maman qui passait régulièrement voir Ben pour vérifier qu'il allait bien.

— Tu lui as donné à manger vers dix-sept heures et puis encore une fois juste avant qu'il dorme ? lui demandai-je. Il a l'air triste ou comme d'habitude ?

— Ben va très bien, ma chérie, ne te fais pas de souci pour lui.

Plus tôt dans la journée j'avais eu un SMS de Wendy me disant que Ben allait bien et je m'étais enfin détendue sur ma chaise longue. Son absence était si inhabituelle… je m'attendais presque à le voir apparaître au sommet d'une dune ou au coin d'une rue. Je l'imaginai déguisé en Lawrence d'Arabie cheminant dans le désert sur un chameau.

Soudain mon portable sonna et je le ramassai machinalement.

— Ju ? fit une voix, c'est Howard.

— Hello ! répondis-je tandis que George sortait de la cuisine. Comment va Babou ?

— C'est pour ça que j'appelle, fit Howard d'un ton qui me serra le cœur.

— Que se passe-t-il ?

— Je ne sais pas, Ju. Mais je ne l'ai pas vu depuis hier soir et je pensais qu'il fallait que je te prévienne.

— Qu'est-ce que tu dis ?

— Je l'ai fait sortir dans le jardin hier soir, mais quand j'y suis retourné deux minutes plus tard, il était parti.

— Quoi ? Parti où ça ?

Je n'arrivais pas à comprendre ce qu'Howard me disait. Ben n'allait jamais nulle part. Chaque soir il descendait la ruelle, passait devant chez Wendy, se glissait sous ma voiture et se postait devant l'entrée. Un rituel qui se répétait chaque soir.

— Je ne sais pas, fit Howard. Je l'ai cherché pendant des heures hier soir et encore aujourd'hui. Ta mère et ta sœur sont venues chercher aussi, Wendy et Keith nous ont aidés... On n'arrive pas à le retrouver. Il s'est volatilisé.

J'eus un terrible pressentiment. Ben ne partait jamais, il était trop vieux pour courir les femelles et il n'était pas du tout du genre à partir plusieurs jours et à mendier sa nourriture ici et là juste parce qu'il avait besoin de changement. Il adorait la maison et se contentait en général d'une petite balade dans le jardin ou la ruelle. Un frisson glacial me traversa, mes mains se mirent à trembler.

— Je ne comprends pas, chuchotai-je à Howard. Ben ne peut pas être parti comme ça...

— Je sais, Ju, mais ça y ressemble bien.

J'écoutai d'une oreille distraite ce qu'Howard ajouta avant de raccrocher en me promettant de rappeler plus tard. J'étais accablée, complètement désorientée.

Ben n'était pas parti, il n'était pas du genre à fuguer. Et la vie sans lui était inenvisageable. Ce n'était pas possible, il fallait qu'il rentre à la maison…

Ma respiration se fit saccadée et je sentis des sanglots monter. J'avais la nausée, je n'arrivais plus à penser. C'était un cauchemar, j'allais me réveiller.

— Je peux avoir du jus, Maman ? demanda George en entrant dans la cuisine.

Impossible de parler. Il me fixait, je savais que je devais être livide.

Il fallait rentrer à la maison. Chercher Ben, il devait être quelque part… il ne pouvait pas s'être volatilisé comme ça. Je fus incapable de dire à George que Ben était parti.

— Maman… ? répéta-t-il.

Je contemplai son visage, si paisible, si heureux. Comment lui apprendre cette nouvelle ? Quels mots allais-je pouvoir trouver pour lui expliquer que Ben avait disparu et le persuader que j'étais capable de le retrouver ? En regardant George et en me demandant quoi dire, je compris que les mots ne suffiraient pas à empêcher l'effondrement de notre monde après un tel choc.

— Babou ! Babou !

George et moi arpentions le bord de la rivière depuis un moment déjà. Il faisait jour et on y voyait plus clair maintenant. Nous étions rentrés d'Égypte deux heures plus tôt après avoir pris le premier vol possible pour Londres. Je sais qu'on trouvera peut-être étrange d'interrompre ses vacances pour un chat mais je n'avais pas le choix : Ben représentait beaucoup plus pour nous qu'un chat. Nous l'aimions comme un membre de la famille et je ne pouvais pas rester une minute de plus en Égypte en sachant qu'il avait disparu.

J'avais bredouillé la vérité à George juste après le coup de fil d'Howard alors qu'il m'avait trouvée en larmes, le téléphone à la main. Je pleurais à chaudes larmes et je tremblais en lui avouant la vérité, mon récit haché par de brusques sanglots. George me regardait interdit. Il ne m'avait jamais vue pleurer de sa vie.

— Ben a disparu !

Pensées et émotions se bousculaient dans ma tête.

— Il est sans doute mort, dit-il.

Il quitta la pièce.

Ses paroles me glacèrent et je restai figée sur place pendant que George entrait dans la salle de bains et fermait la porte derrière lui.

Ce n'était pas possible, pas possible… Ben mort ? Non. Il fallait que je me calme, je le savais. J'inspirai profondément et j'essayai d'arrêter de pleurer avant de reparler à George.

Après l'avoir persuadé de sortir de la salle de bains, je le fis asseoir et il me dévisagea. Mes yeux rougis et gonflés, mon expression défaite ne pouvaient que l'angoisser et je dus inspirer à plusieurs reprises avant de pouvoir articuler un seul mot.

— Nous allons rentrer à la maison pour retrouver Ben, lui dis-je enfin. Je sais que je le retrouverai.

George se leva et une minute plus tard il réapparaissait, tirant sa valise derrière lui. Je compris qu'il ne me restait plus qu'à réserver des places dans le prochain vol pour Londres. Pendant les deux jours qui nous séparèrent du départ, George se réfugia dans un silence presque complet. Le seul indice de sa douleur et de sa panique était ses mains aux doigts écartés et raides plaquées le long du corps. Un vieux réflexe qui me rappelait ses réactions à l'angoisse quand il était enfant. Je lui répétais que dès notre retour nous nous mettrions en quête de Ben, mais il ne m'entendait pas.

Aucun de nous ne prononça le moindre mot dans l'avion du retour ni dans le taxi qui nous ramenait à la maison. À peine avais-je ouvert la porte que George s'était rué dans l'escalier et avais fouillé tous les recoins où Ben se cachait habituellement, pendant que je restais dans le jardin à l'appeler. Je ne savais pas quoi faire d'autre sur le moment. Mais il fallait que je trouve autre chose, d'autant que j'étais convaincue que quelqu'un avait enlevé Ben pour nous jouer un sale tour. Le chat gambadait dans le jardin et quelques instants plus tard il n'était plus là ? Il fallait que quelqu'un l'ait kidnappé…

— Personne ne ferait une chose pareille, Ju, m'avait dit Maman quand je l'avais appelée pour lui en parler. Ce serait trop cruel.

— Mais comment expliques-tu sa disparition, Maman ? avais-je gémi.

— Peut-être qu'il a fugué simplement parce qu'il ne supportait pas votre absence… les chats sont parfois imprévisibles, tu sais.

— Mais Ben n'est pas un chat comme les autres !

— Je sais, Ju, je sais. Il va revenir, j'en suis sûre.

Pendant le voyage de retour, je m'étais accrochée à l'espoir que Ben, entendant le son de nos voix familières reviendrait quatre à quatre. Mais vociférer son nom dans le jardin ne le fit pas revenir et George ne le retrouva pas non plus dans la maison. Il n'était que trois heures du matin, mais je ne pouvais attendre qu'il fasse jour pour commencer les recherches. J'enfilai mon manteau et je dis à George que je sortais.

— Il sera à la rivière, dit-il en dégringolant l'escalier. Il aime bien cet endroit.

Pourquoi ne pas commencer par là ? Je pris une boîte de biscuits de Ben et je partis avec George. Tout était silencieux et tranquille sur le chemin de la rivière. Personne en vue, pas la moindre voiture. J'avais l'impression que George et moi étions seuls au monde, à chercher l'être que nous aimions pardessus tout.

— Je suis sûre que Ben se cache, il a décidé de nous faire une blague et tout ce qu'on a à faire c'est de le trouver.

George n'en était pourtant pas si convaincu, loin de là, puisqu'il ne cessait de répéter :

— Il est mort. Il est mort. Il est mort. Il est mort.

Cette phrase me déchirait le cœur. George semblait sûr de lui, mais je ne pouvais me résoudre à envisager l'éventualité de la mort de Ben. Je faillis lui dire d'arrêter de répéter cette phrase, protester que c'était impossible, mais après avoir longé les rives pendant des heures en l'appelant et en fouillant les buissons, il fallut se rendre à l'évidence : Ben n'était pas dans les parages. Je finis par dire à George qu'il était temps de rentrer. Il ne dit pas un mot sur le chemin mais en arrivant à la maison, il se planta dans le jardinet et fixa la pergola comme si l'intensité de son désir pouvait ressusciter son ami, à l'endroit même où il se prélassait toujours. Tout semblait absolument comme d'habitude. La chaise de Ben, son coussin, sa souris en plastique préférée dans la caisse à jouets du salon, pourtant l'ambiance était complètement différente. Un lourd silence planait dans la maison vide sans le ronron de Ben ou le bruit feutré de ses pattes sur le carrelage, quand il courait vers nous pour se faire câliner…

Je rejoignis George dehors. Le soleil levant perçait des nuages nimbés de rose. Une nouvelle journée commençait, une journée que j'allais employer à chercher méthodiquement Ben. Il ne pouvait être bien loin. Ce chat n'avait pas pu se volatiliser comme ça : des gens avaient dû le voir. Il me fallait jouer les détectives et, comme dans toute bonne enquête policière, traquer le moindre indice qui pourrait nous mener jusqu'à la dernière personne à l'avoir vu vivant, parce qu'alors nous retrouverions sa trace.

Quand je descendis le perron du jardin, George se tourna vers moi. Il me jeta un regard glacial.

— Tout ça, c'est ta faute ! me reprocha-t-il. Tu as voulu faire ce voyage et maintenant Ben est parti. C'est ta faute !

Je frissonnai. Je ne pouvais pas donner tort à George. C'était moi qui l'avais persuadé de partir, lui certifiant que Ben serait très heureux à la maison sans nous. Submergée de culpabilité, je me dis que George, après tout, avait raison. Quelle idée absurde que ce voyage ! Pourquoi n'avais-je pas su me contenter de la vie que nous menions ici ?

George me poussa sèchement et rentra à l'intérieur. Je me retins de le prendre dans mes bras et de lui dire que j'allais faire l'impossible pour retrouver Ben. Qu'il allait revenir très vite. Mais pas question de prendre George dans mes bras, quel que soit mon désespoir. Avec le départ de Ben, quelque chose s'était brisé entre nous.

Il régnait un silence lourd et triste dans la maison. Comme si la vie l'avait désertée. Tout cela me semblait irréel, incroyable. Je n'arrivais pas à comprendre que Ben ne courre pas vers moi en miaulant ou ne soit pas allongé sur une chaise dans le jardin pour capter les premiers rayons du soleil. Je rentrai lentement à l'intérieur et montai dans la chambre de George. La porte était fermée et la pièce plongée dans le silence.

— Je vais retrouver Ben, dis-je. Je te le promets.

La porte ne s'ouvrit pas.

— Non, tu ne le retrouveras pas ! finit par répondre George.

— Je le retrouverai et je le ramènerai à la maison, je te le promets.

Je m'arrêtai devant la porte de ma chambre. La couverture de Ben était toujours à sa place sur mon lit, exactement comme le jour de notre départ et je me rappelai de lui la dernière fois que je l'avais vu ici. Puis je songeai à George et à ma promesse, ce serment que je n'étais pas sûre de pouvoir tenir… J'allais faire tout ce que je pouvais parce que Ben n'était pas seulement un chat, mais la fenêtre de George sur le monde, la clé qui lui avait permis de sortir de sa prison. Tout cela faisait de Ben l'équivalent d'un second fils et il n'était pas question de tirer un trait sur le bonheur qu'il nous avait donné et pouvait encore nous donner. Ce qui me terrifiait surtout c'était la perspective de ne plus jamais revoir l'étincelle de joie qu'il avait allumée dans les yeux de George depuis qu'il vivait avec nous. Il n'y avait désormais qu'une chose à faire : me lancer à sa recherche et le ramener coûte que coûte.

Chapitre 15

Le lendemain, George resta obstinément enfermé dans sa chambre, refusant de sortir tandis que la maison se remplissait de proches et d'amis venus m'aider à chercher Ben. Wendy et Keith étaient là, Maman était venue avec Sandra, Boy avait pris sa journée et Nob devait nous retrouver juste après avoir quitté le travail. Je ne tenais pas en place et on me répétait sans cesse de ne pas paniquer.

— Il ne peut pas être loin, remâchait Boy pendant que l'imprimante crachait les copies de l'affichette que j'avais réalisée avec une photo de Ben et mon numéro de téléphone.

— Il sera revenu avant qu'on les ait placardées, affirma Maman.

Je savais bien qu'ils trouvaient que j'en faisais trop, que tous les chats fuguaient tôt ou tard et que Ben rentrerait à la maison, mais moi j'étais sûre du contraire. Cela faisait maintenant quatre jours qu'on n'avait pas revu Ben et je savais qu'il fallait lui porter secours. Parce que sans cela il serait rentré. Il ne nous aurait pas quittés, il aimait beaucoup trop George.

Quand j'étais montée dans la chambre de mon fils, je l'avais trouvé assis sur son lit, contemplant la boîte qui contenait tous ses objets brillants préférés, babioles en cristal, boucles d'oreilles, bouchons de bouteilles, fétiches qu'il collectionnait depuis des années. Il avait refusé de me répondre. Je savais ce qu'il allait faire : rester seul dans sa chambre à aligner tous ses trésors, l'un après l'autre, sur une étagère, essayant de ressusciter l'ordre dans un moment qu'il vivait comme un chaos effrayant. Il était enfermé, perdu en lui-même et faute de retrouver Ben, je n'étais pas certaine de retrouver George un jour.

Il suffit d'une seconde pour perdre ce qu'on a de plus précieux et d'une autre pour réaliser ce que cette perte va représenter. Au moment où mon regard avait croisé celui de George, la veille, j'avais compris ce que je venais de perdre avec Ben, à quel point George s'était construit sur sa relation avec lui. Je m'étais tellement habituée à notre parler-chat, à nos éclats de rire, à la façon bien particulière qu'avait George de me serrer dans ses bras et de parler d'amour, aux soirées que nous passions ensemble devant la télé ou à chanter de vieilles chansons, que j'avais peu à peu oublié à quel point je tenais à ces moments-là. J'avais peur, je paniquais : sans Ben, j'étais sûre que George redeviendrait le petit autiste d'avant, un quasi-étranger pour moi, et je savais bien que je ne le supporterais pas.

Les recherches officielles pour retrouver Ben ont démarré ce jour-là : nous l'avons inscrit sur les sites qui recensent les animaux perdus. Wendy et Keith m'ont aidée et ils ont aussi proposé de créer une page pour Ben sur Facebook. Tout ce qui pouvait aider quiconque à se souvenir d'un chat noir avec une cravate blanche était bon à prendre. J'avais aussi trouvé beaucoup de conseils utiles sur Internet sur la meilleure façon de retrouver un chat perdu. Les couvertures de Ben étaient maintenant suspendues dehors, sur la corde à linge, dispersant son odeur à tous les vents pour l'aider, s'il était dans le secteur, à retrouver le chemin de son foyer. J'avais aussi passé l'aspirateur dans toute la maison et j'étais descendue à la rivière pour en éparpiller le contenu dans l'espoir que ça l'aiderait à se repérer. J'avais même suspendu des maquereaux frais (!) à cette même corde à linge parce que j'avais lu que ça pourrait aider.

J'essayais de me concentrer tout en imprimant affichettes et prospectus promettant une récompense de trois cents livres à la personne qui retrouverait Ben. Je m'étais dit que la perspective d'une telle somme inciterait les enfants du coin à se mobiliser pour le chercher. La veille encore j'étais convaincue que quelqu'un nous l'avait volé, mais à présent je ne cessais de penser aux autres possibilités : il était peut-être blessé, agonisant sur le bas-côté d'une route ? Je ne parvenais presque plus à respirer quand je l'imaginais blessé, abandonné, étendu dans un fossé, attendant un secours qui ne venait pas.

Une fois les affichettes imprimées et distribuées à chacun, nous partîmes dans différentes directions pour les placarder, laissant George à la maison avec Maman. Nous voulions que tout Hounslow soit au courant de notre recherche, après quoi ce ne serait plus qu'une question de temps avant qu'on nous appelle avec l'indice qui nous mènerait jusqu'à Ben.

Quelques heures plus tard, j'arrivai à la maison après avoir fait la tournée des cafés, boutiques, pubs, postes, écoles et bibliothèques. J'aperçus une silhouette familière qui remontait la rue au moment même où je sortais de la voiture. C'était l'homme avec lequel je m'étais disputée quelque temps auparavant. Et bien que nous n'ayons pas échangé un seul mot depuis le jour où je lui avais violemment reproché ce qu'il avait dit à George, je décidai de m'adresser à lui. Après tout, peut-être pouvait-il m'aider, malgré tout, à retrouver Ben ?

— Mon chat a disparu, dis-je dans un souffle au moment où il passait devant notre ruelle.

Il s'arrêta mais ne répondit rien.

— J'ai mis des affichettes partout mais si vous le voyez pourriez-vous m'avertir ? lui demandai-je avant d'éclater en sanglots.

L'homme grimaça un vilain sourire en me regardant bien en face.

— Ben n'est pas n'importe quel chat, ajoutai-je. Il est beaucoup, beaucoup plus que ça pour nous. Mon fils ne peut pas vivre sans lui. Il faut que nous le retrouvions. George est perdu sans lui. Ben représente tout pour nous.

L'homme me fixait toujours de son regard dur.

— Bonne chance dans votre recherche du petit minou, dit-il en me souriant.

Il semblait jouir de me voir souffrir. En le regardant s'éloigner, j'eus un goût de nausée dans la bouche. Ce type savait-il où se trouvait Ben ? Je ne le saurais jamais. Mais quelqu'un le savait et si je continuais à chercher assez longtemps, je finirais forcément par le retrouver.

Mes amis et ma famille voulaient m'aider à retrouver Ben, mais ils travaillaient et ils avaient leur vie familiale. Ils firent tout ce qu'ils purent, cependant. Kayleigh vint chaque jour après l'école pour m'aider à distribuer des prospectus pendant que Wendy gardait un œil sur George et que Keith les imprimait. Maman distribuait les prospectus tandis que Nob, Tor et Boy placardaient les affichettes. Lewis lui-même nous aida et Tracey que j'avais connue dans notre ex-résidence, sa mère Anne et sa fille Eliza allèrent au supermarché voisin glisser des prospectus sous les essuie-glaces des voitures garées sur le parking. Quand mes coéquipiers étaient retenus au travail ou à l'école, je partais seule à la recherche de Ben. Le déroulement de chaque journée obéissait au même rituel : je me levais, j'essayais de persuader George de prendre son petit déjeuner, ce qu'il refusait systématiquement, et Maman venait le surveiller parce qu'il était encore trop bouleversé pour retourner à l'école. Je sortais alors pour distribuer des prospectus et placarder des affiches aux alentours.

Une semaine après que nous étions rentrés à la maison, je marchais dans la rue quand j'aperçus un policier municipal. Je le connaissais très bien parce qu'il lui arrivait de passer à la maison boire un thé ou demander à utiliser les toilettes quand il faisait sa tournée. Le simple fait de le voir me réconforta. Ce policier m'avait toujours semblé prendre à cœur nos problèmes, il s'informait sur tout ce qui se passait dans le coin, peut-être allait-il essayer de m'aider ?

— Je croyais que vous étiez en vacances, Julia ? me dit-il alors que j'arrivais à sa hauteur.

Il était accompagné d'une collègue.

— J'étais en vacances. Mais Ben a disparu et je n'arrive pas à m'ôter de la tête l'idée qu'on me l'a volé. Il s'est tout simplement volatilisé. Je n'arrive pas à comprendre comment c'est possible alors que ce chat n'a jamais été plus loin que le fond de mon jardin… J'espérais que vous pourriez peut-être demander aux voisins du lotissement s'ils l'ont aperçu ?

Le policier se racla la gorge, mal à l'aise.

— Julia, il faudra trouver quelqu'un d'autre, je le crains, finit-il par répondre.

Je le regardai stupéfaite. Je connaissais bien ce policier. Il était venu fêter Halloween chez nous, et il avait bavardé un bon moment avec moi de tout et de rien et voilà qu'il refusait de me rendre ce petit service ? Alors que je restai bouche bée de surprise, incapable de répondre quoi que ce soit, je surpris un petit sourire ironique sur le visage de sa collègue et je vis rouge.

— Qu'est-ce qu'il y a de drôle là-dedans ? lui demandai-je avec irritation.

— Je suis désolée, répliqua-t-elle. C'est juste que vous cherchez un chat et qu'ils peuvent disparaître des semaines avant de rentrer chez eux, non ?

C'était la rengaine que j'avais entendue mille fois et j'en avais assez, d'autant que si la plupart des gens me le disaient pour m'encourager, cette femme n'en avait visiblement rien à faire.

— Pas mon chat, il n'a rien d'un fugueur, rétorquai-je.

Elle continuait à m'opposer son sourire narquois, comme si elle me prenait pour une simple d'esprit. Puis elle jeta un coup d'œil sur le prospectus que je lui avais donné avant de me le rendre.

— Désolée, mais je ne peux pas me promener avec ça pendant mon service.

La goutte d'eau qui faisait déborder le vase.

Je répondis d'un souffle, mâchoires serrées :

— Tu ne peux même pas prendre mon prospectus, sale garce ?

C'était grossier, je le sais bien. Mais que puis-je dire sinon que je ne suis qu'un être humain et que ce jour-là j'ai perdu mon self-control ? Le policier me dévisagea, sous le choc. Je tournai les talons sans rien ajouter et je rentrai chez moi, exaspérée. Je n'arrivais pas à croire que ces deux policiers aient refusé de m'aider de façon aussi désinvolte. Je savais bien que les chats disparus ne faisaient pas partie de leurs priorités, mais je ne comprenais pas qu'ils refusent de lever le petit doigt. Les politiciens nous rebattent les oreilles de la police de proximité et du fait qu'ils sont au service de la population, mais ces deux-là me semblaient très indifférents envers la population, tandis que leurs collègues intervenaient sans cesse pour rappeler à l'ordre les gosses du coin qui faisaient des bêtises. En tout cas, j'avais compris une chose : nous ne pourrions compter que sur nous-mêmes pour récupérer Ben.

Je courus vers le téléphone qui sonnait. Les gens avaient vu les affichettes dans les rues et ils s'étaient mis à appeler, suscitant à chaque fois en moi l'espoir qu'on avait retrouvé Ben.

— Bonjour ! cria une voix au moment où je décrochais.

C'était une voix d'homme âgé et j'entendis une autre voix, celle d'une femme, derrière lui.

— Arrête de parler, Doris ! explosa le vieux monsieur. Laisse-moi lui dire ce que j'ai à lui dire, nom de nom !

— Bonjour, répondis-je, puis-je vous aider ?

— Non ma chère, c'est moi qui peux peut-être vous aider. Nous avons retrouvé votre chat. Il est dans la cuisine. On a vu votre affiche et on est sûrs que c'est lui. Il me regarde en ce moment même !

— Il est noir ? demandai-je, parce que j'avais eu un ou deux coups de fil de gens qui avaient mal lu et m'avaient téléphoné pour me dire qu'ils avaient retrouvé mon chat gris ou tigré.

— Noir de chez noir ! Vous venez le chercher ?

Je griffonnai l'adresse qu'il m'épelait et fit un saut chez Wendy pour lui demander de garder un œil sur George pendant mon absence.

Cinq minutes plus tard, je me garais devant une petite maison mitoyenne nichée dans un joli jardin arboré avec un perron carrelé. Mes mains tremblaient en pressant le bouton de la sonnette. Se pouvait-il que Ben soit ici ? Allais-je le ramener à George dans dix minutes ? Cette maison n'était qu'à trois kilomètres environ de la nôtre et Ben avait très bien pu échouer ici après une balade au cours de laquelle il se serait égaré… Il ne me restait plus qu'à reprendre possession de mon chat et à le ramener sain et sauf à la maison ! La photo sur l'affichette était trop parlante pour qu'une confusion soit possible.

Le monsieur qui m'ouvrit la porte était un retraité arborant une imposante bedaine. Derrière lui, la silhouette d'une dame à cheveux blancs tranchait sur les couleurs criardes du papier peint qui me fit presque cligner des yeux.

— Vous venez pour le chat ? fit l'homme. Entrez, chère madame, entrez. On a compris que c'était lui dès qu'on l'a aperçu dans le jardin. Il n'est pas du coin, on connaît tous les chats du secteur et on ne l'a jamais vu. Et puis il est très sociable, ce n'est pas un chat de gouttière, il aime trop la compagnie !

L'homme me conduisit au bout du couloir et je fus prise d'une appréhension soudaine.

Ben était parti depuis une semaine maintenant, est-ce qu'il allait bien ? S'il n'avait pas mangé, il devait mourir de faim… Tous les soirs je repensais au jour où il était apparu pour la première fois dans notre jardin, si affaibli, malade, craintif et farouche. L'imaginer en vadrouille dans le même état qu'alors m'avait presque coupé le sommeil.

— Il est par là, fit l'homme. C'est le vôtre, j'en suis sûr.

Il ouvrit la porte de la cuisine. Elle était propre comme un sou neuf et sur la table trônait une théière qui attendait d'être remplie.

— Le voilà ! fit la vieille dame avec un grand sourire.

Je tournai la tête vers le coin de la pièce et je vis une paire de grands yeux verts qui me fixait. Mon cœur bondit dans ma poitrine, mais un instant plus tard, je réalisai à contrecœur que ce n'était pas Ben.

— C'est le vôtre ? répéta l'homme.

— Non, je crains que non.

— Qu'est-ce qu'on va faire ? fit la vieille dame désorientée. On était si sûrs que c'était le vôtre…

En regardant ce couple, je compris que je ne pouvais pas tourner les talons et les laisser se débrouiller avec le chat. Je devais les aider, parce qu'il y avait peut-être quelque part une famille aussi bouleversée que George et moi qui cherchait ce chat. S'il avait été micropucé comme Ben, le problème serait vite réglé. La micropuce électronique, de la taille d'un grain de riz, est implantée sous l'épiderme du chat. Elle renferme le nom de l'animal et les coordonnées de son propriétaire. Tous les vétérinaires, tous les commissariats et toutes les morgues pour animaux possèdent des lecteurs de puces, de sorte qu'on peut facilement retrouver le propriétaire d'un chat ou d'un chien abandonné. Mais Ben avait très bien pu être retrouvé sans que la personne qui l'avait soit au courant pour les micropuces… Quoi qu'il en soit, je pouvais aider ce chat à retrouver sa famille et peut-être quelqu'un en ferait autant pour Ben bientôt ?

Je pris le chat dans mes bras et le déposai sur le siège passager de ma voiture, bien décidée à l'emmener chez le vétérinaire. Mais, arrivée à mi-chemin, je me demandai ce que je ferais si cette petite bête ne portait pas de micropuce… pas question de ramener ce chat chez nous : George aurait pensé que je lui faisais une blague horrible ou que j'essayais de lui imposer un autre chat et il m'en aurait voulu encore plus. Une femme charmante avait même téléphoné pour nous proposer un chaton après avoir lu mon affichette, mais je lui avais dit que nous ne voulions pas d'un nouveau chat : c'est Ben et pas un autre que nous voulions.

Toutes ces inquiétudes étaient inutiles : quand le vétérinaire passa son lecteur électronique sur le chat, un nombre apparut sur son écran qui nous apprit que le chat était bien répertorié. Le vétérinaire appela le centre des micropuces leur donna le numéro et obtint les coordonnées du propriétaire.

— Voici l'adresse, dit-il en me tendant la page qu'il venait d'imprimer.

Je sursautai en lisant l'adresse : c'était la rue où habitait le vieux couple. En fait ce chat venait apparemment de la maison voisine ; je me demandai un instant s'ils n'avaient pas capturé sciemment le chat d'un voisin qu'ils détestaient.

— Alors à qui est ce chat, chère madame ? me demanda le vieux monsieur quand je revins chez lui. Il a une adresse ?

J'hésitai un peu.

— Il habite dans le secteur, dis-je un peu évasivement pour ne pas les embarrasser. Je crois que nous devrions tout simplement le remettre dans votre jardin et il retrouvera le chemin de sa maison.

— Mais où habite-t-il exactement ?

Impossible de me défiler.

— Chez votre voisin.

Le vieux monsieur décontenancé resta silencieux un instant avant d'éclater de rire.

— Ça alors… Tu as entendu, Doris ? C'est le chat du voisin !

Et ils rirent de plus belle, se moquant d'eux-mêmes de bon cœur, assez gênés.

— Je suis désolée, reprit la vieille dame. Nous vous avons fait perdre votre temps, n'est-ce pas ?

Mais je ne leur en voulais pas. Tant qu'il y aurait des gens comme eux, prêts à prendre le temps de lire une affichette et à décrocher leur téléphone pour aider leur prochain, je me disais que Ben avait toutes les chances de réintégrer son foyer assez vite.

La gentillesse des inconnus, rencontrés au cours des semaines qui suivirent la disparition de Ben, me toucha beaucoup : j'ai connu quelques êtres merveilleux qui se sont vraiment donné de la peine pour m'aider à retrouver mon chat. Il y a eu Freda, cette vieille dame qui m'appelait de temps à autre pour prendre des nouvelles et me dire qu'elle priait pour nous ; Marina, une habitante de notre quartier qui avait elle aussi perdu un chat – nous nous tenions mutuellement informées de l'évolution de nos recherches. Et Pat, qui vivait à Isleworth et avait installé un grand tableau contre la grille de son jardin où elle épinglait toutes les annonces de chats perdus qu'on lui envoyait.

Et puis, il y avait ceux qui avaient vu mon affichette et voulaient me donner un indice, quel qu'il soit, qui puisse m'aider à trouver Ben parce qu'ils comprenaient notre anxiété. S'ils avaient pu imaginer la vérité ! Je n'étais pas simplement anxieuse, j'étais de plus en plus désespérée, parce que George ne mettait plus le nez dehors, même dans le jardin : il ne voulait plus rien faire du tout. Il ne jouait plus, il restait assis dans sa chambre toute la journée et il avait pratiquement cessé de manger deux jours après notre retour. Il ne buvait presque plus et je découvrais, chaque jour plus accablée, les assiettes de nourriture qu'il déposait intactes devant sa porte. Rester seul était son unique désir. Je n'étais parvenue à le persuader de retourner à l'école qu'en lui disant que c'est ce que Ben aurait voulu qu'il fasse. Mais même alors j'avais dû persuader la femme qui conduisait le bus de ramassage scolaire de couper la musique parce que George ne supportait plus rien de joyeux. Il voulait que tout, autour de lui, soit aussi immobile et silencieux qu'il l'était lui-même. Soir après soir, nous restions assis dans la maison plongée dans le silence – moi dans le salon et George au premier dans sa chambre. Toute vie, toute joie avaient disparu de la maison du moment où Ben était parti.

— Je te déteste, me répétait George chaque soir en rentrant de l'école avant de monter dans sa chambre et de claquer la porte, m'abandonnant à mes tristes ruminations.

L'entendre me parler ainsi après tout l'amour que nous avions échangé ces deux dernières années était intolérable et rien de ce que je disais n'y changerait quoi que ce soit. Seule avec mes pensées, sachant que la perte de Ben signifiait que j'avais aussi perdu George, je passais une bonne partie de ces soirées à pleurer. Aucun encouragement, rien de ce que je pouvais dire de positif n'avait la moindre prise sur George : il n'écoutait pas. Quand il se décidait à sortir enfin de sa chambre, il descendait, se postait derrière moi pendant que j'imprimais de nouvelles photos de Ben et disait que la photo n'était pas ressemblante.

— Les gens ne le reconnaîtront pas ! affirmait-il.

Je lui ai demandé de me donner sa photo préférée. C'était une photo de Ben étendu sur une couverture écossaise. Mais à partir du moment où George décida que cette photo était la bonne, il remonta dans sa chambre s'isoler pendant des heures. Pour lui, c'était simple : Ben était parti, donc il était perdu pour toujours. Quelques jours après notre retour à la maison, George s'était mis à pleurer à gros sanglots, comme je ne l'avais jamais entendu pleurer avant. Toutes les années où j'avais attendu que George me montre ses émotions revenaient me hanter quand je voyais son chagrin se déverser ainsi. Je me sentais totalement impuissante, je ne l'avais jamais vu dans un tel état : enfant, George ne pleurait jamais vraiment. Les seules fois où je lui avais vu des larmes aux yeux, c'est quand je lui avais appris la mort d'un animal qu'il aimait, comme Polly, le chien de Maman, ou encore d'une personne qu'il connaissait. George comprenait que cela signifiait qu'il ne les reverrait jamais, mais ses pleurs cessaient rapidement. Alors que ces larmes, il ne pouvait plus les arrêter, à présent, les sanglots secouaient tout son corps et le faisaient trembler. Et tous les efforts que je faisais pour le réconforter restaient vains, il était hors d'atteinte, et je découvrais de la façon la plus douloureuse qui soit à quel point son amour de Ben était profond. George souffrait comme il n'avait jamais souffert de sa vie et il n'y avait rien à faire pour l'arrêter.

— Je ne peux pas respirer, me répétait-il sans cesse quand je posais une assiette devant lui. Je ne peux pas avaler. J'ai envie de vomir.

Certains jours, il entrait dans ma chambre et se mettait à sangloter en apercevant le coussin de Ben sur mon lit. Mais il ne me laissait jamais l'approcher et ne desserrait pas les mâchoires, excepté quand il laissait éclater sa fureur.

— Tout ça c'est ta faute ! hurlait-il alors. Ben est parti. Personne ne m'aime. Je n'ai plus envie de rien, et c'est ta faute !

J'avais beau savoir que la disparition de Ben n'était nullement ma faute, je reconnaissais une part de vérité dans l'accusation de George : la responsable c'était tout de même moi. C'était moi qui avais suggéré ce voyage et toute la culpabilité que je traînais depuis la naissance de George me revenait en pleine figure, multipliée par dix. Je ne demandais qu'une chose, c'était qu'il me laisse le dorloter, le soulager au moins un peu de sa souffrance. Qu'il me laisse faire mon boulot de mère. Mais c'était justement ce qu'il refusait et je retrouvais le sentiment qui m'avait tourmentée quand il était petit et qu'il évitait toute forme de contact : une impuissance et un désespoir tels que je ne savais même pas comment les exprimer.

— Je vais le retrouver, je te le promets, répétais-je en boucle à mon fils. Je ferai ce qu'il faut. Je promettrai une grosse récompense à celui qui le retrouvera.

— Non, tu ne le feras pas ! Il est parti et je te déteste !

Le seul moment où George s'adressait à moi c'était à son retour de l'école, dès qu'il avait franchi le seuil, pour me poser la sempiternelle question :

— Tu l'as trouvé ?

Et chaque jour, je lui faisais la même réponse :

— Pas encore, mais je vais le retrouver.

Et ces soirées de solitude et d'accablement, je les passais à penser à Ben, à ses miaulements, à sa queue qui ondulait quand il disparaissait derrière la porte, et je sentais le poids de ses pattes quand il atterrissait sur mes cuisses pour se faire caresser. Seuls les appels téléphoniques me faisaient momentanément oublier à quel point il me manquait. Je répondais à tous les appels, chaque sonnerie était une bouée de sauvetage jusqu'au moment où la bouée se dégonflait et où je replongeais.

Nous en recevions jusqu'à trente par jour et je faisais subir un interrogatoire en règle à ceux qui m'appelaient jusqu'à ce que je sois sûre que le chat qu'ils avaient repéré n'était pas Ben, ou bien je notais leurs coordonnées et je faisais un saut en voiture pour me rendre compte par moi-même. Je passais mes journées dehors, depuis le moment où George partait pour l'école jusqu'à son retour le soir, parce que la plupart du temps le chat au sujet duquel on m'appelait, et qui avait été aperçu dans un jardin, ne se montrait pas : il me fallait donc repasser à plusieurs reprises jusqu'au moment où je l'apercevais enfin. J'emportais souvent des croquettes avec moi et je demandais à la personne de le nourrir à heures fixes dans l'espoir que son passage coïnciderait avec ma visite. Mais la ponctualité n'est pas le fort des chats errants et je sautais souvent dans ma voiture après un appel (« il est là ! »).

Maman avait pris l'habitude que je l'abandonne au milieu du supermarché quand la sonnerie fatidique retentissait : « Je dois partir », lui disais-je en la laissant plantée au beau milieu de la travée des céréales et autres confitures. S'il y avait tant d'appels c'est parce que j'avais littéralement inondé le secteur d'affiches étendant peu à peu le périmètre de mes recherches aux villes voisines. J'en avais apposé tant qu'un fonctionnaire de la propreté m'appela même pour me menacer de poursuites pour jets de détritus sur la voie publique si je continuais. Mais au moins je savais que le message avait été reçu cinq sur cinq.

L'un de ces appels émanait d'un Australien qui m'expliqua qu'il prenait le train chaque matin pour le centre de Londres à la gare d'Osterley, à environ six kilomètres de chez moi. Or chaque matin cet homme voyait un chat noir à proximité des voies ferrées, un chat apparu à peu près au moment de la disparition de Ben. Je savais que les chats errants affectionnent la proximité des voies ferrées et je me demandais si Ben avait pu les suivre. Je notai tous les détails de sa description et je partis pour le quartier de la gare avec une pile de prospectus que je glissais dans toutes les boîtes aux lettres.

Le lendemain, je reçus un mail d'un homme qui habitait une maison bordant la voie ferrée et qui depuis une semaine nourrissait un chat noir et blanc. Mais ce chat mystérieux n'était jamais là quand je passais si bien que je demandai à l'homme de le prendre en photo. Quand il m'en envoya une, mon cœur se gonfla d'espoir : ce chat ressemblait beaucoup à Ben, mais je ne pouvais en être sûre à cent pour cent parce que le chat avait été photographié de profil et qu'on ne voyait donc pas s'il avait la cravate blanche, signe distinctif du mien. J'en avais assez vu, cependant, pour savoir qu'il fallait que je retrouve ce chat. Après être retournée là-bas à plusieurs reprises en vain, je décidai qu'il était temps de recourir aux grands moyens. Je demandai donc à Maman de venir passer la nuit à la maison parce que je voulais me poster à proximité ce soir-là.

— Tu en es sûre, Ju ? me demanda Maman sur un ton inquiet, tandis que je fourrais quelques sandwichs et une couverture dans un grand sac. Tu veux vraiment passer la nuit là-bas ?

— Il le faut, Maman, je dois savoir si c'est bien Ben.

Je me garai à côté de la voie ferrée et une fois la nuit tombée, je plaçai un bol de croquettes à côté de la voiture. C'était les préférées de Ben, et je savais qu'il accourrait s'il les sentait. Plusieurs chats vinrent en effet puiser dans mes croquettes mais il n'en faisait pas partie. Les heures passaient et je faisais tourner le moteur pour que le chauffage continue à marcher. Mon intuition me disait qu'il devait être dans le coin, que c'était le bon endroit où le chercher. Mais en y réfléchissant, je compris tout à coup que je m'y prenais mal : comment Ben allait-il me retrouver si je restais assise dans ma voiture, moteur allumé ?

Je sortis de la voiture et scrutai le talus. Était-il caché par là ? À l'abri sous un buisson ou blotti dans un arbre ? En marchant vers la clôture grillagée qui interdisait l'accès à la voie ferrée, je savais bien que je pouvais me faire arrêter pour violation de propriété, mais en escaladant le grillage, je me dis que la fin justifiait les moyens.

— Babou ? criai-je dans l'obscurité.

Je me frayai un chemin à travers les ronces et les sentis m'érafler le visage, me demandant un moment à quoi tout ça rimait… tout le monde dormait confortablement au chaud à cette heure et j'étais là, au beau milieu de la nuit, toute seule sur un talus de voie ferrée désert, à essayer de retrouver un chat qui n'était peut-être même pas le mien… Mais si c'était la condition *sine qua non* pour le retrouver, j'étais d'accord pour ces escapades nocturnes et plus s'il le fallait, parce qu'il n'était pas question d'abandonner avant d'être sûre. Je devais suivre toutes les pistes que mes interlocuteurs me signalaient, c'était la seule méthode possible.

Après avoir longé ce talus pendant des heures en appelant Ben sans détecter le moindre signe de sa présence, je finis par rentrer chez moi. J'ai rappelé l'homme qui nourrissait ce chat errant pour lui demander de me prévenir au cas où il le verrait ; quelques heures après, le téléphone sonna.

C'était ce monsieur, il venait juste de l'apercevoir sur le talus où j'avais passé la moitié de la nuit. Je me précipitai à la voiture et fonçai vers Osterley.

Après m'être garée, je courus à la clôture et j'aperçus effectivement un chat au loin, assis dans l'herbe et parfaitement paisible. Je le distinguais mal, il était trop loin, impossible de dire s'il s'agissait bien de Ben. Je ne voulais pas l'effrayer en m'approchant trop vite.

— Ben ? criai-je, Babou ?

Le chat se mit à marcher le long de la voie ferrée, s'approchant de l'endroit où j'étais et mon cœur fit un bond quand j'entrevis une tache blanche sur sa poitrine. Mais à cet instant précis le chat tourna la tête et je remarquai un trait de rouge vif sur son cou. Il portait un collier, ce ne pouvait donc pas être lui. Ben ne portait pas de collier, il les avait toujours arrachés et le vétérinaire nous avait expliqué que quand on n'habituait pas un chat au port d'un collier dès son plus jeune âge, il devenait impossible de le lui faire accepter par la suite. Je me sentais désemparée en regagnant la voiture, et je regrettai de ne pas avoir de baguette magique pour faire apparaître Ben. Sur le chemin de la maison, je ne pus refouler les larmes qui dégoulinaient sur mon visage.

Chaque fois que le téléphone sonnait quand George était à la maison, il apparaissait en haut des marches comme un fantôme, tâchant de saisir la conversation, ou bien il venait dans l'entrée quand je faisais défiler les messages sur le répondeur.

— C'est peut-être Ben, c'est peut-être Ben ! chantonnait-il en écoutant les messages enregistrés.

J'essayais en général de l'éloigner quand je faisais fonctionner le répondeur à cause des gens qui m'avaient téléphoné pour m'insulter sous prétexte que j'avais laissé un tract sur leur pare-brise. Nous avions eu deux autres appels plus déplaisants encore : l'un de quelqu'un qui disait avoir vu un chat noir et blanc tomber du haut d'un immeuble de dix étages et un autre d'une personne qui commençait par un « miaou » avant de se répandre en sarcasmes odieux. Pour cette raison je préférais que George n'écoute pas mais quand j'essayais de l'éloigner, il entrait dans une colère telle que je n'avais pas d'autre solution que de le laisser faire.

Ce jour-là, alors que nous venions de rentrer à la maison par une froide après-midi, alors que Ben était parti depuis trois semaines et que j'appuyais sur le bouton de lecture des messages, il était à côté de moi. Chaque jour s'étirait en longueur et je les comptais, en proie à une panique croissante à mesure que les jours, puis les semaines passaient. Bientôt un mois que Ben avait disparu et cela me paraissait une éternité.

— Julia Romp ? fit une voix stridente – on aurait dit un fou, il se mit à glousser nerveusement. On a trouvé Benny Boo, Julia ! Il est ici avec nous. Dans notre appart. Il est noir avec une cravate blanche et il est ici. On l'a trouvé et on va le garder, vous ne le reverrez jamais !

Et la voix éclata de rire. Un rire de fou.

Soudain George s'effondra par terre.

— George, dis-je en me penchant sur lui, George ?

Il était étendu sur la moquette, complètement immobile, le regard perdu dans le vague ; je m'assis à côté de lui, tétanisée par ce spectacle. J'avais toujours essayé de protéger George, de tenir à distance ceux qui auraient pu le blesser, lui faire du mal. Et maintenant le monde, mal et bien mêlés, se déversait dans notre maison et je ne pouvais pas l'empêcher si je voulais retrouver Ben.

George était blême.

— Mon chéri ? Tu te relèves, mon chéri ? C'est quelqu'un qui nous a fait une blague stupide. Ils n'ont pas vraiment retrouvé Ben. Ne les écoute pas. Ils sont dingues. Ils ne savent pas ce qu'ils disent.

Je faisais attention de ne pas toucher George, il n'était pas question de contact physique avec lui parce que depuis que nous étions rentrés de vacances, il ne m'avait pas serrée dans ses bras. Il n'avait même pas joué à se bagarrer avec moi comme il en avait l'habitude. Il avait abandonné le parler-chat et quand je l'avais repris une ou deux fois machinalement, il m'avait jeté un regard scandalisé.

— On ne peut pas parler comme ça maintenant que Ben n'est plus là.

Un autre jour, il dit lui-même quelque chose en parler-chat et, réalisant ce qu'il faisait, il devint tout pâle.

Et maintenant George avait fondu en larmes, roulé en boule par terre, secoué de sanglots irrépressibles.

— Il y a des gens méchants dans le monde, mon chéri, lui dis-je doucement. Mais ils n'ont pas retrouvé Ben. Il ne serait jamais allé vers eux. Tu sais qu'il ne se trompait jamais sur les gens. Il n'aurait jamais fait confiance à quelqu'un d'aussi cruel.

Mais George n'écoutait pas et quand il cessa enfin de pleurer, il se leva et partit dans le salon.

— Je suis obligée d'écouter les messages, lui dis-je, je dois le faire parce qu'un jour, quelqu'un appellera, il aura vraiment retrouvé Ben et on pourra enfin le récupérer.

George ouvrit la porte, sortit dans le jardin, traversa la pelouse en marchant sur les dalles qui menaient jusqu'à la pergola, l'endroit que Ben aimait le plus au monde, s'arrêtant sur la dernière.

Là, il ouvrit la bouche et poussa un grand cri.

Chapitre 16

Mon estomac se nouait un peu plus à chaque mot. Le facteur avait vu un chat mort sur la route en faisant sa tournée. Écrasé par une voiture.

— Il est noir et blanc, me dit-il, comme sur votre affichette.

— Vous êtes sûr qu'il est mort ? lui demandai-je, la gorge sèche, presque incapable d'articuler.

— Oui. Il était très gravement blessé. Il est encore sur la route.

— Merci d'avoir pris la peine de m'appeler.

— Je suis vraiment désolé.

Je raccrochai et décrochai à nouveau en tremblant. Je voulais demander à Boy de m'accompagner jusqu'à l'endroit où se trouvait le corps. Impossible d'y aller seule : chaque fois que je décrochais le téléphone, j'espérais qu'on me dirait de venir chercher mon chat dans un jardin ou un salon, mais son cadavre à un coin de rue… cette simple idée me rendait malade. J'appréhendais un appel comme celui-là, évidemment. Je savais qu'il n'était pas rare que des chats se fassent écraser et, les semaines passant, je me demandais souvent si ce n'était pas le sort qu'avait connu Ben. Je préférais me raccrocher à l'idée qu'il avait été volé parce que cela signifiait qu'il était encore en vie, mais je ne pouvais écarter des hypothèses beaucoup plus sombres. Et voilà que cette éventualité semblait terriblement près de se concrétiser. Alors que George avait recommencé d'espérer que Ben revienne à la maison… non, décidément, il n'était pas question que ce chat retrouvé sur la route soit Ben, ç'aurait été trop injuste…

C'était à la suite d'une conversation que nous avions eue au milieu d'une nuit agitée. Comme chaque nuit désormais, George n'avait pour ainsi dire pas dormi, il se réveillait toutes les demi-heures. Après des semaines d'insomnies nous étions tous les deux épuisés et j'avais finalement persuadé George de venir s'allonger à côté de moi en espérant qu'il dormirait mieux. Il avait d'abord refusé parce que cela signifiait dormir du côté de Ben, mais j'avais fini par le convaincre. Il s'était relevé très vite et arpentait la chambre de long en large devant la fenêtre dont il avait écarté les rideaux pour scruter le ciel nocturne.

— Il fait tout noir, disait George. Je me demande comment Ben peut retrouver son chemin. Moi je n'arrive pas à le retrouver. Est-ce qu'il a froid ? Est-ce qu'il est dans le lit de quelqu'un d'autre ? Il a faim ?

Les questions se succédaient, à l'infini.

J'avais essayé de le distraire :

— Tu crois que Ben aurait pu s'installer dans une autre famille ? lui demandai-je.

C'était une idée dont je n'avais pas parlé à George, mais je n'avais cessé de penser aux histoires que je lisais dans les journaux. Il y était question de chats qui disparaissent pendant des mois parce qu'un étranger, tout ce temps, les nourrit, et qui un beau jour rentrent chez eux. On m'avait souvent dit que cela avait très bien pu arriver et je commençais à penser que c'était peut-être vrai...

Mais surtout, plus les semaines passaient, sans la moindre nouvelle, plus la peur montait en moi et toutes sortes d'éventualités me semblaient maintenant possibles. Y compris celle que Ben ait décidé de s'enfuir parce qu'il s'était senti abandonné après notre départ pour l'Égypte.

— Tu crois qu'il aurait pu monter dans la voiture d'un étranger ou un camion de déménagement et partir pour une autre ville ? demandai-je à George. On entend parfois ce genre d'histoires aux infos...

George regardait au-dehors.

— Non, répliqua-t-il. Non, il n'irait pas vivre avec quelqu'un d'autre.

Mais en me levant le lendemain matin, j'entendis George dire calmement, alors que je lui apportais son petit déjeuner :

— Ben a peut-être déménagé quelque part. Babou a peut-être trouvé un nouveau foyer.

Je sentis qu'une lumière était en train de renaître en lui et je voulais l'encourager de mon mieux. Nous n'étions sûrs de rien et je voulais que George retrouve l'espoir – tout plutôt que cette tristesse qui le minait un peu plus chaque jour.

— Je trouverai Ben, s'il a été adopté par une autre famille, lui assurai-je. Il serait déjà rentré à la maison s'il le pouvait, tout ce que j'aurai à faire c'est de le ramener.

Mais en téléphonant à Boy pour lui demander de m'amener à l'endroit que m'avait signalé le facteur, j'étais submergée de doute. Avais-je eu raison de pousser George à espérer ? Cela faisait plus d'un mois maintenant que Ben avait quitté la maison. Peut-être que je m'étais raconté beaucoup d'histoires ? Boy eut beau m'emmener en quelques minutes au coin de la rue où le facteur avait vu le chat mort, en arrivant sur les lieux nous ne vîmes qu'une tache de sang rouge vif sur le bitume : le chat avait déjà été emporté ailleurs. Je faillis éclater en sanglots. Où le cadavre de cette pauvre bête avait-il été transporté ? Il fallait que nous en ayons le cœur net. Boy et moi avons donc frappé à toutes les portes des maisons voisines pour savoir si quelqu'un pouvait nous donner l'information. En remontant la rue, je songeais à George, à son espoir et à ce chat noir et blanc qui avait perdu la vie. La panique me submergea quand je pensai aux conséquences pour George, si ce cadavre était vraiment celui de Ben.

— J'espère que vous pourrez m'aider, dis-je à l'homme qui m'ouvrit la porte. Un chat a été écrasé dans cette rue et je voudrais savoir où il se trouve.

— Il est là, répondit l'homme, le visage grave.

Une petite fille et un petit garçon se tenaient à côté de lui.

— Je pensais qu'il s'agissait peut-être du mien, dis-je.

— Non, c'est notre chat. Je l'ai enterré dans le jardin.

— Excusez-moi d'insister, mais vous en êtes sûrs ? On m'a dit que ce chat avait été gravement blessé, vous avez peut-être pu vous tromper... ?

— Non, je suis sûr que c'était le nôtre.

Pendant quelques instants, je ressentis un intense soulagement. Et puis de la culpabilité. Comment pouvais-je me sentir bien alors que cette famille venait de perdre un compagnon si proche ?

— Excusez-moi de vous avoir dérangé, je suis désolée, dis-je à l'homme qui referma la porte derrière moi.

J'étais si bouleversée ce soir-là qu'en appelant Maman pour lui raconter ce moment, les mots se bousculaient dans ma bouche. Je lui ai expliqué que je ne pouvais m'empêcher de penser à Ben et à ce qui avait bien pu lui arriver. En me retournant, j'ai vu George, debout à la porte. Il avait tout entendu.

— Le monde est devenu fou ! cria-t-il. Les voitures détruisent les arbres, l'air est pollué et les animaux devraient pouvoir aller où ils veulent ! Pourquoi les voitures peuvent-elles écraser les chats ?

— Parce qu'il y a des accidents et qu'on n'y peut rien même si c'est très triste.

— On devrait avoir une carriole tirée par un cheval pour montrer aux gens que c'est mieux qu'une voiture.

— Je ne suis pas sûre que ce soit très pratique, George.

— Mais bientôt il n'y aura plus de pétrole, les gens sont asphyxiés, les voitures nous tuent et elles tuent les chats…

Cette conversation se poursuivit les jours suivants. Je m'efforçais d'apaiser les inquiétudes de George et j'espérais tellement qu'il n'avait pas entendu ma conversation avec Maman…

Mais tout en lui répétant que nous ne savions pas ce qu'il était advenu de Ben et devions garder l'espoir, je compris que j'avais peut-être commis une terrible erreur quand George vint me trouver la veille de Halloween.

— Ne t'inquiète pas, Maman, dit-il.

C'était la première fois qu'il me parlait comme ça depuis le départ de Ben et je me demandai ce qui avait bien pu le faire changer d'avis.

— Ben va revenir, poursuivit George.

Je ne compris pas le sens de sa phrase.

— Il va revenir demain.

— Pourquoi demain ?

— Parce que c'est Halloween. Il adore Halloween, il va forcément rentrer à la maison.

Un frisson glacé m'a traversée. George, qui se rappelait notre fête de l'année précédente et tout le plaisir qu'il y avait pris avec Ben, était convaincu que son compagnon allait rentrer à la maison pour fêter Halloween avec nous. Pendant toute la journée du lendemain, il resta profondément absorbé dans ses pensées, mais à mesure que la journée puis la soirée passaient, je vis George replonger peu à peu dans une profonde tristesse. Je savais qu'il était trop tard pour l'en empêcher. Quand les gamins du voisinage commencèrent leur tournée et vinrent frapper chez nous pour avoir des bonbons, George se mit à pianoter et à chantonner nerveusement.

— Dis-leur de partir, répétait-il chaque fois que la sonnette retentissait. Il n'est pas là, il ne rentrera pas.

J'ai fini par éteindre toutes les lumières pour dissuader les enfants de sonner. George et moi avons passé le reste de la soirée assis dans le noir. La maison plongée dans le silence et l'obscurité ressemblait à un caveau funéraire et j'étais accablée de culpabilité. Comment allais-je pouvoir soulager une telle tristesse si je ne retrouvais pas Ben ? Comment ressusciter le petit garçon heureux avec lequel j'avais passé une année si prometteuse ? En y repensant, je compris deux choses : peut-être avais-je eu tort d'encourager George à espérer et devais-je me résigner à admettre que Ben ne reviendrait jamais ? Mais jusqu'à ce que j'en sois sûre, jusqu'à ce que j'aie découvert la vérité, je ne cesserai de croire à son retour et de le dire à George. C'était à moi d'espérer pour nous deux, désormais.

Je m'étais fait une amie pendant mes recherches, une femme du nom de Sally qui habitait Isleworth, à la limite de Hounslow. Je l'avais rencontrée après avoir reçu un coup de fil de sa mère, qui habitait la maison voisine avec sa tante. Ces deux dames voulaient m'informer qu'elles nourrissaient un chat blanc et noir apparu dans leur jardin fin septembre.

— Nous sommes sûres qu'il s'agit du vôtre, dit-elle. Il est identique à celui de l'affiche.

Je fonçai donc chez elles comme je le faisais toujours, rencontrai ces deux femmes charmantes et découvris aussitôt que le chat qu'elles hébergeaient n'était pas Ben : la seule tache de blanc sur sa robe se situait au-dessus de sa truffe. On aurait dit qu'il avait reçu un coup de pinceau. Mais ce chat avait si belle allure qu'il appartenait forcément à quelqu'un… Les chats sauvages ont une tout autre allure que les animaux domestiques : ils sont minces, voire efflanqués tandis que les chats domestiques sont bien nourris et plus gras. Les chats d'appartement se laissent approcher, les autres refusent farouchement tout contact. Je proposai donc d'emmener ce chat chez le vétérinaire pour qu'il vérifie sa puce.

— Ne vous en faites pas, me dit l'une des deux femmes. Sally, ma fille est partie en Amérique mais elle va bientôt rentrer et elle fera le nécessaire. Elle est bénévole dans une association de protection animale depuis des années, elle saura donc quoi faire.

Je ne pensais pas entendre de nouveau parler d'elles, mais Sally m'envoya un e-mail à son retour où elle s'excusait de la confusion et me donnait d'autres détails sur ce chat qu'elles avaient surnommé Rêveur. Elle en prit soin jusqu'au moment où une association lui trouva un nouveau foyer. L'histoire de Rêveur eut donc une conclusion heureuse.

J'avais croisé d'autres chats auxquels des étrangers avaient donné une seconde chance. Parmi ces bienheureux, Monty, Socks et Prudence avaient eu beaucoup de chance. Ils appartenaient à une certaine Mavis, à qui j'avais rendu visite un soir de novembre avec Wendy. Mavis m'avait appelée pour me dire qu'elle nourrissait un chat errant qui ressemblait à la description de Ben. C'est une femme de plus de soixante-dix ans aux cheveux argentés joliment coupés au carré qui m'ouvrit la porte. Mavis était aussi élégante que sa maison bien tenue. Tout était propre et net, la maison embaumait le linge propre et la planche à repasser dépliée annonçait une après-midi de repassage.

Mavis m'expliqua que le premier chat errant qu'elle avait adopté, Monty, s'était installé chez elle quatre ans plus tôt. Puis elle en avait adopté un autre, une femelle en piteux état et mourant de faim qu'elle avait appelée Prudence.

— Je ne peux vous présenter Prudence aujourd'hui, me dit Mavis. Elle est sourde et âgée et elle n'aime pas beaucoup les étrangers. Elle vit dans une chambre au premier et ne sort guère.

Je pus constater que Mavis était très protectrice avec ses chats, surtout avec Prudence. Le dernier arrivant en date était un chat noir et blanc dénommé Socks que Mavis nourrissait depuis qu'il était apparu dans son jardin quelques semaines auparavant. C'est lui qu'elle voulait que je voie. Elle doutait que ce fût Ben mais elle préférait que je m'en assure par moi-même.

— Ça va bientôt être l'heure de son poisson, nous dit-elle. Je lui en donne tous les soirs sur la véranda.

Je ne tardai pas à voir apparaître Socks et, comme Mavis le pensait, ce n'était pas Ben. Chaque nouvelle déception s'accompagnait d'une bouffée de tristesse. Cela faisait maintenant près de deux mois qu'il avait disparu, mais chaque appel relançait l'espoir que ce soit Ben. Il suffisait de chercher vraiment bien, me disais-je et je le retrouverais… Je refoulais ma tristesse. Mavis s'inquiétait au sujet de Socks qui, elle en était sûre, devait avoir un foyer quelque part.

— Si mon Monty disparaissait, je voudrais que celui qui le trouve vérifie son identité, mais je n'ai pas réussi à attraper Socks, nous expliqua-t-elle.

Je compris exactement ce que Mavis ressentait.

— Voulez-vous que je l'attrape et l'emmène chez le vétérinaire pour vérifier si on lui a posé une puce ? lui demandai-je. Mavis acquiesça.

J'avais pris l'habitude d'amener régulièrement des chats errants chez le vétérinaire de l'antenne locale de la SPA pour vérifier s'ils étaient enregistrés. C'était ma façon de travailler pour Ben : je voulais résoudre l'énigme du chat disparu, de tous les chats disparus... Malheureusement aucun des six ou sept chats que j'avais fait examiner ne portant de puce, je les avais rapportés à l'endroit où je les avais trouvés comme on me l'avait conseillé à l'association. C'est la raison pour laquelle je proposai spontanément mon aide à Mavis. Je lui dis que je reviendrais le lendemain avec une cage de transport et des gants. J'avais acquis une certaine expérience de ces situations : attraper Socks ne m'effrayait guère, je savais ce que je faisais.

Le lendemain, je retournai voir Mavis et lui demandai de laisser une assiette de croquettes en évidence dans la cuisine en laissant entrouverte la porte donnant sur le jardin pendant que je me dissimulerais à l'intérieur, derrière ladite porte. Elle-même serait restée dehors et elle refermerait la porte une fois Socks entré. Il ne me resterait alors plus qu'à l'attraper.

Notre plan marcha comme sur des roulettes : Socks apparut à l'heure pile où nous l'attendions et après s'être arrêté une seconde sur le seuil pour renifler ce qui l'attendait, il entra lentement dans la cuisine. Rapide comme l'éclair, Mavis claqua la porte derrière lui et je m'avançai rapidement vers Socks pour l'attraper. Mais à la seconde où il comprit qu'il s'était fait piéger, Socks entra dans une fureur noire. Je n'avais jamais vu une pareille réaction. Il sauta sur le plan de travail, courut, sauta à nouveau par terre et se jeta sur moi, babines retroussées et griffes pointées en avant. Un vrai petit tigre. Je savais que les chats crachaient mais c'est ce jour-là que je le vis de mes yeux pour la première fois. Je parvins à le plaquer au sol où je le pris par la peau du cou avant de le pousser dans la cage. C'était pour son bien, évidemment, mais Socks ne l'entendait pas de cette oreille et je l'entendis se jeter contre les parois pendant le trajet qui nous conduisait chez le vétérinaire. Socks s'était transformé en une sorte d'Incroyable Hulk !

Après examen, il ne portait pas de micropuce. Socks avait aussi besoin d'un bilan et le vétérinaire, comme pour tous les chats errants, insista pour qu'il soit en plus castré. Après quoi, Socks devrait récupérer quelque part et je proposai de le garder chez moi parce que Mavis était âgée et qu'elle hébergeait déjà deux chats. La réaction de George m'inquiétait, cependant. Il m'était certes arrivé de recueillir trois chats errants à la maison pour un jour ou deux, avant de les ramener à l'endroit où je les avais trouvés, mais jamais plus longtemps.

— Maman veut s'occuper des chats de tout le monde ! déclara George en colère à Nob après que j'eus installé Socks dans un panier dans une petite pièce du rez-de-chaussée. Elle a complètement oublié Ben.

— Bien sûr que non ! répliquai-je. Mais Socks a eu une vie aussi triste que Ben avant qu'il arrive chez nous. Il n'a pas eu de mère ni de père pour s'occuper de lui.

— Tu te fiches de Ben, cria George. Tu l'as oublié !

Il me bouscula et monta au premier, furieux. La colère de George s'aggravait de jour en jour et elle me rappelait les jours les plus sombres d'autrefois. Il bouillait de rage et de frustration, exactement comme aux pires moments. La semaine où Socks récupéra à la maison fut très dure. George ne le regardait même pas. Socks n'était qu'un chat et Ben représentait beaucoup plus aux yeux de son maître.

Quand je lui demandais s'il ne voulait pas au moins lui dire bonjour, George me répondait automatiquement :

— Je ne veux pas le voir.

C'est donc moi qui me chargeais de veiller sur Socks, aussi nerveux qu'au premier jour quand je lui rendais visite, et je ressortais en général du cagibi avec quelques égratignures. Dès qu'il fut plus en forme, je le ramenai donc dans le jardin de Mavis, l'endroit où, de toute évidence, il se sentait le mieux. Le vétérinaire l'avait pourvu d'une puce et Mavis et moi étions maintenant enregistrées comme ses familles d'accueil. J'étais heureuse pour elle quand Socks s'éclipsa dans le jardin parce que nous savions toutes les deux qu'il reviendrait engloutir son poisson le soir même. Alors que nous rentrions à l'intérieur, Mavis se tourna vers moi.

— Aimeriez-vous rencontrer Prudence ? demanda-t-elle.

Sachant que Mavis ne présentait Prudence à personne, je me sentis très honorée. Nous montâmes sur la pointe des pieds au premier et Mavis m'ouvrit la porte d'une belle chambre avec une immense baie vitrée, une moquette rose et un lit recouvert d'un duvet rose. Cette chambre était si jolie que je me serais très bien vue y habiter.

Prudence qui était allongée dans son panier rose, dans un coin, se leva aussitôt pour découvrir ses visiteurs. C'était le plus joli chat angora écaille-de-tortue, que j'aie jamais vu. Elle traversa la pièce lentement posant ses pattes l'une devant l'autre exactement comme un mannequin dans un défilé haute couture. Elle s'avança vers nous, le museau fièrement relevé avant de jeter un regard circulaire comme pour me demander comment je trouvais sa chambre. Elle avait une allure vraiment royale, bien loin des chats de gouttière et autres vagabonds dont j'avais l'habitude. Et quand Mavis se pencha pour la prendre dans ses bras, je me dis que Prudence qui avait connu un si mauvais départ dans la vie méritait absolument de finir ses jours dans cette chambre digne d'une princesse.

Quand j'avais commencé mes recherches, je ressemblais un peu à Ace Ventura, le détective pour chiens et chats, mais deux mois plus tard, je ressemblais plutôt à Indiana Jones. Je n'avais qu'une idée en tête : le prochain appel serait le bon, le prochain chat aperçu au coin d'une rue ou d'un jardin pouvait être Ben. Je devais vérifier la moindre information, si mince soit-elle, qui pourrait me permettre de remonter jusqu'à lui.

Deux mois étaient passés, décembre se rapprochait, j'avais le cœur lourd d'inquiétudes sur ce qui avait pu arriver à Ben et plus mon imagination s'échauffait plus ma quête devenait frénétique. Mon espoir que Ben puisse revenir chez nous était contrebalancé par la peur lancinante qu'il soit mort et quelle que soit la réalité, il fallait que j'en aie le cœur net. Pas question de briser le cœur de George en lui annonçant que Ben ne reviendrait jamais à moins d'en être sûre. George avait besoin d'une réponse définitive, et j'étais bien décidée à la lui fournir. Il fallait qu'il sache ce qui était arrivé à son meilleur ami.

Peu après la disparition de Ben, j'avais commencé à rendre régulièrement visite au dépôt où étaient basées les bennes à ordures et les équipes de nettoyage de la voirie qui étaient aussi chargées de ramasser les cadavres d'animaux, en général des chats, qui se faisaient faucher par des voitures. Les dépouilles étaient placées dans de grands sacs en plastique, scannées au cas où elles seraient micropucées puis transportées jusqu'au dépôt où elles étaient conservées dans des chambres froides. Si le chat était pourvu d'une puce, on contactait ses propriétaires pour leur demander s'ils voulaient récupérer leur animal. Dans le cas où on ne pouvait retrouver ses propriétaires, les responsables du service attendaient quelque temps avant de l'incinérer. Les incinérations étaient fréquentes, la plupart des chats n'étaient pas pourvus d'une puce. Ben avait la sienne, bien sûr, mais je ne pouvais m'ôter de la tête l'idée qu'elle n'était peut-être pas lisible, ce qui signifiait que je ne saurais jamais s'il avait été retrouvé sur une route quelque part. Je savais que c'était peu probable, mais le cœur n'écoute pas toujours la tête et j'avais donc pris l'habitude de me rendre chaque jour au dépôt pour vérifier par moi-même.

Je n'étais pas autorisée à voir les chats. Je demandais donc à un pauvre employé australien chargé de la paperasse de me décrire chaque cadavre ramassé sur la voirie. Je crois qu'il s'était lassé de ma visite quotidienne dès la première semaine.

— On a un chat tigré qui avait sa micropuce, un autre qui est roux mais ce n'est pas le vôtre… on en a trouvé un à Brentworth mais il est blanc.

À la fin, le pauvre homme jouait l'employé débordé de travail quand il me voyait arriver, mais je m'asseyais et j'attendais qu'il lève les yeux sur moi. Comme tant d'autres, il trouvait un peu étrange que je sois si attachée à mon chat. En fait, les employés de la voirie me connaissaient si bien que l'un d'eux miaulait en m'apercevant. Nob m'avait dit que des responsables municipaux s'étonnaient de me croiser aussi souvent dans ces locaux mais je ne m'en émus guère. Qui pouvait comprendre ce que Ben signifiait pour George et moi ? Tous ces gens pouvaient me juger ridicule, voire folle, or je faisais simplement mon devoir de mère.

Soir après soir, George allait se poster à la fenêtre de ma chambre, celle d'où il appelait Ben quelques semaines auparavant. Il me tournait le dos et fondait en larmes. Je regardais ses épaules secouées de sanglots, son corps tremblant. Le voir dans cet état de désespoir me paniquait littéralement.

— Tu crois qu'il est quelque part dehors ? me demandait-il en sanglotant.

— Oui, lui disais-je, et je vais le retrouver.

— J'ai embrassé sa truffe, fit George, comme si je n'avais rien dit. Je lui ai caressé les oreilles. Je lui ai dit que je partais en vacances pour voir les poissons et puis il m'a quitté. Il est parti.

Parfois j'essayais de lui expliquer tout ce que je faisais pour retrouver Ben. Mais il ne voulait rien entendre alors je restais silencieuse à côté de lui, parfois pendant une heure, jusqu'à ce qu'il cesse de pleurer. Avant, je pouvais compter sur Ben pour m'aider à réconforter George, à le faire sortir de lui, à lui inculquer quelques règles ou simplement le faire rire. Maintenant il n'y avait plus que moi, et ma voix ne suffisait pas à George.

— Il ne reviendra jamais, reprit George quand il se détourna enfin de la fenêtre.

— Tu veux un câlin ? lui demandai-je en espérant toujours qu'il accepterait que je le prenne dans mes bras.

— Non. Ne me touche pas.

— Je vais le trouver George. Je cherche sans arrêt.

— Il est mort. Laisse-moi tranquille, maintenant.

C'était pour cela qu'il fallait que je persévère : en fait, je n'avais pas le choix.

J'avais rencontré Norma lors de mes visites au dépôt. Norma était la policière municipale chargée de la surveillance des chiens… et de leurs maîtres. Grande et mince, avec des cheveux châtain foncé, elle faisait ce travail depuis des années. Elle n'était pas du genre très avenant de prime abord. En fait, elle avait tellement pris l'habitude de parler carrément aux gens, pour leur rappeler d'attacher leur chien ou s'assurer qu'ils ramassent les crottes, qu'elle ne prenait plus de gants avec qui que ce soit.

— Il y a six cadavres dans le frigo aujourd'hui, me dit Norma lors de notre première rencontre, et aucun d'eux n'a de puce.

Comme je me mis à gémir à la pensée de tous ces pauvres animaux qui allaient être incinérés parce qu'on ne leur avait pas posé de puce, Norma me jeta un regard étonné.

— Ça va aller ? me demanda-t-elle l'air sidéré.

— Non, ai-je crié. Pourquoi les gens ne pensent-ils pas à mettre des puces à leurs chats ?

— C'est l'histoire de ma vie, mon petit. C'est toujours la même chanson qu'il pleuve, qu'il vente ou qu'il neige.

Mais si Norma ne comprenait pas vraiment pourquoi ce détail m'affligeait tant, elle avait bon cœur. J'ai perdu le compte de toutes les affiches qu'elle a posées pour moi à la cantine municipale et sur les panneaux d'affichage. Elle avait aussi envoyé des e-mails à toutes les associations de protection animale avec lesquelles elle travaillait pour leur parler de Ben.

Norma est l'une des nombreuses personnes serviables et gentilles que j'ai rencontrées. Il y eut aussi ce maçon qui partageait ses sandwichs de midi avec un chat errant. Il me téléphona pour me dire qu'il avait vu un chat ressemblant à Ben à côté du chantier sur lequel il travaillait. Et la monitrice du centre aéré de mon quartier avait partagé avec un chat le jambon destiné au repas de midi de son groupe d'enfants parce qu'elle avait pensé qu'il pouvait s'agir de Ben. Aucun de ces chats n'était le mien, mais j'appréciais l'aide de ces gens, exactement comme la gentillesse des étrangers qui m'avaient abordée alors que je distribuais des tracts devant un supermarché, un dimanche. J'avais décidé que le rayon animaux était le bon endroit pour aborder des gens qui auraient pu repérer Ben.

Je venais à peine d'arriver qu'une responsable du magasin me demanda de partir.

— Je suis vraiment désolée mais il est interdit de distribuer des tracts ici, me signifia-t-elle.

— Je ne force personne à les prendre !

— Je sais, mais c'est interdit dans l'enceinte du magasin.

Elle murmura ensuite que personne ne trouverait rien à redire si je me postais devant l'entrée, pourvu que je ne la bloque pas. Je sortis donc avec mon énorme sac de prospectus et je les tendis aux gens qui sortaient. Mais ceux-ci ne me regardaient pas dans les yeux et ils me contournaient en sortant de la boutique. Même quand j'arrivais à fourrer un tract dans la main d'un passant, j'avais envie de pleurer parce qu'en général il se dépêchait de le jeter. Voir tous ces prospectus avec la frimousse de Ben piétinés sur le bitume me rendait malade. Mais il n'était pas question de me mettre à pleurer parce qu'alors plus personne ne prendrait mes tracts ! Il fallait que je sois plus directe.

— Je n'essaie pas de vous vendre quelque chose, criai-je alors. Je veux juste retrouver mon chat. Merci de prendre un prospectus et de voir si vous pouvez m'aider !

L'attitude des gens changea du tout au tout après que j'eus proféré ces mots. Quand ils comprirent la raison de cette distribution de tracts, ils les prirent très volontiers. Un type pourvu d'un énorme ventre de buveur de bière me serra même brièvement dans ses bras :

— Ne vous en faites pas, mon petit, il reviendra bientôt.

J'ai rencontré ce jour-là beaucoup de gens qui me parlèrent des chats qu'ils avaient aimés et ça me rasséréna parce que je me sentis un peu moins seule. Même le vigile finit par me sourire, lui qui m'avait d'abord jeté des regards plutôt hostiles. La plupart des gens comprennent très bien ce que représente la perte d'un animal et le fait de se sentir perdu sans lui. Certains connaissent même le sentiment accablant qui fait qu'on se demande comment on va pouvoir continuer à vivre alors qu'on est sans nouvelles du compagnon bien aimé qui a disparu sans crier gare.

Un jour dans une rue pavillonnaire de Whitton, j'avais poursuivi de jardin en jardin un chat qui sautait la haie suivante au moment où j'atterrissais sur la pelouse, et visité toutes les églises du coin pour inscrire le nom de Ben dans les livres de prières. Et quand je hantais les rues de Brentford pendant des heures par une nuit glaciale sous le tonnerre et les éclairs, je ne voyais qu'une chose, les frimousses de George et Ben – tout ça parce qu'une femme m'avait appelée pour me dire qu'elle était sûre de l'avoir repéré dans le secteur. En marchant dans ces rues, trempée jusqu'aux os, je savais que je ne le retrouverais pas, mais je ne pouvais pas renoncer. Pas encore. Alors je continuais à marcher jusqu'à ce que, trop épuisée pour mettre un pied devant l'autre, je me décide enfin à rentrer.

Certains jours, les gens semblaient s'être donné le mot pour m'abreuver de conseils sur le meilleur moyen de retrouver Ben et j'en avais la tête farcie. Quand quelqu'un me dit qu'un chat pouvait se noyer dans un trou d'eau, je me mis à scruter tous les trous d'eau que je croisais. Quand un autre m'assura que les chats pouvaient entrer par les chatières chez des gens qui étaient partis en vacances et se trouver pris au piège dans des maisons vides, je me mis à surveiller attentivement les maisons du coin dont les propriétaires étaient absents. Et je ne sais combien d'habitants suspicieux de quartiers où personne ne me connaissait vinrent s'assurer que je ne mijotais pas un mauvais coup quand je me postais à proximité de chez eux armée d'une boîte de biscuits que je semais sur mon chemin en criant à pleins poumons le nom de mon chat...

Sans compter que je diffusai aussi la photo de Ben sur Internet et dans le journal local après avoir passé une petite annonce et qu'un journaliste m'a appelée pour écrire un article sur Ben. Quand quelqu'un m'expliqua que les chats pouvaient rester coincés sur des branches d'arbres pendant des semaines, je me mis à scruter tous les arbres que je croisais, juste pour vérifier si je n'apercevais pas une petite boule familière à dix mètres de haut. Je demandai même à mes voisins s'ils avaient eu des visiteurs qui auraient pu repartir avec Ben en se disant qu'il était perdu.

Au fond de moi, je restais persuadée que Ben était vivant, quelque part – si impossible que cela paraisse – et c'est la raison pour laquelle je suivais toutes les pistes qui se présentaient. Maman m'accompagnait le jour où j'aperçus un chat au loin et que je me mis à le poursuivre. Quand il disparut au bout d'une ruelle, nous repartîmes vers la voiture en nous demandant quoi faire.

Juste à ce moment, le chat traversa la ruelle sous notre nez et se glissa par une minuscule ouverture sous un portail. Je fonçai alors vers ledit portail et collai mon œil par terre pour tâcher de l'apercevoir.

— Je l'ai perdu, Maman ! Je ne le vois nulle part.

Mais à ce moment précis, mon regard fut attiré par le savant aménagement du jardin et je ne pus m'empêcher de crier :

— Ils ont planté tout un tas de jolies choses dans ce jardin…

Et soudain je vis un pied de l'autre côté du portail. Redressant la tête j'avisai deux yeux, sourcils froncés, qui se penchaient vers moi. Le propriétaire de la maison était sorti pour voir qui persécutait son pauvre chat et je partis d'un tel fou rire que je fus incapable de lui expliquer ce que je faisais devant son portail le nez collé au sol.

Voilà le genre de péripéties qui pimentèrent mes longues recherches et il y en eut d'autres, beaucoup d'autres. La pire ? Sans doute l'aller-retour que je faisais jusqu'à la rivière chaque jour parce que, allez savoir pourquoi, je me demandais sans cesse si Ben avait pu s'y noyer. Et je ne me contentais pas de longer les berges : je descendais dans la rivière pour me compliquer un peu plus la vie. Je commis une grosse erreur, la première fois, en chaussant mes bottes en caoutchouc. Après avoir marché un moment dans un bras de rivière peu profond, je vis que la hauteur d'eau m'interdisait d'avancer plus loin et je décidai de sortir de la rivière. Je me trouvai juste devant le jardin d'un pub dont les clients étaient sortis fumer une cigarette. En essayant de regagner la berge, je fis un faux pas et mes bottes se remplirent d'eau. Impossible de lever mes pieds, devenus trop lourds ! Après être restée là à tituber sur place pendant un bon moment, je parvins finalement à me hisser sur la berge boueuse où une foule compacte s'était rassemblée pour m'observer.

— On a oublié son maillot, ma belle ?

— On s'entraîne pour la traversée de la Manche à la nage ?

— On veut tremper le goujon dans sa tasse de thé ? fit un troisième.

Après cette expérience désagréable, Nob me trouva une paire de cuissardes plus adaptées à la marche en rivière avec lesquelles je passais tous les jours devant les pensionnaires de la maison de retraite voisine.

— Ça va, Julia ? me demandaient-ils avec une pointe d'inquiétude.

— Super ! répondais-je.

Je sentais bien qu'ils avaient des doutes sur mon équilibre psychique… Il m'arrivait aussi de répandre le contenu d'un ou deux sacs d'aspirateur le long de la même rivière. Ben était parti depuis si longtemps maintenant qu'il ne devait pas rester grand-chose de son odeur dans la maison, mais j'étais convaincue que ça pouvait aider quand même. Là encore, les retraités devaient sourire en me voyant passer avec mes sacs d'aspirateur… sans oublier ce voisin qui promenait son chien, visiblement effaré de me voir avancer au beau milieu de la rivière ou de répandre de la poussière sur les berges.

— Vous êtes sûre que ça va ? me demanda-t-il un jour.

— Je cherche mon chat, lui répondis-je laconiquement.

— Dans la rivière ?

— Mais oui !

— Quand l'avez-vous perdu ?

— Il y a deux mois.

— À votre place je laisserais tomber la rivière parce que je ne crois pas que vous ayez la moindre chance de le retrouver là…

Je pense que j'ai fini par le convaincre que je n'avais pas pété les plombs, mais j'apprenais qu'on est prêt à tout, ou presque, quand on est aussi déterminé que je l'étais. Si je cessais de chercher, il me faudrait accepter mon impuissance à aider George et je ne pouvais pas m'y résigner. Je devais simplement continuer de chercher, de toutes les manières possibles, jusqu'à ce que je retrouve Ben.

Nous étions fin novembre et il était temps de parler des fêtes avec George. Les gens commençaient à décorer leurs façades et les boutiques regorgeaient d'idées de décors et de cadeaux. L'équipe pédagogique et les élèves de Marjorie Kinnan allaient bientôt commencer à répéter le concert de Noël. Impossible de ne pas aborder le sujet avec mon fils. Nous n'avions pas évoqué la question d'une autre féerie de Noël parce qu'aucun de nous ne pouvait l'envisager sans Ben. Mais alors que d'habitude nous commencions à décorer la maison dès la mi-novembre et que nous garnissions au moins deux arbres du jardin de boules et de guirlandes lumineuses, pour l'instant nous n'avions rien fait.

Un jour de décembre, George monta s'enfermer dans sa chambre dès son retour de l'école. Je montai frapper à sa porte.

— George ?

J'ouvris la porte.

Il était assis sur son lit avec sa collection d'objets brillants, les redisposant à l'infini comme il le faisait compulsivement depuis le départ de Ben. Il ne leva pas les yeux quand j'entrai.

— Je voudrais te parler de quelque chose… lui dis-je en m'asseyant à côté de lui.

Il s'écarta un peu.

— Je voulais te parler de Noël, poursuivis-je doucement.

— Non, fit George. Pas s'il n'est pas là.

— Mais je suis sûre que Ben aurait voulu que tu t'amuses.

George fondit en larmes, de grosses larmes qui dégoulinaient silencieusement le long de ses joues. C'était comme ça qu'il pleurait maintenant, sans émettre le moindre son, et il m'arrivait de le voir les joues humides quand il se lavait les dents ou que je l'habillais. Une fois je l'avais même vu pleurer en regardant ses petits poissons argentés en plastique et je savais qu'il pensait à Ben qui les adorait.

— Tu as le droit de pleurer, George, tu as le droit d'être triste. Moi aussi je suis triste.

— Ça m'arrive de temps en temps, je ne peux pas m'en empêcher.

— Je sais bien, moi aussi ça m'arrive.

Et nous restâmes silencieux assis l'un à côté de l'autre. Je ne savais plus comment rassurer George, lui dire que je finirais par retrouver Ben. Quand j'essayais de lui parler de ce que j'avais fait pour le retrouver, il faisait la sourde oreille.

Je ne pensais qu'à une chose, assise à côté de lui : j'aurais tant voulu prendre sa main dans la mienne et je sentais les larmes monter. Je souffrais pour George, notre bonheur disparu, la lumière qui s'était allumée en lui quand Ben était apparu et que nous formions un trio aussi soudé que les trois mousquetaires…

— Va-t'en ! cria soudain George, qui ne supportait plus de me sentir assise à côté de lui. Laisse-moi tranquille. Ferme la porte. C'est ta faute si Ben est parti. Va-t'en !

Je me levai, le cœur lourd. Arrivée à la porte, je me retournai. Il fallait que j'essaie encore une fois de lui parler, de rétablir le contact.

— Tu es sûr, pour Noël ? demandai-je encore. J'espère et je crois que Ben sera rentré pour les fêtes. Tu es sûr que tu ne veux pas qu'on prépare tout pour lui ?

— Non ! hurla George. Il n'y aura pas de Noël sans Ben. Va-t'en !

Il n'y avait rien à ajouter. George était plus loin de moi que jamais et je commençais à me dire que dans un futur proche, le fossé serait trop profond pour que je puisse l'atteindre. Il n'était plus que l'ombre de lui-même et j'avais la sensation déchirante que c'était à la vie elle-même que mon enfant était en train de renoncer. La souffrance était en train de le détruire à petit feu et moi avec.

Chapitre 17

Chaque fois que le téléphone sonnait tard le soir, je me précipitais pour répondre. Parfois j'entendais des gamins pouffer de rire, parfois c'était un lourd silence. Mais cette fois, il y avait quelqu'un à l'autre bout du fil et j'entendais le grondement de la circulation au fond pendant qu'il parlait.

— J'ai vu votre chat, me dit la voix. Il est sur la route.

Mon cœur cessa de battre comme quand le facteur était venu m'annoncer la mort de Ben. On m'avait appelée pour deux autres chats morts depuis lors, et chacun de ces appels m'avait autant bouleversée. L'un des deux cadavres de chats se trouvait à Twickenham. Au moment où j'y suis arrivée, une femme qui vivait dans le quartier était déjà venue le récupérer ; ce chat était le sien. Je la regardai tristement emporter la dépouille de son compagnon. L'autre cadavre se trouvait tout près de chez moi, sur Kingsley Road. Deux personnes m'avaient appelée pour m'avertir qu'un chat avait été écrasé par une voiture à cet endroit. Le cadavre avait déjà été ramassé par les services de la voirie au moment où je suis arrivée, et je me suis précipitée au dépôt où j'ai attendu deux heures qu'arrive le camion qui avait ramassé la dépouille de ce pauvre chat.

— Puis-je voir le chat ? ai-je demandé au chauffeur quand il est enfin arrivé, le cœur battant follement dans ma poitrine.

— Je suis désolé, mais nous avons dû nous débarrasser du cadavre, me dit-il.

J'eus un moment de panique.

— Comment ça ? Ce n'est pas possible... Je dois savoir si c'est mon chat ou non.

— Il était trop amoché, m'avoua tristement le chauffeur. Il était décapité et son corps était écrasé. On l'a jeté avec les ordures.

— Mais vous n'auriez pas dû faire ça, vous deviez l'apporter ici...

— Il était vraiment en trop mauvais état.

Puis l'homme m'expliqua qu'il avait vu toutes les affichettes de Ben et il me regarda tristement.

— Je suis sûr qu'il s'agissait bien de votre chat.

— Mais comment pouvez-vous le savoir s'il était si gravement blessé ?

— J'en ai vu assez, madame. Je suis désolé mais je crois vraiment qu'il s'agissait du vôtre.

Je me sentis défaillir. Après près de trois mois de recherches, Ben était mort à un coin de rue à cinq minutes de la maison ? Je ne comprenais pas comment il avait pu échouer là... Qu'il se soit trouvé si près de chez nous, sans retrouver le chemin de la maison ? C'était incompréhensible. Je ne pouvais admettre que ce soit lui. Je ne voulais rien entendre.

— Ben a une marque blanche en forme de papillon sous la truffe, insistai-je. Elle est vraiment particulière, on ne peut pas se tromper. Les autres chats sont tachetés, lui non. Avez-vous remarqué cette tache ?

— Je suis sûr que c'était lui, répéta encore une fois le chauffeur d'un ton triste.

Je suis rentrée chez moi en colère, frustrée et accablée de n'avoir pu résoudre la question de savoir s'il s'agissait bien de mon chat, et je n'y croirai pas tant que je ne l'aurai pas vu. Le chauffeur était si sûr de lui, qu'il m'appela de nouveau un peu plus tard pour me redire que c'était bien Ben.

— Je voudrais que vous ne vous tourmentiez plus au sujet de ce chat, me dit-il. Je sais que vous l'avez cherché et je suis sûr à cent pour cent que c'est bien lui que nous avons ramassé sur la route aujourd'hui.

— Merci mais tant que je n'en serai pas complètement sûre, je poursuivrai mes recherches, répondis-je d'un ton ferme.

Mais j'avais beau essayer d'oublier ce que venait de me dire le chauffeur, je n'y parvenais pas. Je ne cessais de repenser à ce cadavre écrasé sur la route. Peu après, le téléphone sonnait de nouveau et un inconnu m'annonçait qu'un autre chat venait d'être retrouvé mort.

— Il est sur Powdermill Lane, me dit un homme.

— Où ça ?

— Au niveau du rond-point.

Je pouvais y être en quelques minutes, le temps d'appeler Wendy à la rescousse et de faire un saut en voiture.

— Je pars tout de suite, répondis-je.

Cinq minutes plus tard, je rappelai l'homme de ma voiture pour lui dire que j'arrivais.

— Je suis là dans cinq minutes ! lui dis-je. Vous pouvez m'attendre sur place ?

— Non, madame, je suis désolé mais c'est impossible, je dois attraper le dernier bus pour rentrer chez moi. La patronne du pub est à côté de moi, elle va vous attendre.

— Bon, merci d'avoir appelé en tout cas…

— C'est normal. Je sais qui vous êtes parce que dans mon temple on prie pour vous. Nous avons une affiche avec une photo de votre chat.

En arrivant sur Powdermill Lane, je vis une femme qui attendait au bord de la route. Je garai la voiture et sortis dans l'air glacial du soir. À ses pieds, on distinguait le cadavre d'un chat devant lequel elle s'était placée pour s'assurer qu'aucune autre voiture ne lui passerait dessus une deuxième fois. Ce devait être la patronne du pub dont l'homme m'avait parlé. Je la remerciai dans mon for intérieur en sortant de mon coffre les quelques serviettes que j'avais apportées avant de traverser la route dans sa direction.

— Je suis désolée, me dit-elle tandis que je m'agenouillais à côté du chat couvert de sang. Je pris doucement sa tête dans la main pour voir s'il respirait encore. Le corps était encore chaud mais la pauvre bête était bien morte. Il était parti, sa vie fauchée sur une route obscure par une voiture qui lui était passée dessus et dont le conducteur l'avait laissé agoniser seul. En soulevant sa tête, je vis que ce n'était pas Ben, mais cela ne me soulagea pas. Je me sentais vidée. Ce chat devait être aimé, il était visiblement bien soigné et je me mis à pleurer en l'enveloppant dans mes serviettes et en pensant à la famille à laquelle il appartenait. Était-ce ainsi que Ben avait fini ? Était-il mort sur un coin de route dans une solitude complète ?

Je me relevai en tenant ce chat dans mes bras. Je me promis de l'emmener chez le vétérinaire le lendemain pour voir s'il était muni d'une puce.

— Au moins vous l'avez trouvé, me dit la gentille patronne de pub en me tapotant le dos. Je sais que c'est dur mais vous pouvez le ramener chez vous et l'enterrer dignement.

Je laissai mes larmes couler sur mes joues et n'eus pas le courage de lui dire que ce chat n'était pas le mien. J'étais épuisée par ces semaines de recherches, toutes ces désillusions successives m'avaient complètement démoralisée. Comment continuer ainsi ? Continuer à espérer pour George et moi, alors qu'il avait déjà renoncé ? Pourquoi ne pas tout simplement accepter que Ben était mort ?

— Merci pour votre aide, dis-je à la femme avant de repartir vers la voiture dans le vent glacé du soir.

Accepter, me résigner à ne jamais retrouver Ben ? Cela faisait presque trois mois maintenant et je savais que des bonnes âmes commençaient à juger que j'avais tort de me battre, d'espérer envers et contre tout. Après que le chat avait été ramassé par la benne à ordures, je m'étais même posé la question : à quoi bon ? Et j'en avais parlé avec Maman et Wendy.

— Vous croyez que j'ai tort de continuer à y croire et de dire à George que Ben va finir par rentrer ? Dois-je accepter de ne jamais le retrouver et mentir à George, juste pour lui donner une réponse définitive ?

Maman et Wendy s'étaient bien gardées de me dire quoi faire mais je savais ce qu'elles pensaient.

— Tu devrais réfléchir sérieusement, Ju, me dit enfin Maman. Tu ne peux pas continuer comme ça. Ta vie doit reprendre son cours normal. Tu te rends malade avec tout ça. Tu n'en dors plus et tu ne peux même plus faire tes courses au supermarché sans te précipiter pour ne pas risquer de rater un coup de fil. Il est temps que ça cesse et ce serait peut-être plus simple pour George d'arrêter ce cirque, et le plus tôt serait le mieux.

Je ne pus dormir cette nuit-là en repensant à ce que Maman m'avait dit. Peut-être avait-elle raison. Peut-être devais-je mentir à George juste pour le libérer d'une incertitude minante. Je pouvais même faire brûler de vieux journaux et placer les cendres dans une urne avant de la présenter à George en lui expliquant que Ben était mort et avait été incinéré. Il ne nous resterait qu'à creuser un grand trou dans le jardin et à y disposer une pierre tombale qui commémorerait son souvenir. George aurait alors au moins un endroit où il pourrait parler à Ben et la certitude que celui-ci était mort l'apaiserait sans doute un peu. Il pourrait enfin commencer son deuil.

Mais en me réveillant le lendemain matin et en voyant le soleil briller, je fus incapable de proférer le mensonge que j'avais préparé dans la nuit. Impossible de dire ces mots à George et de voir l'expression de souffrance qu'ils provoqueraient, à moins d'être sûre que je disais bien la vérité.

En arrivant à la maison, je déposai la dépouille du chat dans une boîte. Le lendemain, je la confiai au vétérinaire. Quelques heures plus tard, il me téléphonait pour me dire que le chat avait une puce et que ses propriétaires étaient venus le chercher pour l'enterrer. Le chat était un mâle du nom de Nibbles et sa famille m'était très reconnaissante d'avoir permis aux enfants de lui dire adieu. Ils m'ont chaudement remerciée et j'étais très heureuse d'avoir pu leur apporter mon aide. Mais en entendant le vétérinaire, je me mis à douter : le moment de dire adieu à Ben était-il venu pour George et moi ? Devais-je continuer à m'accrocher à un espoir chaque jour plus ténu et irréaliste ?

J'étais assise sur le banc de l'église spiritualiste locale à côté de Maman, Boy et Sandra. Nous la fréquentions tous parce que ma grand-mère paternelle, Edith, avait été spiritualiste et que c'était un peu une tradition familiale. Papa avait bien trop les pieds sur terre pour nous emmener dans une église dont les fidèles parlent aux « chers défunts », mais cette croyance avait toujours été présente, à l'arrière-plan, quand nous étions enfants et je savais que Papa croyait dans la vie après la mort à sa façon silencieuse et simple. Je m'étais mise à fréquenter l'église vers dix-sept ans, un âge où bien peu d'adolescents se tournent vers la religion, et encore moins vers une confession comme celle de l'Église spiritualiste. J'adorais le moment que nous y passions chaque semaine. J'aimais voir les fidèles trouver un peu de réconfort dans la célébration collective qui mêlait une heure durant les chants aux sourires des fidèles.

Pourtant, ce jour-là je n'étais pas sûre du tout que l'office allait m'aider à me sentir mieux. J'étais venue prier pour le retour de Ben, comme je le faisais chaque semaine, mais je ne cessais de penser à Nibbles étendu sans vie sur la route. George supportait si mal les répétitions du concert de Noël cette année qu'il ne cessait de les sécher et nous n'allumions plus la télé à cause des programmes de fin d'année qui le plongeaient dans un abîme de tristesse. George ne supportait même pas d'entendre mentionner Noël. Je ne pouvais m'empêcher de me rappeler notre bonheur de l'année précédente et je me mis à pleurer en silence. Je n'aurais jamais imaginé qu'on pouvait se sentir aussi désespérément seule, comme si la douleur s'était incrustée tout au fond de mes os, une souffrance que rien ne pouvait alléger, ni les mots ni le sommeil. Bien sûr il me restait la famille, les proches que je pouvais appeler à n'importe quelle heure du jour et de la nuit, mais ils avaient leur propre vie, et bien souvent je me retrouvais complètement seule avec les angoisses que je devais affronter, cette peur, surtout, lancinante : qu'allait devenir George si nous ne retrouvions pas Ben ?

Je n'avais pas remarqué le médium qui s'était avancé vers nous à la fin du service religieux mais son index pointé vers moi me tira de ma rêverie.

— Vous, avec le pull blanc ! me lança-t-il.

Je regardai autour de moi.

— Oui, vous avec les cheveux bouclés ! répéta-t-il.

Chaque médium est différent. Certains voient les fantômes des esprits, les « revenants », d'autres leur parlent comme s'ils discutaient avec un être de chair et d'os. Dans notre église, on n'échange pas de messages avec les morts à chaque service, mais j'aimais ces moments d'échange avec l'au-delà parce qu'il régnait alors un sentiment de paix et de réconfort incomparable chez ceux qui parlaient avec les êtres chers qu'ils avaient perdus. Pourtant sous le regard perçant du médium, je me mis à me tortiller sur ma chaise. Je savais qu'il ne serait jamais capable de me donner ce que j'attendais, le code postal de l'endroit où se trouvait Ben, parce que, hélas, les messages de l'au-delà n'étaient jamais aussi précis !

— Votre situation va changer, fit le médium d'une voix grave. Un événement très heureux…

L'homme leva la main gauche, sous le coup d'une vision.

— Je vois un homme. Il est grand et beau.

Sa main redescendit vers son ventre.

— Il est mort d'une maladie liée à l'estomac.

Je me figeai sur place. Papa était mort d'une pancréatite aiguë.

— Il est au paradis maintenant. Il ne voulait pas vous quitter mais il veille sur vous.

Je ne bougeai pas un muscle ; Maman, Boy et Sandra, à côté de moi, écoutaient en silence.

— Vous avez les mêmes yeux bleus que lui, fit le médium. Un bleu splendide qui rayonne quand vous souriez.

J'étais la seule de nous quatre qui avait des yeux de la même nuance de bleu que Papa. Cet homme disait-il vrai ? Était-il vraiment ici avec nous ?

— C'est mieux, fit l'homme alors que j'esquissais un sourire. Ça l'aide à s'approcher quand vous souriez.

Mais en pensant à Papa, je fondis en larmes. J'aurais voulu crier, lui dire que le temps m'était compté, que je devais retrouver Ben avant qu'il soit trop tard, et je fus soudain submergée par le chagrin d'avoir perdu Papa, aussi violent que le jour même de sa mort.

Le médium recula d'un pas et me regarda.

— Il nous quitte à présent, dit-il. Mais il veut que vous sachiez qu'il écoute, alors continuez à lui parler.

Si Papa était vraiment là, je savais ce qu'il essayait de me dire. Depuis sa mort je bavardais avec lui, lui racontant ce qui m'arrivait comme s'il était encore avec nous et parfois j'avais vraiment l'impression qu'il était encore là. Mais j'avais arrêté de le faire depuis la disparition de Ben parce que je me sentais trop triste de penser en même temps à ces deux êtres que j'avais aimés et perdus.

— Il vous habille de rose, poursuivit le médium. Vous ressemblez à une poupée.

Il éclata d'un grand rire, bientôt imité par Maman et Boy. Ils comprenaient le sens de cette remarque : Papa m'avait toujours surnommée « Princesse Rose », parce que j'aimais tant cette couleur que j'aurais teint mes cheveux et ma peau en rose si on me l'avait permis.

Le médium s'assit à l'écart, l'église était de nouveau silencieuse et je réfléchissais à ce qu'il venait de dire. Je me sentais calme maintenant, presque apaisée.

— Je serai toujours à tes côtés, me disait Papa quand j'étais petite fille et que j'avais fait un cauchemar ou quand, après la naissance de George, je faisais tout ce que je pouvais pour comprendre mon fils et l'aider.

Ce jour-là, dans l'église déserte, je compris ce que Papa avait voulu me dire : il serait avec moi à chaque étape du chemin, il veillerait sur moi exactement comme il l'avait toujours fait.

Il se peut que vous ne croyiez pas à tout cela, vous pensez peut-être qu'il est absurde de s'adresser aux morts, mais après tout chacun puise sa force où il peut, n'est-ce pas ? La foi a un sens différent selon les êtres et les cultures, mais l'essentiel est qu'elle vous rende le sourire, et ce jour-là en sortant de ma petite église, j'avais retrouvé le sourire. Je devais continuer à croire. Pas question de cesser d'espérer maintenant que je savais Papa à mes côtés.

Chapitre 18

Je courus vers le téléphone tel un sprinteur olympique, quand il sonna ce matin du 21 décembre. Cela faisait trois mois jour pour jour que Ben avait disparu et à ma grande consternation je recevais de moins en moins d'appels. Que se passait-il ? Maman me rappela que Noël approchait et que tout le monde préparait le jour J.

— Je crois que j'ai trouvé votre chat, entendis-je une femme m'annoncer quand je décrochai le téléphone. Il est dans mon jardin.

— Puis-je venir le voir ?

— Désolée mais je pars pour les vacances de Noël dans une minute.

— Je ne peux pas faire un saut tout de suite ?

— Non, je suis désolée. Mon fils va passer me prendre, mais je vous contacterai dès mon retour.

Elle raccrocha et je me pris la tête dans les mains, j'avais envie de hurler. Et si elle avait vraiment trouvé Ben ? Il aurait décampé de son jardin quand elle rentrerait de ses vacances. C'était peut-être vraiment lui et je l'avais perdu parce qu'elle ne voulait pas retarder son départ de quelques minutes... Je sentais la colère bouillonner en moi quand je m'assis à mon ordinateur pour consulter les sites d'animaux perdus. Même les forums habituellement très fréquentés étaient désertés ce jour-là. Le monde se déconnectait à l'approche des fêtes et ça ne m'arrangeait pas du tout. Je voulais que tout le monde continue à chercher, exactement comme moi.

Mais je ne pouvais ignorer Noël, si occupée que je sois moi-même. Il ne restait plus que quatre jours et je redoutais ce moment. Comment cette journée fatidique allait-elle se dérouler, je l'ignorais, et je n'avais rien préparé. Mais encore une fois, il n'y avait rien à préparer parce que George et moi allions passer cette journée comme les autres : en silence. Je savais que je pousserais un grand soupir de soulagement au lendemain des fêtes même si je détestais l'idée de commencer une nouvelle année sans Ben : symboliquement je savais déjà que ce serait très dur.

La journée s'achevait et Howard était avec George quand Wendy sonna à la porte à dix-neuf heures. Elle passait me voir chaque jour et même si elle ne disait pas grand-chose, je savais qu'elle tenait à vérifier que George et moi n'allions pas plus mal. Avec sa patience habituelle, elle m'écouta rabâcher les mêmes rengaines. Comme elle le faisait chaque soir, dans un moment elle prendrait un paquet de tracts puis elle me conseillerait de me reposer et rentrerait chez elle. C'était une amie au meilleur sens du terme.

Tandis que nous discutions, le téléphone sonna de nouveau et je décrochai en soupirant. Le coup de fil de ce matin m'avait achevée. Je n'étais pas sûre d'avoir l'énergie de repartir encore une fois pour découvrir dix minutes plus tard qu'une fois de plus ce n'était pas mon chat qu'on avait trouvé et m'infliger une nouvelle désillusion.

— Je crois que j'ai trouvé votre chat ! fit une femme.

— Vraiment ? demandai-je d'un ton circonspect et un peu distant.

— Oui, je crois. Votre nom est bien Julia Romp ?

— Oui.

— Vous avez perdu votre chat ?

— Oui.

Elle devait être sourde et aveugle… Tout le monde dans un rayon de dix kilomètres savait que j'avais perdu mon chat.

— Et votre chat se nomme Ben ?

— Oui.

— Eh bien, il est là, dans le jardin d'hiver.

— Vraiment ? soupirai-je, toujours sceptique.

— Oui.

Cette conversation commençait à me taper sur les nerfs. Pourquoi les gens affabulaient-ils ainsi ?

— Et où habitez-vous ?

— À Brighton.

Je faillis en tomber de ma chaise. Brighton était à une centaine de kilomètres. Il était impossible que cette femme ait vu une affichette dans la région de Brighton…

— Brighton, au bord de la mer ?

— Oui. Et vous habitez Londres, n'est-ce pas ? C'est ce qui est indiqué sur la puce. C'est aussi comme ça que j'ai eu votre numéro de téléphone.

D'émotion, mes genoux se dérobèrent sous moi.

— La puce ?

— Oui. Ma fille Carla a vu un chat dans notre jardin, il est revenu plusieurs jours de suite. Comme il revenait, elle nous a persuadés de le faire entrer. Un ami à moi qui travaille dans une association de protection animale est venu avec un lecteur de micropuces et c'est comme ça que nous avons eu vos coordonnées.

Je n'entendais plus ce qu'elle disait et je n'arrivais plus à respirer, les tempes battantes. Elle avait trouvé un chat noir et blanc et sa puce contenait mes coordonnées ?

— Puis-je venir tout de suite chez vous ? lui demandai-je tout à trac, le regard soudain attentif de Wendy fixé sur moi.

— Mais vous aurez du mal à arriver jusqu'à nous, poursuivit la femme. Il y a eu de fortes chutes de neige et les routes sont fermées.

Je regardai au-dehors. Pas le moindre flocon de neige en vue à Hounslow. Avais-je affaire à une mythomane ?

— De la neige ?

— Oui, une couche de soixante centimètres.

Je repensais aux nouvelles que j'avais entendues à la radio plus tôt dans la journée en faisant ma lessive. Tempêtes de neige et bourrasques dans certaines régions du pays, des gens bloqués dans la tourmente abandonnant leur voiture… Je n'avais pas pris la mesure des perturbations et de toute façon je n'en tiendrais pas compte :

— Je serai là dès que possible, lui dis-je encore.

— Très bien, si c'est ce que vous voulez, reprit la femme sur un ton hésitant. La route est longue !

— Je pars à l'instant, répliquai-je en notant son adresse exacte.

Wendy me vit reposer le téléphone et bondir vers mon sac et mes clés de voiture.

— Je dois y aller, lui dis-je. Cette femme me dit qu'elle a Ben. Elle habite Brighton.

— Brighton ?

— Oui. Je crois que c'est lui parce qu'elle me dit avoir scanné sa puce et trouvé mes coordonnées.

— Vraiment ?

— Oui.

J'attrapai mon portable pour prévenir toute la famille par SMS de ce qui m'arrivait. Howard était d'accord pour veiller sur George et en partant maintenant, je pouvais être à Brighton vers vingt et une heures trente. Je devais ressembler à un poulet sans tête dans ma frénésie.

Wendy me regarda.

— Je viens avec toi ! dit-elle.

— Tu es sûre ?

— Bien sûr, Ju. Pas question que tu y ailles seule. Tu vas bien ? insista Wendy, visiblement alertée par mon agitation.

— Je crois, oui.

Mais je n'étais sûre de rien. J'étais excitée et ce que j'avais entendu me semblait très tangible, pourtant le doute était encore là. Était-ce vraiment de Ben qu'il s'agissait ? Après ces semaines de recherches, était-il réapparu ? Mais comment diable était-il arrivé à Brighton ? C'était à des dizaines de kilomètres et Ben avait disparu presque trois mois plus tôt… Cette femme semblait sincère, mais s'il s'agissait d'une très mauvaise blague ? Si Ben avait vraiment été enlevé peut-être ses ravisseurs voulaient-ils nous jouer un dernier tour avant Noël et avaient-ils inséré une puce avec mes coordonnées sur un chat noir et blanc… Je n'en serai sûre qu'en le voyant.

Je montais au premier dire à George que je sortais.

— Une femme a téléphoné, lui dis-je en entrant dans sa chambre. Elle croit avoir retrouvé Ben. Je vais à Brighton pour le ramener.

George me jeta un regard désabusé.

— Ce n'est pas lui, dit-il, c'est encore un autre chat.

Je ne répondis rien, ne voulant pas lui insuffler trop d'espoir. Peut-être George avait-il raison. Et je ne voulais surtout pas lui infliger encore une cuisante déception.

— Papa va rester avec toi et je reviens dès que possible, lui dis-je en redescendant rapidement.

Mes mains tremblaient tant en montant dans la voiture que Keith dut saisir l'adresse à ma place sur le GPS avant que Wendy s'installe sur le siège passager. Nous n'avions fait que la moitié du chemin quand mon portable se mit à sonner. Je savais qui m'appelait : Maman.

— Tu peux répondre ? dis-je à Wendy.

Maman voulait savoir si j'étais sûre de la route, Nob voulait s'assurer que quelqu'un m'accompagnait et Boy se demandait s'il ne s'agissait pas d'une mauvaise blague de plus. La seule chose sur laquelle ils étaient tous d'accord, c'est que je n'arriverai jamais à Brighton, à cause de la neige.

— On va y arriver, hein Wendy ? lui demandai-je alors que nous prenions l'embranchement de l'autoroute.

Elle me sourit timidement.

La neige se mit à tomber si dru que les essuie-glaces peinaient à la tâche. Je n'avais jamais vu autant de neige de ma vie. Je ralentis à environ cinquante kilomètres à l'heure et pris l'embranchement de Brighton. La situation était pire encore : on voyait des voitures abandonnées sur le bas-côté, d'autres étaient stoppées par les bourrasques. Penchée sur le volant, j'étais décidée à continuer. Il fallait que j'arrive à Brighton. J'étais prête à braver toutes les tempêtes qu'il faudrait.

Wendy et moi ne parlions pas et je me concentrais sur la route, mais je ne pouvais m'arrêter de penser. Était-ce vraiment Ben ? Par quel miracle ? Et si c'était bien lui, où était-il passé durant tout ce temps ? Je me laissais aller à imaginer le bonheur retrouvé : George et Ben de nouveau réunis – mais je chassais cette image de mon esprit. Comment croire qu'après tout ce temps, j'avais peut-être enfin retrouvé mon chat – et si loin de la maison ! Je ne pouvais me débarrasser de l'impression tenace que tout ça n'était peut-être qu'une épouvantable blague qu'on nous faisait, à George et moi.

Il nous fallut cinq heures pour rejoindre Brighton et la petite ville balnéaire était déserte quand nous arrivâmes vers minuit. Le GPS indiqua que nous approchions de l'adresse ; une épaisse couche de neige recouvrait les rues. Un virage à droite, un dernier à gauche et nous étions arrivées à destination, ou presque : la femme au téléphone nous avait dit qu'elle vivait au sommet d'une côte abrupte et elle n'avait pas exagéré : une vraie petite montagne se dressait devant nous. Je regardai Wendy, hésitante.

— Allons-y doucement, fit Wendy.

Mais la voiture au lieu de gravir la pente se mit à chasser de l'arrière.

— Maudite voiture ! criai-je.

— Ce n'est pas une Land Rover, Ju, répliqua Wendy. Elle ne va pas arriver en haut.

— J'essaie encore une fois.

Mais cette fois la voiture glissa lentement vers l'autre côté de la route. Inutile de continuer. Je garai la voiture et sortis, complètement hagarde, prête à gravir la côte à pied.

— Tu as fermé la voiture, Ju ? demanda Wendy.

— Non.

Je fis demi-tour, pressai le bouton de verrouillage automatique et repartis à l'assaut de la colline. On s'enfonçait jusqu'aux chevilles. Il allait me falloir des cordes et un pic à glace pour réussir mon ascension !

— Tu as pris la cage, Ju ? me demanda Wendy.

Je l'avais oubliée. Je retournai une fois encore à la voiture, ouvris le coffre, passai la cage à Wendy, verrouillai la voiture et me remis en route.

— Tu as l'adresse ?

Je l'avais oubliée.

Quelques instants plus tard, Wendy et moi gravissions la côte, pour de bon, cette fois. Wendy paraissait assez calme, mais je me disais qu'elle devait trouver que je lui imposais une rude épreuve… Hormis quelques rares lumières et les pâles reflets qu'elles projetaient sur la neige, la route était plongée dans le noir. Pas d'illuminations de Noël dans le secteur, personne n'y avait songé. Cela me paraissait étrange, comparé à notre lotissement. Mais en arrivant au sommet de la côte, nous repérâmes une maison illuminée. Elle était recouverte d'ampoules multicolores qui projetaient leur gaieté dans la nuit froide, et en suivant les numéros, nous comprîmes que c'était celle où nous nous rendions.

Wendy et moi avons poussé le portail et nous nous sommes arrêtées pour contempler le spectacle. La façade était couverte de décorations du même genre que celles que j'avais choisies pour notre féerie de Noël – un bonhomme de neige, des étoiles et des cloches – et les lumières clignotaient tout autour de la maison, exactement comme sur la mienne l'année précédente.

— Il est rentré à la maison pour Noël, dis-je à Wendy en arrivant à la porte. Il a choisi cette maison parce qu'il a reconnu les illuminations.

Je tendis la main pour sonner mais ma main se figea soudain et une vague de panique me submergea. Je n'étais pas sûre de pouvoir supporter une déception supplémentaire.

— J'ai peur ! soufflai-je à Wendy.

— Je sais, dit-elle, mais il ne faut pas.

J'inspirai profondément, tremblante de peur et d'excitation mêlées et je levai la main pour presser le bouton de la sonnette.

Un homme au regard chaleureux vint nous ouvrir et j'aperçus une femme et une petite fille debout dans le couloir derrière lui.

— Vous devez être Julia ? dit-il. Entrez. Je m'appelle Steve et voici ma femme Alison et notre fille Carla.

Ils avaient tous l'air heureux de nous voir et indifférents à l'heure tardive, minuit passé, à laquelle deux complètes étrangères surgissaient pour demander à voir un chat mystérieux.

— C'est Carla qui l'a trouvé, fit Steve en montrant la fillette du doigt. Elle l'a vu assis dans le jardin, jour après jour qui regardait dans la maison. Il est resté immobile si longtemps que la neige commençait à le recouvrir. Il avait l'air si malheureux que Carla a insisté pour qu'on le fasse entrer.

Elle est comme ça depuis toute petite : c'est toujours elle qui recueille les animaux perdus.

Âgée d'une douzaine d'années, Carla avait de beaux cheveux blonds ondulés. Quand l'immense chien de la maison posa ses pattes sur ma poitrine et faillit me faire tomber à la renverse, elle éclata de rire.

— Vous voulez boire quelque chose ? nous demanda Alison.

— Non, répondis-je nerveusement, en espérant ne pas paraître impolie, mais j'étais incapable d'endurer une minute d'attente supplémentaire. J'aimerais vraiment voir le chat, si c'est possible.

— Bien sûr, acquiesça Steve. Il est dans le jardin d'hiver. Nous lui avons acheté un coussin et on a allumé le chauffage pour qu'il ait bien chaud.

Steve nous conduisit à l'arrière de la maison. J'étais dans un état second, mon cœur battait si fort que j'avais des douleurs dans la poitrine. Et si ce n'était pas Ben, que dire, que faire ? Je me suis dit que je m'effondrerais et que je ne me relèverais sans doute pas. J'avais l'impression d'avancer en équilibre instable sur le fil tendu entre la peur et l'espoir, le vertige du doute et la confiance dans la vie.

Je jetai un coup d'œil à travers la porte vitrée qui donnait sur le jardin d'hiver. Steve ouvrit la porte. Il y avait un coussin dans un coin mais pas de chat en vue. Je m'avançai à pas lents dans la pièce.

— Babou ? fis-je d'une voix tremblante. Benny Boo ?

J'entendis un bruit venir du coussin où se trouvait le chat et je vis apparaître une truffe. Noire. Mon cœur se mit à battre encore plus fort. La truffe s'avança un peu plus et je vis une petite tache de fourrure blanche juste dessous. En forme de papillon. Je respirais à peine. Puis apparut une tête noire et je vis une cravate blanche sur la poitrine du chat. Était-ce possible ?

Le chat tourna la tête vers moi et je ne vis plus que ses yeux, immenses, verts et sages.

— Ben ! sanglotai-je en m'agenouillant. Il traversa la pièce en courant vers moi.

J'ouvris les bras et Ben sauta dedans aussitôt. En sentant son poids dans mes bras, sa douce fourrure contre mon visage, je compris que c'était bien mon chat. Me cramponnant à lui pour qu'il ne me quitte plus jamais, je n'arrivais pas à croire que je l'avais enfin retrouvé. Mais son poids, son odeur et son contact soyeux me convainquirent que oui. Ben posa ses pattes sur mon cou et se lova contre moi comme un bébé. Je sentis sa fourrure épaisse et l'entendis feuler comme un petit lion. Je fondis en larmes.

— Babou, où étais-tu passé ?

Ben me regarda encore et je crus que mon cœur allait éclater. Ma foi, mon espoir de le retrouver étaient devenus si ténus que j'avais commencé à me demander si je ne faisais pas fausse route en m'obstinant à vouloir que l'amour nous rassemble une fois encore tous les trois. Maintenant, je savais que j'avais eu raison d'espérer son retour. Ben était lové dans mes bras, il se cramponnait si fort à moi que je crus qu'il ne me lâcherait plus, et je vous jure qu'il souriait en me regardant, moi qui n'avais qu'une pensée en tête : George !

— Merci, dis-je entre deux sanglots à Steve, Carla et Alison qui m'attendaient à la porte. Merci beaucoup, vraiment.

Je regardai Carla.

— Tu ne sais pas à quel point je suis heureuse, je ne te remercierai jamais assez.

Je serrai Ben contre moi et il miaula de plaisir tandis que je l'arrosais de larmes de joie. Retrouver Ben était bien un miracle de Noël et c'était grâce à une petite fée nommée Carla que ce miracle avait été possible. Elle me souriait. Ben était sain et sauf, sauvé comme George et moi maintenant qu'il était retrouvé. Ma quête s'achevait enfin. Il ne me restait plus qu'à offrir à George le plus grand bonheur de sa vie.

Le chemin du retour fut épique. Je voulais arriver le plus vite possible parce que Ben et George ne devaient pas être séparés une minute de plus. Mais le GPS, censé nous indiquer le plus court trajet pour Londres, nous fit traverser le Sussex en empruntant d'invraisemblables chemins de campagne les uns après les autres et nous nous perdîmes complètement. Nous avons rencontré des gens équipés de pelles qui se demandaient s'ils n'allaient pas construire des igloos pour dormir dedans, d'autres qui faisaient des dépressions nerveuses et un policier qui se demandait pourquoi nous nous obstinions à prendre les routes les plus enneigées pour regagner Londres ! Pendant ce temps, Ben miaulait d'impatience sur la banquette arrière et je m'en voulais de lui infliger ce nouveau périple alors qu'il venait de vivre des semaines si pénibles.

Wendy et moi avons parlé pendant tout le voyage de retour. Où était passé Ben durant tout ce temps ? Il semblait trop bien nourri pour avoir passé trois mois dehors. Comment était-il arrivé jusqu'à Brighton et qui avait veillé sur lui ? Il n'avait certainement pas fait ce chemin tout seul, mais alors quelqu'un l'avait-il emmené ? En en parlant avec Wendy sur la route du retour, je compris que je n'aurais jamais de certitudes. Il allait falloir que je m'habitue à l'idée que ce mystère ne serait jamais élucidé. Mais peu m'importait parce que Ben était rentré et que mon vœu le plus cher était enfin exaucé.

Des heures plus tard, nous arrivâmes enfin à Hounslow et je tremblais une fois encore de nervosité quand Wendy me fit un dernier sourire avant de rentrer chez elle. En poussant ma porte d'entrée, je me sentais sur un nuage. Il était quatre heures du matin mais je savais que George ne dormait pas. J'entendais mon cœur battre à mes tempes en sortant Ben de la cage et en attendant avec le chat dans mes bras au pied de l'escalier.

— George ? appelai-je. Il est là, Ben est rentré !

J'entendis un bruit de pas et le visage de George apparut en haut des marches. Il semblait perdu, presque effrayé.

— C'est lui, George, c'est vraiment lui ! Je l'ai retrouvé. Il est rentré avec moi.

George dévala les marches et s'arrêta subitement sur la dernière. Il scruta Ben qui jetait des regards autour de lui comme s'il était sous le choc de ce retour dans une maison qu'il avait quittée si longtemps auparavant. Il posa enfin les yeux sur George et ils ne se quittèrent plus : yeux verts-yeux bleus, ils se buvaient littéralement du regard.

— Babou ! glapit George. Mais enfin où étais-tu passé ?

— Il était parti en vacances, fis-je en parler-chat. Il était au bord de la mer. Il était très fatigué dans la voiture mais ça va mieux maintenant.

George se tut et il n'esquissa pas le geste de prendre Ben dans ses bras. Il restait là, à nous dévisager comme s'il n'arrivait pas à croire à la réalité de ce qu'il voyait. George semblait incapable de se laisser aller à croire au retour de son ami à la maison après tant d'espoirs déçus et d'attentes trompées. Il me tourna le dos et je ne sus plus que penser. Et puis il s'allongea doucement sur la moquette et il me regarda, d'en bas. Tout doucement, je posai Ben par terre et il regarda autour de lui avant de faire quelques pas vers son ami, s'arrêtant pour humer l'air, avançant pas à pas. George se contentait de le regarder fixement et je lus un profond apaisement dans ses yeux pour la première fois depuis ce jour terrible où nous avions appris la disparition de Ben. Il demeurait complètement immobile tandis que Ben se penchait pour le renifler, son visage, ses cheveux, ses vêtements, avant de se décider à grimper sur son torse pour s'y étendre. George replia ses bras autour de Ben et se mit à le caresser. Le temps s'était arrêté.

— Tu es allé au bord de la mer ? dit-il d'une voix haut perchée, roucoulante, pleine d'amour et de tendresse. Tu as fait du surf et tu es allé à la pêche, hein ? Je le sais bien, va…

J'attendis en me demandant si George s'en tiendrait là. Il resta silencieux une minute avant de se tourner de nouveau vers Ben et de lui déverser tout à trac :

— Tu m'as rapporté un seau de sable ? Est-ce que tu as appris à nager ? Tu as mangé du poisson avec des frites ? Avec du ketchup par-dessus ? Est-ce que tu as vu Katie Price ? Elle vit à Brighton, tu sais… Tu as vu des poissons, plein de jolis poissons ? Tu as fait le pirate sur un bateau ? J'ai l'impression que tu as fait un grand voyage sur la mer et que c'est pour ça que tu ne rentres que maintenant. C'est ça, hein ? Tu es parti en voyage loin…

Les mots dansaient en l'air entre nous tandis que je regardais George et Ben.

— Tu es un fana de plage, hein Babou ? fit George avec un petit rire de gorge. Tu emportais ta pelle et ton seau. Mais à Brighton c'est des plages de galets, hein ? Et ton bateau il avait une sirène sur le devant ? Est-ce que tu as été sur l'eau regarder les poissons ?

Il continuait de parler et il riait tout en caressant Ben et en le serrant dans ses bras, dégoulinant d'amour comme autrefois.

— Il habitait avec une petite fille nommée Carla, lui dis-je.

— C'est vrai, Babou ? demanda George.

— Oui, c'était une sorte d'hôtel. Il avait un bon lit bien chaud et il y avait des illuminations sur la façade comme chez nous.

Le visage de George s'assombrit.

— Je ne veux pas parler de ça, dit-il. On n'en parlera plus jamais. Ben est rentré maintenant. Il est à la maison avec nous. Il ne nous quittera plus jamais.

Il se pencha pour donner un baiser au chat, plongeant ses doigts dans sa fourrure tout en le caressant. Ben, ronronnant de plaisir, sauta sur la poitrine de George puis par terre où il s'étira longuement en regardant son ami.

Allez viens George, viens jouer avec moi ! Je suis à la maison, maintenant. Tu m'as beaucoup manqué, tu sais…

Et le voilà parti dans l'escalier avec George sur ses talons.

— On va jouer à cache-cache, me lança George. Ben a l'air content d'être rentré, tu ne trouves pas, Maman ?

— Si mon chéri, il semble ravi.

— Je trouve aussi.

J'entendais George rire aux éclats. Une immense paix se fit en moi. George avait ressuscité au moment où il avait retrouvé Ben, exactement comme je l'avais toujours prévu. Il s'était aussi réconcilié avec moi, nous étions tous réunis et à l'instant où Ben avait franchi le seuil de la maison, toute la tristesse des trois mois qui venaient de s'écouler s'était dissipée. En allant à la cuisine faire chauffer du thé, je regardais le ciel bleu foncé rosir, j'entendais les fous rires de mon fils. Le bruit le plus aimable qui soit.

Puis je l'entendis dévaler de nouveau l'escalier et il entra dans la cuisine.

— Est-ce qu'on peut sortir les décorations, Maman ? demanda-t-il. Et l'arbre ? Ben voudrait qu'on prépare Noël tout de suite.

— Mais mon chéri, je n'ai rien acheté, répliquai-je en riant. Il n'y a pas de dinde dans le frigo, ni de sapin, ni de cadeaux dessous.

— C'est pas grave, Maman, fit George. Tu n'as qu'à emballer les cadeaux de l'an dernier comme je te le dis toujours.

Il sortit en courant et je lui emboîtai le pas. Ben était de retour, nous étions réunis et en montant l'escalier, je les vis qui m'attendaient. J'éclatai de rire en voyant Ben foncer vers ma chambre, sauter sur le lit et rebondir par terre comme une fusée. Il était manifestement tout aussi excité que George et moi.

— Maman ? fit George alors que j'étais en train de me demander comment j'allais pouvoir tout organiser à temps pour que nous fêtions dignement Noël tous les trois.

— Oui, mon chéri ?

— Je crois que ça va être le plus beau Noël de ma vie.

— Vraiment ?

— Oh oui…

Épilogue

Tandis que George décorait le sapin de Noël et que Ben gambadait autour de lui, comme s'il n'avait jamais quitté la maison, je repensais à tout ce qui nous était arrivé, les larmes et les doutes, les nuits sans sommeil, les inquiétudes lancinantes. Et en regardant George et Ben ensemble, j'acquis une certitude dont j'avais toujours douté jusque-là. Depuis la naissance de George je ne m'étais jamais tout à fait débarrassée de la sensation que j'étais coupable, que je ne lui avais pas donné une vraie famille, une enfance aussi heureuse que la mienne avec une maman et un papa à la maison. Mais quand Ben avait disparu, ce jour-là, j'ai compris que George avait bien une famille. Certes elle ne ressemblait pas tout à fait aux autres, elle avait sa taille et sa forme particulières, mais ce n'en était pas moins une famille à part entière. Ben, George et moi formions une famille et nous ne manquions de rien quand nous étions réunis tous les trois.

Un an est passé, nous habitons toujours Hounslow, et la vie est redevenue ce qu'elle doit être : George a maintenant quatorze ans, il va au collège et nous parlons, rions et jouons avec Ben qui passe le plus clair de son temps à bronzer dans la pergola ou à poursuivre les chiens qui passent. Dès le lendemain de son retour, on avait l'impression qu'il n'était jamais parti. George s'est remis à me faire des câlins et à parler d'amour. Il en parle de plus en plus souvent maintenant, soit pour me dire qu'il m'aime quand nous plaisantons ensemble, soit pour me dire que Ben m'aime. Chaque fois qu'il le fait, je sais quelle chance j'ai de l'entendre me parler ainsi.

À quoi je passe mon temps ? Eh bien je suis devenue « détective animale ». Quelques jours après le retour de Ben à la maison, j'ai reçu un appel d'une femme, dans le Devon, dont le chat, Numpty, avait disparu quand elle et sa famille étaient venues à Hounslow pour Noël avec le chat. Cette femme avait entendu parler de moi parce que sa mère avait vu une de mes affichettes sur son frigo.

— Par où dois-je commencer ? m'a-t-elle demandé ; je rentre à la maison dans deux jours et je ne sais pas comment le retrouver.

Comment pouvais-je dire non alors que je venais à peine de récupérer Ben et que le souvenir de son absence et de la tristesse dans laquelle elle nous avait plongés était encore si vif ? Je répondis à cette femme que je ferais mon possible.

— C'est bien de les aider parce que la famille de Numpty doit être aussi triste que nous avant, me dit George en me voyant imprimer des affichettes. Les enfants doivent pleurer.

Il m'a fallu neuf semaines pour retrouver Numpty, mais j'y suis finalement arrivée ! Il avait été recueilli par un couple de personnes âgées qui le nourrissait et ils avaient reconnu sa tête sur une de mes affiches. Je vins chercher Numpty nonchalamment allongé sur le canapé comme s'il se reposait dans un palace.

En ce moment c'est Samba que je recherche quand mes activités dans les refuges pour animaux où je travaille m'en laissent le temps. J'emmène les chats chez le vétérinaire ou bien je rends visite à des candidats à l'adoption d'un chat perdu pour voir s'ils conviennent. J'aime mon travail et je sais que je continuerai à chercher des chats perdus parce que je comprends ce que cela signifie de les perdre pour ceux qui les aiment. Notre vie a changé au moment où nous avons perdu Ben – exactement comme elle a changé quand il est rentré à la maison – et je reste pleine de gratitude pour la famille qui nous l'a rendu.

Maintenant que je vous ai raconté notre histoire, il y a quelqu'un d'autre qui aimerait vous parler un peu de lui et de Ben.

Ben aime la nourriture et les biscuits pour chats. Il adore m'accompagner quand je rebondis sur le trampoline. Si je joue à l'ordinateur, il saute sur mes genoux et mange des Cheerios dans mon bol. Il veut même manger en même temps que moi. Ben ne sait pas mentir. Il nous aime tout le temps. Il n'est jamais triste. Mais parfois il aime bien mordiller Maman. J'adore quand il fait ça. Il aime faire l'idiot, comme moi. Ben est gentil et il adore que je le touche. Il ronronne. Il adore être avec moi tout le temps et je parle-chat avec lui pour qu'il ne se sente pas exclu. C'est drôle et j'adore lui courir après et qu'il s'en aille quand je l'appelle. Quand je lui parle en parler-chat, je suis content, ça m'excite. En parler-chat, Maman, Ben et moi, on se sent plus proches. Ça me rend heureux et on aime toutes les aventures que Ben a eues. Maman me raconte ses aventures et j'en raconte d'autres, des pires. Celles de Maman sont drôles, cela dit.

Quand Ben est parti, j'ai cru qu'il était mort. Mort, disparu pour de bon. Je ne sais pas pourquoi j'ai cru ça. Maman l'a cherché, des gens ont appelé et l'ont fait pleurer. On aurait dit que la maison était vide. Je n'avais plus personne pour jouer avec moi et je restais dans ma chambre. Il me manquait terriblement. Les larmes sortaient de mes yeux et elles me brûlaient quand je me disais qu'il était parti pour toujours. Tous les jours quand je prenais le bus, Maman me disait : « Ne t'en fais pas, je vais passer la journée à chercher Ben. »

Discuter avec Ben me manquait et chaque matin, quand je me réveillais, il n'était pas sur sa chaise. C'est si bien qu'il soit revenu à la maison ! Je me sens mieux quand il est là.

Les choses que j'aime :

La Xbox : C'est agréable de parler aux gens qu'on ne peut pas voir. Je n'aimerais pas les voir. Il y en a qui ont 11 ans et d'autres 55. J'aime bien qu'ils me disent que je suis intelligent. Ils pensent que je suis un enfant vraiment normal. Je ne dis à personne que j'ai des besoins spéciaux. Ils se moqueraient de moi. Mais parfois j'épelle mal les mots et ils m'ont traité de débile. Pourtant je suis très fort à ce jeu.

L'école : Au début je ne l'aimais pas parce que je ne connaissais pas les autres élèves ni les profs. Il m'a fallu un moment pour m'habituer à eux. Je ne regardais personne et je n'essayais pas de leur parler. Je n'aimais pas les chaises. On est forcé de s'asseoir le dos droit et je ne les aime toujours pas, ni l'uniforme ni l'odeur des déjeuners à la cantine. Mais j'aime beaucoup mon école et je voudrais y rester le plus longtemps possible. Mon école est l'endroit où je me sens le plus heureux.

J'aime aussi : Les boucles d'oreilles brillantes, l'eau et nager, les bonbons qui durent longtemps, l'aquarium de Londres, faire des tourtes parce que je les réussis très bien, les documentaires animaliers, les aimants, le chocolat à l'orange.

Savoir quelle heure il est, comme ça je sais combien d'heures j'ai devant moi.

Mon lit, mais je n'aime pas aller me coucher.

Et maintenant les choses que je n'aime pas :

Les menteurs.

Les gens qui vous font des grimaces.

Les cris, ça me fait peur.

Les petites pièces.

Les gens qui sentent les chips au fromage ou le café.

Les plaisanteries parce que je ne les comprends pas. Les gens en font et je n'arrive pas à comprendre pourquoi c'est drôle.

Ma mère quand elle regarde par terre et respire fort et qu'elle ne répond pas quand je lui parle et qu'elle dit qu'elle réfléchit.

Quand les gens disent : « Tu as l'air heureux », parce que Maman dit qu'ils disent ça quand je ne souris pas et que je me sens heureux à l'intérieur, mais ils le disent quand même.

Je sais que je n'agis pas toujours comme les autres. J'essaie de faire comme les autres mais ça ne marche pas toujours et ça me rend triste. À l'école je ne pleure jamais et je ne montre jamais mes sentiments. Les gens ne me comprennent pas. Je veux regarder et parler mais ça ne sort pas ou bien ce n'est pas ce que je voulais dire. Si je suis heureux à l'intérieur je ne peux pas sourire. Je n'aime pas le montrer pour ne pas avoir l'air d'exagérer. Beaucoup de gens se sont moqués de moi et ça me rend triste. Mais Maman me dit que je suis très doué parce que je suis différent. Ça me fait du bien quand elle me dit ça. Elle dit que nous sommes tous différents et que nous avons un peu de tout à l'intérieur de nous. Je dis la vérité mais parfois ça contrarie les gens. Maman dit qu'il faut réfléchir avant de parler et maintenant je fais beaucoup plus attention à ce que je dis. Et je n'ai pas besoin que Maman m'explique ce que je peux dire ou pas.

Voici les gens que je connais :

Michelle : Elle sentait bon la lessive et elle me faisait du bien. Elle disait : « Tu veux boire quelque chose, George ? » Elle avait des photos dans tout son appartement de Ricky et Ashley quand ils étaient petits. Michelle ne portait que des chaussures de sport, elle en avait cinq paires. Elle aimait les jeans et mangeait des toasts.

Arthur : C'était mon ami et il venait me voir tous les jours. On jouait au foot ou au trampoline. Sa maman était petite et leur chien Jedi bavait.

Mamie Zena : C'est la mère de mon papa et elle m'a fabriqué un habit de clown quand elle tricotait encore. Maintenant elle est aveugle et elle ne peut plus tricoter.

Mamie Carol : C'est la mère de ma maman et c'est elle qui s'est occupée de moi quand je suis né. C'est une vieille retraitée qui voyage avec une carte pour les personnes âgées et elle a décidé de faire plein de voyages maintenant qu'elle a cette carte. Elle adore les gâteaux à la crème. Elle peut manger tout un gâteau d'anniversaire à elle toute seule.

Papa : Il m'emmène nager et joue à des jeux sur l'ordinateur comme moi.

Lewis : Il est gentil, mignon et c'est un bon danseur. Maman lui dit : « Tu veux bien veiller sur George, Lewis ? » quand on sort, mais c'est le contraire, c'est moi qui dois veiller sur lui.

Nob : Il est strict mais gentil.

Boy : Il est décontracté.

Sandra : Elle fait tout le temps des bébés.

Tor : Elle ressemble à Maman mais elle est différente.

Dell : C'est le mari de Tor et il est vraiment cool.

Wendy : Elle a toujours le même visage. Elle ne change pas. Elle dit : « Salut, George ! »

Ma maman : Avant l'arrivée de Ben, je ne voulais aimer personne. Je ne savais pas ce que c'était que l'amour. Je n'y pensais pas vraiment. Je me souviens juste que je savais que Maman était là pour veiller sur moi. Mais c'est différent maintenant.

Mais George ne vous a pas tout dit, loin de là. Il a plein de qualités, et c'est Ben qui lui a appris à les montrer à tout le monde. Ce livre n'est pas le récit d'un traitement miracle de l'autisme, bien sûr, mais c'est notre histoire, celle de la liberté que Ben a donnée à George avec son caractère joueur, sa gaieté et surtout son amour. Ben a changé notre vie pour toujours et si les problèmes de George sont loin d'être réglés, je sais que l'amour qu'il a pour Ben – et la façon dont cet amour nous a tellement rapprochés George et moi – nous a sauvés tous les deux. S'il y a une raison pour laquelle Ben nous a été enlevé c'était pour nous montrer combien l'amour était fort chez George, parce que sans Ben il était perdu. Avec Ben il a un centre, une voix et une possibilité de montrer au monde tout ce qu'il y a de bon en lui.

Perdre Ben m'a fait réaliser que je dois me préparer pour le jour où il nous quittera pour de bon et qu'il sera trop vieux ou trop malade pour rester à la maison. J'ai donc commencé à faire allusion au fait que Ben pourrait avoir des bébés et George semble penser que c'est possible, parce qu'avec Ben tout est possible. Un jour, dans pas trop longtemps, je ramènerai un chaton à la maison et je dirai à George que c'est le fils ou la fille de Ben. J'espère qu'il apprendra à l'aimer comme il a aimé Ben…

Mais pour l'instant, je prends chaque jour comme il vient. Certains sont plus durs que d'autres mais je suis très fière de George et de tout ce qu'il a accompli : lire et écrire, se faire des copains et devenir un adolescent aimant qui se préoccupe du monde et des gens qui l'entourent.

Sincèrement, George est le meilleur fils qu'une mère puisse rêver d'avoir et j'aime absolument tout chez lui. Il est vraiment unique ; qu'est-ce qu'une mère peut demander de plus ?

Composition et mise en page

NORD COMPO
multimédia

Achevé d'imprimer sur rotative
par l'imprimerie Darantiere à Dijon-Quetigny
en mai 2011

N° d'impression : 11-0559
Dépôt légal : mars 2011

Imprimé en France